山川
歴史モノグラフ
㊻

近現代日本と国葬

前田修輔
Maeda Shusuke

山川出版社

State Funerals in Modern Japan
by
Maeda Shusuke
Yamakawa Shuppansha Ltd 2024

近現代日本と国葬　目次

凡例

・史料の引用に際しては、原則として旧漢字は常用漢字にした。また、読みやすさを考慮して適宜読点を施した。
・引用文中への注記は〔　〕によって示した。
・帝国議会議事速記録・国会議事速記録については、国立国会図書館帝国議会会議録検索システム・同国会会議録検索システムを利用した。

近現代日本と国葬

序章　課題と視角

1　問題の所在

本研究は、近現代日本における国葬の変遷を通覧し、その変化が当該期の政治・社会状況と如何なる関連を有しているのか、また宮中を中心とした機関による国葬の制度化が如何なる意図のもとで行われ、何をもたらしたのかを検討することで、近現代日本において存在する国葬の実態を解明するものである。

国葬は、大正一五年（一九二六）一〇月二一日公布の国葬令（勅令第三二四号）により、その法制化が初めて果たされた。とはいえ、それ以前からすでに国葬は行われており、明治一六年（一八八三）の岩倉具視から大正一五年の李王まで、国葬の実施にあたっての法的根拠はなかった。法制下でこの礼遇を受けた者は、昭和前期の東郷平八郎、西園寺公望、山本五十六、閑院宮載仁親王の四名にすぎず、憲法改正にともない国葬令が失効した後は、昭和四二年（一九六七）の吉田茂の事例以降、半世紀にわたり国葬は実施されず、別形態が採られるようになっていた。

しかしこの状況を覆したのが、令和四年（二〇二二）に生じた安倍晋三元首相の突然の死である。選挙期間中の白昼に元首相が銃撃されたことが、世に大きな衝撃を与えるなかで、岸田文雄首相は「国葬儀」の実施を発表した。これにより、世間では忘れ去られた存在であった国葬への注目度が急上昇したが、当初は事件の悲劇性や、そもそも国葬とは何かも理解されていない状況で、その賛否が論じられることも少なかった。しかし、事件の背景として旧統一教会の存在が浮上し、国葬についての議論も深められていくと、国葬への反対論が高まるなど、国葬が人口に膾炙するようになったのである。

なお国葬の執行に際する手続きは、時期により三種に分類される。まず国葬令制定以前では、特旨や勅令によりその都度公告するという形式が採られていた。続いて国葬令制定以後は、その第三条第二項の手続規定にしたがう形で、内閣による上奏の後、裁可を得て行われる。さらに昭和二二年に国葬令が廃止されると、その後執行された国葬に際しては、閣議決定により国葬実施を決定した。

「総て人は死なねば其真価は分からぬもの」とは、大正一一年一月に死去し、盛大な国民葬が営まれた大隈重信の言である[1]。死後の扱いは、人物評価における重要な要素であり、葬儀はその評価を視覚的に表すものとして捉えられる。特に偉勲者の死に対する国家の対応は、その国家における位置や評価を如実に映し出す。なかでも大喪儀や国葬は、民衆が実際に目にすることができる要素を含むため、「権力関係・国家政策を可視的に国民に提示する」国家儀礼のなか[2]でも、重要な位置を占めていたと考えられる。

そもそも国葬とは「国の儀式として国費で行う葬儀」を指す[3]。国葬令によると、これは、①天皇・太皇太后・皇太后・皇后の「大喪儀」、②皇太子・皇太子妃・皇太孫・皇太孫妃及び摂政たる皇族の「国葬」、③その他国家の偉勲者の「国葬」に区分される。そして①・②は国制上当然行うべきもの、③は特旨により行われるもの、という差異があった。本研究において「国葬」は以下、特記しない限り③を指すこととし、これを本研究の軸に据える。

偉勲者への国葬を対象とするのは、国葬の全体像が大喪儀に比して特に曖昧なものと言わざるを得ないからである。その理由は次の三点が考えられる。一点目は、国葬が人物評伝の最後に逸話として僅かに触れられる程度であること、二点目は、国葬が長らく慣行により形成されてきた国家儀礼であり、かつ附式により詳細に規定された皇室喪儀令と異なり、国葬令はわずか五箇条からなる大綱にすぎないこと、そして三点目は、国葬の対象となる偉勲者の基準が曖昧であることである。

ゆえに、この国葬の全体像を明確化させるためには、その胎動から現在までを通覧するとともに、皇室喪儀やその他の公葬とも比較することが不可欠となろう。そしてこれらを検討した暁には、国葬を包括的に把握し、変遷を明らかにするにとどまらず、その変遷するなかでも変わらず通底している本質的な要素を解明することが可能となるのではないか。偉勲者の死に対する国家の処遇を明らかにすることは、国家が志向する理想像、ひいては近現代日本を理解するうえで有効な手段であると考えられるのである。

2 研究史の整理

国家による葬送儀礼に関する研究は、まず昭和の終焉が予感されるようになった昭和六〇年代以降、皇室や国家の儀礼・行事を媒介とした近代天皇制研究のなかで、主に国民統合の観点から大喪儀の分析を中心に進展を見せた。すなわち、国家は如何なる意識のもとで国民を大喪儀に動員したのか、警察やメディアの動向などを踏まえ、また憲法学的視点から法制度と実態を比較することで、大喪儀が皇室と国民の接近を(時には強制的に)促すとともに、国民を天皇のもとに統合する役割を果たしたことが明らかとなった[4]。さらに近年には、大喪儀が行われた会場や葬列の経路の分析を通して空間的に把握し、それが「帝都」東京の形成に与えた影響を分析する研究も現れている[5]。

大喪儀は大正一五年(一九二六)の皇室喪儀令の制定によって法制化が果たされる。皇室制度の整備については、伊藤博文を中心とした旧皇室典範の制定や[6]、帝室制度調査局における旧典範増補・公式令の公布[7]、皇室財政[8]、そして大正前期の朝鮮王公族に関する旧典範増補の過程を、政治的・思想的背景等を分析するなかで明らかにすることに主眼を置いた研究が中心であった。そのなかで、大正期の帝室制度審議会と宮内省の動向を軸に分析し、皇室喪儀令や国葬令等の皇室制度に関する諸法令が制定へと至った過程を明らかにしたのが西川誠であり、ここでは皇室喪儀を法制化するなかで国葬の法制化が付随して行われたことが指摘されている。そもそも冒頭でも述べたように、国葬の対象となる国家の偉勲者には、臣民だけでなく皇族も含まれている。すなわち国葬と皇室喪儀は密接な関係にあると考えられるのである。

では国葬は如何にして成立したのか。そこに至るまでの過程を、各事例の比較を通して明らかにしたのが宮間純一である。宮間は「功臣」の死を明治国家が如何に扱ったのか、その背後には如何なる意図があったのかを考察している。そしてここから、「功臣」の葬儀の性質が徐々に「私」葬から「公」葬へと遷移し、岩倉具視の葬儀をもって国葬が成立、最終的には三条実美の葬儀で国葬が完成したと結論づけた。また、大隈重信の死去前後の陞爵・国葬に向けた各政治主体の動向を検討した荒船俊太郎の研究も併せると、国葬が国家儀礼としての面だけでなく、栄典の一つとしての機能を有することが確認される。そもそも、明治から昭和前期にかけて行われた国葬は、総じて天皇から下賜されるものであったがゆえに、栄典としての機能は決して無視し得ない要素である。

また、暗殺された大久保利通の葬儀を明治政府が国葬級の盛大なものとしたことの背景には、反政府分子の動きを抑制するねらいがあったとする、前述の宮間による指摘は、大正期に行われた朝鮮王公族に対する国葬が帝国日本による朝鮮人を懐柔する一手段であったとする新城道彦の議論とも通底する。さらに、ハルビンで暗殺された伊藤博文の国葬に際し、マスメディアが民衆への情報発信と故人の顕彰の両面で大きく貢献したとする研谷紀夫の論考も含めると、国葬の実施やその形態等に民衆の存在が大きく関わってくることが看取される。以上の研究をまとめると、偉勲者の死去直後に与えられる栄典であり、かつ同時期に行われる顕彰活動である国葬は、国家や民衆による「通知表」の機能を持つため、政治性を多分に帯びるものである、となる。果たしてこれを、大喪儀を素材とした近代天皇制研究と同様に、国民統合の観点ばかりから捉えてよいものであろうか[16]。

国家による葬送儀礼を検討するにあたっては、宗教との関係性も見逃せない。国家における神道の立ち位置が揺れ動く明治維新期に、それまで定式のなかった神葬祭が新たに構築され、高位者の葬儀にも採用されていくなか[17]、皇室喪儀もその多くが神式で執行されるようになった。またその後の大喪儀と国葬は、戦後の二例を除くすべての事例で神式により行われていることから、儀礼形成の点でも神道を国家がどのように扱ったのかは重要である。ところが、神道のすべてが宗教とされたわけではなく、後に宗教である教派神道と宗教ではない神社神道に分けられた点を踏まえると、神式による儀式で一括りにするのではなく、半田竜介が岩倉具視の国葬における大社教の影響力を明らかにしたように[18]、皇室喪儀や国葬の構成員や儀式次第などの変遷を分析するなかで、宗教（あるいは非宗教的なもの）が国家の葬送儀礼と如何なる関係を持ったのかを検討する必要があろう。

さらに国葬や大喪儀から視野を広げると、いわゆる「国家神道」や靖国神社をめぐる問題への関心の高まりもあり、戦没者葬儀を分析対象とした研究が進んでいる。戦没者を国家がどのように遇するのかは、徴兵制を基盤とする軍隊にとっても重要な問題であり、戦没者に哀悼の意を表し、その功績に報いるためだけでなく、「名誉の戦死」を演出するためにも軍葬や慰霊祭といった形が必要とされた。また対外戦争の拡大により戦没者数が増大すれば、国民の支持を調達することがより求められるため、兵士を供給することになる〝郷土〟の対応にも注目されてきた[19]。加えて、これらの慰霊・顕彰行為が神式か仏式かを含めどのような葬法で行われたのかは、国家と宗教の関係の解明にも関わってくる[20]。そして、死して「軍神」とされた軍人に対する国家や民衆の顕彰行為の一例として、山本五十六の国葬が挙げられるように[21]、軍人（皇族を含む）が国葬の対象者となっていることを踏まえると、これらの葬儀形態の連関にも注視することが求められる。

一方で、アジア・太平洋戦争において大日本帝国が敗戦を迎えると、国葬や皇室喪儀をめぐる環境は大きく変容した。

伏見宮系の皇族が臣籍降下することにより皇族の数が大幅に減少するとともに、陸海軍が廃止されたことで、これまで国葬とされた者の半数を占めていた軍人(皇族を含む)が消えることとなる。また、いわゆる「神道指令」により、非宗教として扱われてきた神社神道が宗教に含まれることとなり、日本国憲法で政教分離が規定されるなど、国家と宗教の関係が問い直されるようになると、宮中祭祀や皇室儀礼などにも直接的・間接的に影響が及んだ。[22]さらに憲法の改正は、栄典授与の位置づけを、天皇の専権事項から内閣の助言と承認による天皇の国事行為へと変えることとなった。国葬が戦前の二〇例とは対照的に、戦後において二例しか行われていない要因を探るためには、これらの背景を踏まえた検討を要する。

3　本研究の構成

右で整理してきたように、国葬が天皇から下賜されてきた栄典の一つであり、かつ偉勲者の死の直後に行われる国家による顕彰行為である以上、国家は国葬を通じて国民に何らかの理想像を提示していると考えられる。また国家にとっての一つのモデルとしての姿を期待される点においては、皇室も同様であろう。そしてこれらの対象者や葬法、法制化などが重なりを持っているならば、近現代日本において国葬が存在する理由や意義を解明するにあたって、皇室喪儀を脇に置くことはできまい。

そこで本研究では、以下の構成により論を進めることとする。

第一章では、明治政府の手により国葬が成立するに至る過程を検討する。明治維新は近世からの葬儀形態の変化をもたらした。特にその影響は、皇族や国家偉勲者に及ぶこととなる。政府が彼らの死を、どのような意図のもとに取り扱ったのであろうか。またこの過程で成立した国葬の必要条件や構成要素、そしてその成立の背景を明らかにする。

第二章では、明治二〇年代以前における皇室喪礼の法制化の動向を確認する。当該期に宮中において三度にわたり作成された法令案が、西洋の王室喪制を意識したものであったことを指摘したうえで、作成された法令案がその影響をどれほど受けたものであったか、そして喪儀実際との関連は如何なるものであったかについて、儀式のなかの宗教的な側面にも注目しつつ言及する。

第三章では、明治後期の帝室制度調査局における皇室喪礼の法制化の過程を分析する。この時、皇室服喪令や皇室喪儀令、そして国葬令の三法令案が作成され、皇室服喪令のみ公布に至ったが、他の二つの法令案もその後の二度の大喪の参考とされた。如上の案の作成に大きく寄与したのが、従来までその活動が等閑視されてきた土方久元が総裁心得を務めていた期間であったことを論証する。

第四章では、大正期における国葬の変容を、「民衆化」を視座として検討する。国葬事例が蓄積され、その執行主体が徐々に本来の主務機関である内閣に移行することを確認したうえで、国葬への批判に対し国家が、その「民衆化」に舵を切ることで対応していったことを指摘する。

第五章では、法制下における国葬の諸相を分析する。大正一五年（一九二六）の皇室喪儀令・国葬令の制定により、ようやく法制化が果たされたものの、制度運用の円滑化を図るべく、さらなる取り組みが行われた。この活動により、また戦時下という社会状況により、国葬がそれ以前から如何なる変容を遂げたのか、またそこに法制化されたことが如何なる影響を及ぼしたのかを明らかにする。

第六章では、戦後に浮上する「国葬」論議を通して、皇室喪儀が如何なる位置づけとされたのかを検討する。敗戦後、憲法の改正にともない再び法的根拠のほとんどを失った皇室喪儀と国葬であるが、幾度か再法制化の動きが生じている。日本国憲法下で皇室喪儀は如何なる変容を遂げたのか、皇室の公私の領域をめぐる議論に着目していくなかで、偉勲者に対する国葬との連関についても分析する。

第七章では、戦後になり国葬に代わり合同葬が主流となる過程を検討する。敗戦まで二〇例が実施された国葬は、戦後になると二例のみである。如上の状況となった理由と背景を分析することで、国家による栄典かつ顕彰行為としての国葬がたどり着いた先を確認することとする。

終章では、以上の内容をまとめ、本研究の結論を述べる。

なお、史料中の引用を除き、対象の身位にかかわらず、その生命活動を終えることを「死去」や「死」などと表記する。

1　大隈重信述、相馬由也筆録『早稲田清話』(冬夏社、一九二二年)三六二頁。

2　西川誠「大正後期皇室制度整備と宮内省」(近代日本研究会編『年報・近代日本研究』二〇、山川出版社、一九九八年)八八頁。

3　「国葬」(『国史大辞典』大久保利謙執筆項)。

4　笹川紀勝『天皇の葬儀』(新教出版社、一九八八年)、田中伸尚『大正天皇の「大葬」―「国家行事」の周辺で―』(第三書館、一九八八年)、中島三千男『天皇の代替りと国民』(青木書店、一九九〇年)、同「明治天皇の大喪と帝国の形成」(網野善彦ほか編『岩波講座　天皇と王権を考える　第五巻　王権と儀礼』岩波書店、二〇〇二年)、竹山昭子『ラジオの時代―ラジオは茶の間の主役だった―』(世界思想社、二〇〇二年)、小園優子・中島三千男「近代の皇室儀式における英照皇太后大喪の位置と国民統合」(『人文研究』一五七、二〇〇五年)、金山浩「明治天皇大喪と植民地朝鮮」(『歴史と民俗』三一、二〇一五年)等を参照。また、近世における天皇の死の扱い方に関しては、中川学『近世の死と政治文化―鳴物停止と穢―』(吉川弘文館、二〇〇九年)、宮間純一「孝明天皇の「崩御」に関する一考察―京都・江戸における周知の過程―」(『神園』一八、二〇一七年)、武田秀章『維新期天皇祭祀の研究』(宝蔵館、二〇二四年、初出は大明堂、一九九六年)等を参照。

5　藤田大誠「青山葬場殿から明治神宮外苑へ―明治天皇大喪儀の空間的意義―」(『明治聖徳記念学会紀要』四九、二〇一二年)、武田尚子『近代東京の地政学―青山・渋谷・表参道の開発と軍用地―』(吉川弘文館、二〇一九年)、長谷川香『近代天皇制と東京―儀礼空間からみた都市・建築史―』(東京大学出版会、二〇二〇年)等を参照。

6　稲田正次『明治憲法成立史』上・下(有斐閣、一九六〇・一九六二年)、小嶋和司『明治典憲体制の成立』(木鐸社、一九八八年）、鈴木正幸『皇室制度』（岩波書店、一九九三年）、島善高「明治皇室典範の制定過程」（小林宏・島善高編著『日本立法資料全集』一六、信山社出版、一九九六年）、坂本一登『伊藤博文と明治国家形成』（講談社、二〇一二年、初出は吉川弘文館、一九九一年）等を参照。

7　高久嶺之介「大正期皇室法令をめぐる紛争（上）―皇室裁判令案・王公家軌範案・皇室典範増補―」（『社会科学（同志社大学人文科学研究所）』三二、一九八三年）、増田知子「明治立憲制と天皇」（『社会科学研究』四一―四、一九八九年）、前掲注6鈴木『皇室制度』、前掲注6島「明治皇室典範の制定過程」、国分航士「明治立憲制と「宮中」―明治四〇年の公式令制定と大礼使官制問題―」（『史学雑誌』一二四―九、二〇一五年）等を参照。

8　川田敬一『近代日本の国家形成と皇室財産』（原書房、二〇〇一年）、池田さなえ『皇室財産の政治史―明治二〇年代の御料地「処分」と宮中・府中―』（人文書院、二〇一九年）、加藤祐介『皇室財政の研究―もう一つの近代日本政治史―』（名古屋大学出版会、二〇二三年）等を参照。

9　高久嶺之介「大正期皇室法令をめぐる紛争（下）―皇室裁判令案・王公家軌範案・皇室典範増補―」（『社会科学（同志社大学人文科学研究所）』三四、一九八四年）、前掲注6島「明治皇室典範の制定過程」等を参照。

10　前掲注2西川「大正後期皇室制度整備と宮内省」。

11　宮間純一『国葬の成立―明治国家と「功臣」の死―』（勉誠出版、二〇一五年）。

12　荒船俊太郎「大隈重信陞爵・国葬問題をめぐる政治過程」（『早稲田大学史記要』三八、二〇〇七年）。

13　栄典制度の形成と運用に関しては、伊藤之雄『昭和天皇と立憲君主制の崩壊―睦仁・嘉仁から裕仁へ―』（名古屋大学出版会、二〇〇五年）、小川賢治『勲章の社会学』（晃洋書房、二〇〇九年）、栗原俊雄『勲章―知られざる素顔―』（岩波書店、二〇一一年）、刑部芳則『明治国家の服制と華族』（吉川弘文館、二〇一二年）、同『帝国日本の大礼服―国家権威の象徴―』（法政大学出版局、二〇一六年）、同「明治天皇と昭憲皇太后の御真影―栄典制度としての御真影下賜―」（『明治聖徳記念学会紀要』五三、二〇一六年）、国分航士「大正期皇室制度改革と「会議」―帝室制度審議会と「栄典」の再定置―」（御厨貴編著『天皇の近代―明治150年・平成30年―』千倉書房、二〇一八年）、ジョン・ブリーン「勲章外交―明治天皇と世界の君主たち―」（瀧井一博編著『「明治」という遺産―近代日本をめぐる比較文明史―』ミネルヴァ書房、二〇二〇年）等を参照。

14　新城道彦『天皇の韓国併合―王公族の創設と帝国の葛藤―』（法政大学出版局、二〇一一年）、同『朝鮮王公族―帝国日本の準皇族―』（中央公論新社、二〇一五年）。

15　研谷紀夫「公葬のメディア表象の形成と共同体におけるその受容と継承―伊藤博文の国葬における新聞・雑誌・絵葉書・写真帖を中心に―」（『共立女子大学文芸学部紀要』五八、二〇一二年）。

16　そのなかで、ジェンダーの観点から国葬における女性遺族の表象を分析した胡安美の研究は注目される（胡安美「近代日本の国葬にみる「未亡人」像」『歴史評論』八八八、二〇二四年）。

17　研谷紀夫「鍋島直正の葬儀と国葬の成立に関する基礎的研究」（『鍋島報效会研究助成研究報告書』五、二〇一一年）、大番彩香「神官教導職と神葬祭―『葬祭略式』再考―」（『神道史研究』六六―一、二〇一八年）。

18　半田竜介「岩倉具視の国葬と神葬祭」（『國學院大學研究開発推進センター研究紀要』一三、二〇一九年）。

19　籠谷次郎「死者たちの日清戦争」（大谷正他編『日清戦争の社会史―「文明戦争」と民衆―』フォーラム・A、一九九四年）、同「戦死者の葬儀と町村―町村葬の推移についての考察―」（『歴史評論』六二八、二〇〇二年）、本康宏史『軍都の慰霊空間―国民統合と戦死者―』（吉川弘文館、二〇〇二年）、羽賀祥二「戦病死者の葬送と招魂―日清戦争を例として―」（『名古屋大学文学部研究論集　史学』四六、二〇〇〇年）、同『軍国の文化　上―日清戦争・ナショナリズム・地域社会―』（名古屋大学出版会、二〇二三年）、一ノ瀬俊也『近代日本の徴兵制と社会』（吉川弘文館、二〇〇四年）、矢野敬一『慰霊・追悼・顕彰の近代』（吉川弘文館、二〇〇六年）、荒川章二「兵士が死んだ時―戦死者公葬の形成―」（『国立歴史民俗博物館研究報告』一四七、二〇〇八年）、坂井久能「海軍の葬儀・慰霊と靖國神社」（『國學院大學研究開発推進センター研究紀要』八、二〇一四年）、白川哲夫『「戦没者慰霊」と近代日本―殉難者と護国神社の成立史―』（勉誠出版、二〇一五年）、今井昭彦『対外戦争戦没者の慰霊―敗戦までの展開―』（御茶の水書房、二〇一八年）等を参照。

20　山口輝臣『明治国家と宗教』（東京大学出版会、一九九九年）、藤田大誠「日清・日露戦争後の神仏合同招魂祭に関する一考察」（『國學院大學研究開発推進センター研究紀要』四、二〇一〇年）、同「近代神職の葬儀関与をめぐる論議と仏式公葬批判」（『國學院大學研究開発推進センター研究紀要』八、二〇一四年）、同「支那事変勃発前後における英霊公葬問題」（『明治聖徳記念学会紀要』五一、二〇一四年）、同「戦時下の戦歿者慰霊・追悼・顕彰と神仏関係―神仏抗争前夜における通奏低音としての英霊公葬問題―」（『國學院大學研究開発推進センター研究紀要』一〇、二〇一六年）、岩田重則『天皇墓の政治民俗史』（有志舎、二〇一七年）等を参照。

21 山室建徳『軍神―近代日本が生んだ「英雄」たちの軌跡―』(中央公論新社、二〇〇七年)。

22 大原康男『神道指令の研究』(原書房、一九九三年)、小倉慈司・山口輝臣『天皇と宗教』(講談社、二〇一八年、初出は二〇一一年)第二部。

第一章　国葬への道程

はじめに

本章では、明治維新を経て葬儀形態が変化するなかで、公葬の一形態である国葬が明治前期に成立するに至る過程を検討する。

近世期には、そのほとんどが仏式で営まれていた葬儀であるが、神武創業・祭政一致を掲げる維新政府は、その政策の一環として神葬祭の普及に取り組むこととなる。同時に、皇室から「不純物」、特に仏教色を排除しようと、様々な施策を行った。かかる背景から、皇室喪儀が神式にて営まれるようになる。また維新政府の高位者においても神葬祭とされる事例が出てくる。しかし神葬祭の定式はこの時期にはまだ定まっておらず、事例を積み重ねていくことにより、葬儀の形式が整えられるとともに、式の規模が次第に大がかりなものとなっていった。そしてこの過程で登場するのが国葬である。後述するが、国葬は岩倉具視の死に際し、国家偉勲者の顕彰の手段として、また西洋諸国に対して近代化の進捗具合を示す機会として創り出された。かつこれは、西洋の事例を参酌しつつも、独自の形式として整えられたものであった。すなわち、維新以後の近代化に貢献した国家偉勲者に対する最大級の栄典が、ここに成立することとなる。

維新期の高位朝臣の葬儀に関する研究としては、研谷紀夫の成果がまず挙げられる。研谷は鍋島直正の葬儀事例を中心に、儀礼式典の形成に関する検討を行い、鍋島の葬儀が旧来の体制の終焉と、王政復古後の新体制の誕生を広く世に示したと論じた。[1] さらに宮間純一は、検討の時期をさらに広げたうえで、「功臣」の死を政府が公葬、そして国葬として遇するに至る過程を明らかにした。[2] 特に宮間の研究は、国家が「功臣」の死の扱いに如何なる意味を託したかを重視したものであり、この分析視角は本論と重なる部分も多い。だが、同じく国家が関与する皇室喪儀との連関については、さらなる検討の余地があろう。また宮間は、地域における公葬事例も検討しているが、地方で行われた国葬である島津久光の事例については、ほとんど言及していない。

よって本章では、維新から三条実美の葬儀までを検討対象とすることで、近代国家としての地位を得るために、時には西洋の制度を積極的に模倣することも厭わなかった明治政府が、国葬を如何にして創成していったか、またそこに如何なる意味を付与したのかを、皇室喪儀にも留意しつつ明らかにする。

1 維新期の公葬

(1) 皇室喪儀

維新期における皇族の範囲は、慶応四年(一八六八)閏四月、大宝令の継嗣令に基づき、皇兄弟・皇子を親王、それ以外を諸王として皇族に含める一方で、五世王は王名を称するものの、皇族には含まれないと定められていた。また女子配偶者は皇親とはみなされていなかったが、明治二二年(一八八九)の旧皇室典範制定により、皇族の一員とされた。[3] とはいえ、女性配偶者を含む皇族宮家の管轄は宮内省となっていることから、ここでは便宜上、女性配偶者も皇族に含めることとする。

　さて、仏式で営まれてきた皇室喪儀が神祇式(神式)へと移行していく一つの画期が、慶応三年の孝明天皇の大喪儀である。これは、従来通り泉涌寺僧侶の読経・修法による仏事が行われる一方で、新たに造営された山陵における埋葬の儀が神祇式により営まれるなど、皇室の「純化」を目指す勢力と、これに抵抗する仏教勢力のせめぎ合いの場となった。[4]またこの時、徳川慶喜が「国喪」を理由に長州征討の兵を解くよう朝廷に要請したほか、京都における鳴物停止解除の触書にて今回の出来事を「国喪」と表現していることは、[5]天皇と国家の関係の視点だけでなく、その後の皇室喪儀の整備過程においても注目される。

　明治期における皇室喪儀の初発は、伏見宮貞敬親王の三女で瑞龍寺門跡の日尊女王の事例である。日尊女王が明治元年一一月一二日に死去すると、一七日に入棺の儀、二一日に葬送の儀が執行された。[6]喪儀次第については不明だが、葬送行列に導師として日領(前善正寺)が記載されていることから、[7]仏式で営まれたことがわかる。

　明治五年には、三つの喪儀が相次いで行われている。一月九日に死去した有栖川宮熾仁親王妃貞子に対しては、一三日には斂棺の儀が、そして二九日には葬送の儀が、東京品川の東海寺にて営まれた。[8]祭主は平田系国学者の松浦辰男が務めており、神式によるものであった。なおこの時期にはいまだ神葬祭の定式が存在していなかったため、松浦がこれを主導したものと推察される。

　また奇しくも同日、京都北白川円山では北白川宮智成親王の葬祭も営まれていた。[9]智成親王は享年一七歳、同月二日に京都の北白川宮別邸にて死去している。死後一〇日を経た一二日、智成親王の訃報が天皇に伝えられると、その日より三日間にわたり歌舞音曲の停止が行われると同時に、菓子一折と祭粢料三〇〇円が宮家に下賜された。二九日の葬祭が神式・仏式のいずれにより行われたのか史料からは判然としないが、この時期は宮中から仏教色を排除し、神式への純化が進められていた頃であることから、[10]熾仁親王妃貞子の喪儀同様に神式にて執行された可能性は十分に考えられる。

続いて八月には、伏見宮邦家親王の喪儀が、神式により京都相国寺で営まれる[11]。これには祭粢料として五〇〇円が下賜された他、三日間の歌舞音曲停止が発された。さらに大阪鎮台より騎兵一小隊、歩兵二大隊が派遣され、五発の弔砲が発せられた。皇室喪儀における儀仗兵派遣と弔砲の実施はこれが初発事例であり、以後の皇室喪儀には、多くの事例で儀仗兵が遣わされている。

なお、ここで葬地について言及しておく。そもそも近世の寺請制度のもとでは、葬儀は仏教の独壇場ともいえるものであったため、神葬祭の整備を進める維新政府にとって、その専用墓地の確保は大きな問題であった。明治三年に「宮方華族葬地」が東京青山・渋谷に設置され[12]、さらに明治五年にはこれらが一般にも開放されたものの、墓地不足は解消されず、なおかつこの動きは東京に限られたものであった。そこで同年九月一四日には、寺院内でも神葬祭を行えるよう、教部省達第一七号が発せられる[13]。こうして維新政府は、神葬祭墓地の不足に対応しようとしたのである。この経緯に鑑みれば、時期はわずかに前後するものの、この時期に神葬祭を故人と縁のある寺院で営むことは、不思議ではなかったことが確認できよう。

だがその後は、皇族専用墓地が設置されることとなる。それが豊島岡墓地であり、以後皇室喪儀の多くはここで営まれることとなる。そしてこれが設置されたきっかけが、明治六年の稚瑞照彦尊(明治天皇一男)の喪儀であった[14]。

九月一八日、出生直後に稚瑞照彦尊が死去すると、翌一九日には三日間の歌舞音曲停止、さらに「官省幷在京ノ開拓使府県奏任官以上及ヒ華族」に対し、「十九日ヨリ三日ノ間天機伺ノ為メ宮内省へ可罷出」ことが布告される。同時に、宮内省より福羽美静(宮内省三等出仕)、香川敬三(宮内少丞)、児玉愛二郎(同)、櫻井純造(宮内省七等出仕)の四名が葬儀御用掛に、坊城俊政(式部頭)が祭主に任じられている。喪儀は二五日に神式で行われており、会葬者は「正院左院諸省使勅任官丈ケ」大礼服を着用の上拝礼し、儀仗兵は近衛兵より騎兵一小隊、歩兵一大隊、砲兵一座が派遣され参列した。なお、弔砲は行われていない。

また葬地に関しては、太政大臣・参議に対して二〇日、「音羽護国寺後山凡八千坪余」を宮内省・東京府官員が検分し治定したため、東京府から宮内省へ受け渡しのうえ、教部省から治定を達すよう、宮内省より上申がなされる。これにより、二二日に豊島岡を葬地とする旨が布告され、以後の皇族墓地が定まることとなった。喪儀費用は、後日宮内省から大蔵省に対し、予定外の出費として一万八〇〇〇円強が請求されている。[15] 喪儀前に予算を組んでいないことが、後述する国葬との差異である。そしてこの方式は、以後の皇室喪儀でもしばらく引き継がれている。

さて本事例は、同年一一月の稚高依姫尊(明治天皇一女)の喪儀の基準ともなった。変化としては、「皇子皇女之差別可相立事」として儀仗兵の規模が縮小され、騎兵一小隊、歩兵一大隊のみとなった他、おそらくこの趣旨に沿ったものであろうが、喪儀経費が約三分の一となった点が挙げられる程度である。[16]

その後は、明治九年六月に明治天皇二女の梅宮薫子内親王の喪儀が営まれているが、ここでの変化は、皇族と各庁の長・次官が通常礼服を着用し会葬するとされたことと、儀仗兵として騎兵一大隊、歩兵二大隊、山砲兵一大隊に加え、柩護衛隊として楽隊、歩兵半大隊が参列し、東京近港の軍艦より二一発の弔砲が放たれたことである。[17] 儀仗兵の規模の拡大に関しては、同年五月に執り行われた華頂宮博経親王の喪儀で、在京の東京鎮台兵全部が遣わされた影響によるものであろう。[18] また弔砲は、海軍省内の規則によるものであった。

以上のようにして、皇室喪儀の形式は維新期に徐々に整えられていくが、同時に欧州王室の喪礼に関する調査も行われていた。同時期の一例を挙げると、「正院垂問ノ用ニ備フル為メニ国ノ内外ヲ叙テ以テ其良法ヲ編纂シ他日ノ参考ニ便ニス」[19] ることを職掌とする左院では、フランスの「国喪法」が翻訳されている。[20] 欧州王室の喪礼の情報は、「一等国」を目指す維新政府にとって、皇室の外交儀礼の面からも重要なものであった。[21]

一方、臣下の葬儀は如何なるものであったのか。当該期の高位な朝臣の葬儀として挙げられるのが、広沢真臣、鍋島直正(ともに明治四年)、山内豊信(同五年)、木戸孝允(同一〇年)、そして大久保利通(同一一年)の事例であり、これらからは、「私」葬から「公」葬への過渡的な特徴が見られる。すなわち、故人の家や旧藩から国家へと、葬儀諸々を構成していく主体が変化していくのである[22]。そこで次項では、維新の元勲である大久保利通の葬儀について、皇室喪儀も含めた公葬の整備の観点から検討を加えることとする。

⑵大久保利通の葬儀

内務卿参議の大久保利通が殺害されたのは、明治一一年五月一四日のことである。出仕のため馬車で紀尾井坂を通りかかったところ、石川県士族島田一良等六名により、馭者であった中村太郎共々斬殺された。彼らは斬奸状を用意しており、犯行動機は有司専制政治への批判であった[23]。

事件はすぐに各所に伝えられるとともに、太政官や内務省より大久保邸に官吏が派遣され、「公私ニ関スル事務ヲ取扱フ」こととなった[24]。西郷従道陸軍中将や吉井友実一等侍補といった薩摩関係者も参集し、大山巌陸軍少将・川村正平太政官二等属は陸海軍省出仕の大久保の親戚等との協議によって、「御届書及ヒ葬儀営繕向諸賄等ノ事ヲ夫々分任負担」していくこととなる。葬儀準備に関わった政府関係者の内訳は、大久保が内務卿であったためか、内務省員が多数を占めている[25]。さらに千勝興文日枝神社祠掌を大久保邸に招き、祭主・副祭主・祭文・伶人等について談合する。結果、祭主に平山省斎権大教正を充てることとなり、平山やその他の神官等も集まり「葬儀万端」を相談していく。葬儀を五月一七日に神式で執り行うことが決定すると、東京府下で最初に設置された神葬墓地である青山墓地の埋葬地を買上げ、営繕等の準備に取り掛かる。すなわち大久保の葬儀は、葬儀事務を掌る掛を公的に設置するのではなく、大久保の関係者や内務省官吏等が寄り集まり、葬儀執行に向けて突貫で動き出したものであった。

事件当日の一四日には、長男の大久保利和より太政官・内務省等へ死亡届が出され、これを受けた三条実美太政大臣は、大久保の死亡と犯人捕縛の旨を官院省使府県に達した。さらに吉井友実の名で、皇族や大臣をはじめ奏勅任官、華族、島津家等へ大久保の死去と葬送期日を通知する。吉井は、外国公使への通知は不馴れなためとして、一度は外務省に依頼した。だが外務省は、「死去文ノ義ハ外務卿ヨリ心得迄ニ夫々へ通知候ヘトモ葬儀等ノ義外務省ヨリ通知候テハ不都合」として拒否したため、大久保方より通知することとなり、翌一五日に吉井の名で外国公使へ通知された。

事件は明治天皇にも伝えられる。大久保が重傷との知らせを受けるとすぐに、天皇勅使として富小路敬直侍従が、両皇后宮御使として堤正誼宮内権大書記官が大久保邸に参向している。大山巌がこれに対応し、大久保の死を伝えたところ、両者は帰朝して「暁ニ死去之趣奏上」に及び、再度勅使として徳大寺実則宮内卿が遣わされる。今度は吉井が対応し、天皇より料理を、両皇后宮より干菓子を賜る。翌一五日には、勅使として丸岡莞爾式部助が参向し、贈右大臣正二位と祭粢料五〇〇〇円が下賜される。[26] さらに一六日、両皇后宮御使として山岡鉄太郎宮内大書記官が参向し、祭粢料二〇〇〇円が下賜された。右大臣を贈られたことは「近年その例なきこと」[27]であり、また度々勅使や御使が遣わされたことからも、大久保の死が如何に衝撃的かつ重大な出来事であったかが窺える。

この間にも葬送に向けた儀礼整備は進む。一五日に太政官より陸軍省に対し、儀仗兵として「東京所在之鎮台兵悉皆」差し出すとともに、「吊砲十五発執行可致」旨の達が出される。これを受けて掛員が陸軍省と兵員等の詳細を折衝した結果、①東京鎮台より計二〇〇〇人以上が儀仗兵として派遣され大久保邸に整列し、②喪家から墓所まで柩の前後を「銃ヲ腕下ニ執テ行進」し護送する、③その際軍旗・喇叭を白紗で覆い、喇叭は「音調ヲ低クシ「ヲーシヤン」ヲ奏ス」とともに、④墓穴到着・退去時に「十五発ノ吊砲ヲ発ス」ることに決した。

しかし一六日、巖谷修(太政官大書記官)・牟田口元学(同少書記官)宛に金井之恭(同少書記官)・日下部東作(同大書記官)連名で書簡が届く。これによると、砲数一五発というのは参議に対する砲数であり、贈右大臣となった現在は「発砲条例中大臣ハ十九発之定」なので、海軍の弔砲も併せて取り調べるよう要請している。対して巖谷等は返書にて、陸軍省上申中の草案では大臣・参議ともに一五発となっており、また海軍には規定がなく、明治九年の華頂宮博経親王の喪儀に際した弔砲数は、親王が海軍少将であったことによる特例であるとしたうえで、明朝法制局と打ち合わせるとの旨を伝えた[28]。

その後どのような議論がなされたかは不明であるが、結果として陸軍は、棺が墓地に到着した時と葬場式後の会葬者拝礼終了時に、当初の達の通りそれぞれ一五発を発砲している。また『大久保利通公伝』によると、海軍は横浜港において「出棺の時刻と覚ほしき頃軍艦春日号より二十一発の礼砲[29]」を実施したとされているが、博経親王の喪儀の際には一三発にとどまっていることや、明治九年に定められた海軍礼砲条例において、二一発の弔砲は天皇や皇族に対する礼砲数であること[30]、また前述の議論も勘案すると、実際には陸軍と同様の一五発か、多くても一九発だったのではなかろうか。いずれにせよ、弔砲を実施したことにより、聴覚的に大久保の死を広範囲の人々に知らしめ、葬儀の壮大さを演出するとともに、国家偉勲者としてその存在の重要性を広く再認識させたといえよう。

また喪服の統一も図られた。伊藤博文は一五日、西郷と大山に書簡を送る。すなわち、伊藤が会葬者の喪服に関して露・伊両国公使に問い合わせたところ、宰相の葬儀すなわち国葬では「文武官共必大礼服着用」とし、「左腕帽及ヒ剣ハ黒縮緬ヲ以包」むとわかった。また英国側にも確認したところ、英国では「文官通常国葬ヲ避ケ私葬ヲ好ミ候ニ付大礼服不致着用」との回答を得た。そのうえで今回の葬儀は儀仗兵が下賜されるため「国葬ニ相違無之大礼服無論之事」である、と述べているのである。ただし、大礼服を所持していない者が会葬してはならないわけではないとも付している。

これを受けて一六日、会葬者は大礼服を着用としたうえで、「大礼服無之者ハ上下黒色礼服着用不苦」との通達が、太政官書記官より出される。実際には奏任官以上の会葬者は大礼服を着用していたようである。また手袋・襟飾・手拭は黒色とし、左腕と帽子を二寸八分位の黒縮緬で、また賞牌や武官の肩飾も黒縮緬で包むとした[31]。会葬者の喪色を黒色と定めたのである。外国公使に問い合わせを行っている点からも、江戸時代に喪色として武士階級に広く使用されていた浅黄色や一般庶民に使用されていた白色を排除し、西洋の喪色である黒色を取り入れることで近代国家の体裁を整えようとしたことは明らかであろう。[32]

なお、同じく一六日には宮内省式部寮の橋本実梁七等出仕・丸岡莞爾式部権助が連名で、坊城俊政式部頭に宛てた意見書を提出している。これによれば、会葬者の礼服に関する規則を、式部寮事務章程上款に記載するものとして式部寮が立案するか、あるいは内閣で評議し布告するか、いずれにせよ大臣葬儀に際した「令典ト為ス可キ法式ヲ以テ御治定可有之」であると主張する。[33] 明治政府による大礼服制が確定していないこの時期に、公葬における喪服規定を定めるべきとの意見が式部寮内で唱えられていたことは、葬礼制度整備の側面からも注目に値する。他方、喪主や祭官等は白色を喪色としており、従来の慣習が踏襲されている。

式を壮大に演出するための整備は、他にも随所に施された。青山墓地に祭場・左右控所・請付所・仮上屋・見張所・仮屋の計七棟を、大久保邸に仮建物計四棟を設置し、また墓地の柵門は「杦丸太掘立柱扉西洋形」とした。[34] さらに一五日には、送葬の体裁を整えるために棺を馬車に乗せることに決定し、吉田市十郎を神奈川県庁に派遣して馬車の借用を依頼している。しかし「葬車ハ長七尺五寸巾弐尺五寸ヨリ大ナルモノ無シ」との電報が届いたため、「寸法間ニ合ハス止メテ帰ル」よう吉田に伝えられ、結局棺は舁夫五〇人により運ぶこととなった。すなわちこの時には、人力で棺を運ぶよりも馬車の方が、「宰相」大久保の葬儀に相応しいという認識があったようであり、前述の柵門の例や会葬者の喪服を大礼服としたことなども含めて、神式で行われる葬儀の空間に西洋の意匠を加えたことは、「文明開化」と称し、西洋の制度や文化の導入に積極的な政府の姿勢を反映する一例と捉えることができる。

以上のように、大久保や薩摩の関係者をはじめとする各員が、大久保の突然の死から三日という短期間で葬儀の準備に奔走し、葬送当日の一七日を迎える。この日は早朝から内務省を中心とする官吏や親戚等が大久保邸や墓地に参集し、榊等の不足の物品を調達し、会葬者の控所を設置するなど詰めの作業を行う。まず、大久保とともに殺害された馭者中村太郎の発葬式を午前九時から執行した後、午前一一時には大久保の発葬式を執行し、太政官少書記官兼内務省社寺局長の桜井能監が大久保の死を「国ノ不幸」とする弔文を誦読する。この時の実際の会葬人数は、脱漏は多いとしつつも、本邸へは一〇九四名、墓地へは七一九名であったと記されている。

午後一時には勅使として西四辻公業侍従、両皇后宮御使として山岡鉄太郎宮内大書記官が大久保邸に参向し、墓地までの葬列に加わる。発葬式終了後に、食事を終えた会葬者達は発葬のため整列するが、会葬者が多人数であるため、掛員等が整列に「専ラ苦慮心配」している様子も窺える。そして午後一時五〇分、発葬が開始される。葬列の前後のほか、大久保邸より墓地までの道筋を計一五一二名に及ぶ多数の警官が取り締まりを行った。葬列順は、①喪主近親、②親族、③勅使・御使、④皇族、⑤大臣参議等、⑥勅奏任官、⑦陸海軍武官、⑧在京地方長次官、⑨各国公使・書記官、⑩琉球藩親方、⑪雇外国人・判任官等外吏、⑫雇人、⑬その他会葬人となっている[35]。この時期は、琉球藩の帰属をめぐる問題の最中であり、そのなかで琉球藩内の大名階級にあたる親方[36]が参列していることからは、当時の琉球との関係性が透けて見える。

また葬列は「凡そ二三里に連ぬるに足るへしと思ハ」れるほど長大であり[37]、先頭の警官の出発から四五分後に、ようやく最後尾の警官が大久保邸を出るほどであった。午後三時三〇分に棺が青山墓地に到着すると、弔砲一五発が放たれた後に、墓地に直接会葬した者を加えて「葬所ノ式」を執行、勅使に続き会葬者も玉串を棺前に捧げた。午後四時過ぎからは親戚等により棺が埋葬され、すべての取り扱いが終了したのは午後九時三〇分のことである。なお、葬儀費用は総額四五六三円八三銭二厘との記載があるが、あくまで概算であることが附されているため[38]、実際にはより多くの費額を要したと考えられる[39]。

大久保の葬儀は三日という短期間のうちに、大久保に近しかった者(親戚や藩関係者、内務省官吏等)が模索を繰り返しながら執行された。結果、「礼式の盛なること近代きくにまれなる[40]」ものとなったが、そこに宮内省式部寮の影は薄い

表１－１　儀仗兵の構成

葬送日	名	場所	儀仗兵
M11.5.17	大久保利通	東京	歩１連，騎１大，野砲１大，山砲１大，工１大，輜重中，楽
M11.8.2	建宮敬仁親王	東京	歩４大，騎１大，山砲１大，野砲１大，工１大，輜重１中，楽
M11.9.6	伏見宮貞教王妃明子	大阪	１大
M14.9.13	梨本宮守脩親王	大阪	歩１大
M16.2.9	伏見宮昭徳王	東京	—
M16.2.20	華頂宮博厚親王	東京	歩４大，騎１大，山砲１大，野砲１大，工１大，輜重１中
M16.7.25	岩倉具視	東京	歩４大，騎１大，工１大，野砲１大，山砲１大，輜重１中

出典：宮内庁書陵部宮内公文書館所蔵史料(識別番号602／603／77604／607)，国立公文書館所蔵「贈右大臣正二位大久保利通送葬略記　乾・明治十一年五月」，「公文録」。

ことに気づく。

明治四年に太政官正院に置かれた式部寮(当初は式部局)は、明治八年に一度宮内省に移るも、すぐに太政官正院に戻された後、大久保暗殺前の明治一〇年に宮内省に属しつつ太政官にも隷する状態となっていた[41]。また「式部寮事務章程」においてその職掌は、「朝廷ノ諸礼式及位階礼服」「勲等式及賞褒牌等」の規則、宮中及び諸社の祭祀などを取り扱うこととされた[42]。つまり宮内省式部寮の立ち位置に鑑みれば、儀礼形成の面において大久保の葬儀を宮内省式部寮が主導しても不思議ではない。それにもかかわらず、宮内省式部寮の影が薄いこの状況は、大久保の葬儀への国家の関与が、伊藤のいう「国葬」ほどではなかったことを示しているといえよう。

しかしその一方で、大久保の葬儀には掛員や儀仗兵、会葬者等計五〇〇〇人以上が関わっており、かつ先例として掛員が調査した華頂宮博経親王の喪儀と比較しても、例えば費用総額は二倍ほど、天皇より下賜された祭粢料は一〇倍に達するように、その規模の差は歴然である。「維新以来天下未曾有の盛大なる葬儀[43]」に仕立て上げたことは、「功臣」の死を大勢で悼むことにより、大久保が行ってきた政策路線を継承していくという政府の姿勢を明確化し、世間に広く知らしめることで、反政府運動の活発化を抑制する意図があった[44]。大久保の死は政治的意図から盛大な葬儀の執行という形で利用されるとともに、近代国家としての儀礼整備に大きく寄与することとなったのである。

なおこの意義は、「功臣」の葬送儀礼に限られるものではない。例として、儀仗兵の構成を確認すると（表1―1）、大久保の葬儀において下賜された儀仗兵の構成が、同年八月の敬仁親王の喪儀にそのまま引き継がれていることが認められる。さらに博厚親王の喪儀でも、楽隊が除かれたほかは変わらず、後述する岩倉具視の国葬にもそのまま採用されている。このように、皇室喪儀と「功臣」の葬儀は互いに連関しつつ、その整備が進められていたことが看取されよう。

以上、「国葬級」の葬儀とすることは、未整備もしくは整備途中である儀礼式典の問題点を浮き彫りとする。特に弔砲をはじめとする弔礼は、外国との交際上においても必要不可欠なものであり、陸海軍会葬式が明治一二年一月に定められたように、今回の事例は葬送制度の整備の必要性を再認識させる一つのきっかけとなったのではなかろうか。大久保の葬儀は、その後の岩倉の葬儀に際して幾度となく先例として引かれており、国葬の、ひいては皇室喪儀も含めた公葬の形成に大きな役割を果たした。加えて、西洋の目を意識した儀礼式典の整備を進める過程における、一つの大きな画期であったといえる。

2　国葬の創成――岩倉具視の国葬

(1)葬儀の準備と執行

岩倉具視の死去は、明治一六年（一八八三）七月二〇日のことである。先年来京都で療養していた岩倉は、病状も末期になった六月には東京に戻り、天皇の行幸も受けていた。そのため、後述するが、宮内省では岩倉の万一に備えた動きも存在していた。

一九日早朝、岩倉具視危篤の報を受けた参議の山県有朋は、この対応を協議するため、井上毅参事院議官に即刻の出閣を求めた。[45]また宮内省でも会議が開かれ、岩倉の「喪儀取調等」が行われている。[46]そして二〇日に岩倉が死去すると、これが即日太政官号外により告示され、[47]さらに二一日には「故前右大臣葬儀来ル廿五日午前六時出棺品川海晏寺旧境内墓地へ埋葬」する旨が、内閣書記官より通知された。[48]

同時に外国公使への通知も行われている。二〇日には養子の岩倉具綱から各国外交官と他三名の外国人に対して死去を、二一日には井上馨外務卿より各国公使へ葬送を通知している。[49]ここで注目したいのが、葬送通知の文面である。すなわち外国公使に向けて、「来ル廿五日午前第六時出棺国葬ノ儀式ヲ以テ品川海晏寺旧境内墓地へ埋葬」と、この岩倉の葬儀が「国葬」であることを明記したのである。内閣書記官による先述の国内向け通知、そしてその後に発された当時の公文書にも、岩倉の葬儀を「国葬」と記したものは見当たらない。欧州で行われている国葬の意味を、外国公使は十分に理解していた。[50]また同時に、欧米各国の外交官が参列する場においては、日本の「文明開化」がこの時問われていたといっても過言ではない。[51]後述するが、岩倉の葬儀を国葬とすることによって、近代化の進捗を西洋各国に向けて主張する一つの機会ともなったのである。

さて岩倉の死去当日の二〇日、特旨により葬儀御用掛長に杉孫七郎宮内大輔、その他葬儀御用掛に二七名が任じられ、葬儀事務一切を取り扱うこととなった。[52]その内訳は、宮内省一八名、内閣二名、太政官五名、外務省二名であり、宮内省を中心とした構成であることがわかる。内務省官員が縁故的に多く参画した大久保の葬儀に比して、今回は国が掛を設置した点に大きな特色がある。つまり、縁故者ではなく国家の手により執行する公葬であることを、これにより明示したのである。

同時に事務分掌も定められた。宮内省式部寮員が祭式・行列を担当し、その他の宮内省員が葬場墓地等の営繕・用具準備・人夫雇入・会計を、太政官員が各方面への通知・照会を、そして外務省員が外国人に対する諸事を取り扱うとされた。御用掛の割合も併せると、宮内省が葬儀全般を主導することとなったことがわかる。「宮内省職制及事務章程」

が明治一二年に改定され、皇室内廷皇族に加え華族、さらには祭式礼典陵墓に関する事務を宮内省が管理することとなるなど、「宮内省式部寮が皇室外交儀礼を中心的に取り扱う体制が整えられ」ていく過程にあったことに鑑みれば[53]、岩倉の葬儀に対する宮内省、なかでも式部寮の関与が増大したことは、岩倉が華族であったがゆえのことにとどまるものではなく、宮内省による葬送儀礼の整備を企図したものであり、かつ宮中儀礼と外交儀礼という二つの国家儀礼の整備の一環でもあったと捉えられる。

また、弔意を表する手段も講じられる。二〇日に三日間の廃朝と死刑執行停止が告示されたほか[54]、東京市中は、警視庁の内諭にて三日間及び葬送当日、歌舞音曲を停止することとなる[55]。さらに半旗弔砲の礼については、塩田三郎外務少輔と葬儀御用掛が協議し、内閣より川村純義海軍卿に対し、①三日間半旗の礼を行う、②二一日正午から日没まで二〇分毎に弔砲を実施する、③葬送当日に半旗弔砲を実施する、の三項目が「示談」される。これに対し川村は②の削除を要求し、また井上馨外務卿は①を不都合としたため、これらをドイツ・イギリス両公使に問い合わせた結果、当日のみとなった[56]。加えて弔砲数は、「陸軍会葬式」では太政大臣・左右大臣に対しては一九発とし、「海軍会葬式」では文官への規定はなかったが[57]、今回は「英国海軍条例」も参照のうえ、葬送当日午前八時より二〇分毎に一九発を発砲することとなった[58]。

なお先述の塩田と御用掛の協議においては、会葬者の喪服規定についても議題としてあがる。ここでの決定事項は、大久保の事例に倣い、①大礼服を着用し、襟飾・手套は黒とする、②大礼服不所持者は通常礼服、もしくはフロックコートでも可とし、襟飾・手套は黒とする、の二点である。実はこの時、通常礼服の場合、ロシア等では襟飾・手套は白であり、これに倣うべきとの意見も出ていた。しかし「既ニ先年来黒色ヲ用ル事ニ内決」していた経緯があり、結局、黒に統一と決定するに至った[59]。こうして大礼服か通常礼服(またはフロックコート)を着用し、喪色は黒色と規定されたのである。

そしてこの喪服を含め、会葬者に葬儀の情報を伝えるために、会葬者心得が二一日に作成される。[60]さらに同日、会葬者に対する次の注意を「日々・明治・時事・報知・朝野・読売ノ諸新聞ニ投シテ雑報ニ掲」載している。[61]

故前右大臣公ノ葬儀ニ付テハ会葬者心得書アルヨシ、左スレハ葬儀ニ会スル人々ハ悉ク其心得アリテ区々ニナラサル様アリタキモノナリ、我国往時ニ在テ葬儀ニ会スルモノハ自然静粛ニシテ哀悼ノ情見ヘタリ、然ルニ近頃会葬ノ人ヲ見ルニ、或ハ喫煙談笑等平常ニ異ナルコトナク祭場ニ於テ祭文伝供等ノ時着帽ノマヽ、椅子ヲ離レサルモノアリ、或ハ黒色ニアラサルズホン襟飾ヲ用ルモノアリ、心アルモノハ甚之ヲ慨歎セリ、会葬ノ人々ハヨク〳〵注意アリ度事ニコソ

すなわち、最近の葬儀参加者の態度が葬儀に相応しくないとして、心得を読んだうえで、葬儀に相応しい態度で臨むよう会葬者に注意を促したのである。ここからは、西洋文化流入後の当時の葬儀事情を垣間見ることができる。特にここでは、葬儀に会する際の服装に言及しており、体裁を整えるためには喪服の規定を設ける必要があったことが看取される。なおこの傾向は、葬儀執行関係者の服装規定にも見られる。詳細な規定を設け、服装を統一することで、西洋に倣った近代的な公葬の視覚的演出を企図したといえよう。

また視覚的な演出の観点からは、岩倉の持つ勲章の扱いも、岩倉の偉勲を称えるとともに、葬儀の体裁を整える面からも重視された。岩倉は日本では菊花・旭日両大綬章を受章し、またロシア・イタリア両国からも勲章を贈られていた。これに関して賞勲局一等秘書官の横田香苗は、陸軍会葬式では死者の勲章は柩上に置かれるが、これでは勲章が蓋に隠れて見えないため不体裁であり、また文官は必ずしもこれに拠らないとして、各勲章を蒲団上に置き、それぞれ役人が持つようにすべきと、御用掛に対し意見具申を行っている。これは御用掛でも考慮されていたようで、結果として二五日の葬列では、①伊国勲章、②露国勲章、③旭日大綬章、④菊花大綬章の順（その後ろに柩）に、長方形の黒色蒲団を白木台の上に置き、その上に勲章を載せ、親族が捧げ持つこととなった。[62]葬列の壮大さを大勢に見せつけるための道具と

して、また岩倉がいかに新政府に貢献してきたかを示す象徴として勲章は利用されたのである。

こうして二五日の葬儀当日を迎える[63]。午前三時から発葬式を執行すると、五時には勅使・御使が参向し拝礼、そして六時に出棺となる。この葬列は最後尾が四五分後に出発するといった、長大なものであった。参列した文部省少書記官の依田学海は、「おくるもの万余人に近し。みるもの途に満て、さながら牆を左右に排せし如し[64]」と日記に記しており、長大な葬列が「スペクタクル（見世物）[65]」としての役割を果たしていたことが、ここから窺える。その後は、九時に前駆の巡査長が葬場に到着すると、四〇分より神式での葬場式が開始され、午後一時からは柩を海晏寺裏の墓地に運び埋葬し、午後三時に式がすべて終了するに至る。なおこの時、京都二十八院幷泉涌寺等総代・妙法院住職の村田寂順権大教正が、土砂を散布し葬塔の側で念誦しており、神葬ながらも仏教側を完全に排除するわけではなかったことを附言しておく。

⑵葬儀費用の取り扱い

岩倉が死去した二〇日、杉孫七郎葬儀御用掛長より三条実美太政大臣に対し、一つの上申が行われる。それは、葬儀費用として一万五〇〇〇円を要求し、精算後に過不足があればまた改めて上申する旨であった。これについては二一日、三条より「上申之趣聞届候事」と達せられ、非常予備金から支出されることとなった[66]。そして翌二二日には大蔵省より葬儀費用を領収するとともに、岩倉家に対し「国費ヲ以テ御取扱」う旨が通知されている。なお、葬儀御用掛は埋葬までの諸事を扱うという性格上、経費勘定の期限は埋葬までと定められ、また祭官等は五〇日祭まで取り扱うものとの理由から、「神饌等ノ経費ハ五十日祭迄官費支払」となった[67]。

このように岩倉の葬儀は、最初に葬儀費用を国費から支出することを明確化したうえで、予算を組み執行されたものであった。さらにこれにともない、天皇からの祭粢料が下賜されていないことは注目に値する。そもそも祭粢料は帝室費から支出されるものであり、帝室費は当時、政府会計から独立したもの、つまり官費とは明確に区別されたものであった。[68]そして、それ以前の偉勲ある臣下の葬儀に際しては、祭粢料が下賜された例が複数存在する。[69]一方の皇族喪儀では、前述のように官費から支出するものの、喪儀後に費用を別途請求する形が採られていた。以上から、岩倉の葬儀は、予算を設定し、政府会計から支出された費用のみで執行された点で重要である。

またここで着目したいのが、二〇日にボアソナードから太政官に届けられた、国葬についての七箇条にわたる答申である。[70]ボアソナードによると、国葬とは国費により執り行う葬儀を指し、大臣や参議等の「国家ニ功労アル者ノ栄誉ノ為」に行うものである。さらにこれに際した費用は、議会を通す必要があるが、いずれにせよこれを事前に設定するものだという。当時日本に議会が存在しないため、これを議会に通すことは不可能ではあるものの、予算を事前に組む点はボアソナードの意見と一致する。先述のように欧州王室の喪礼の調査も行われていたなかで、ボアソナードに国葬の定義から諮問し、それに則って執行していることからは、これまで明確な国葬像が定まっておらず、国葬の経験もなかったことを意味する。よって、これこそが岩倉の葬儀を国葬の初発とする所以であり、以後の国葬の先例となるのである。

(3)「国喪内規」の影響

岩倉が危篤に陥った一九日、徳大寺実則宮内卿より井上馨外務卿に対し、「今般国喪例内規ヲ被設度ニ付、於当省別冊取調候条致御回候、御差支無之候ハヾ至急上申之運ニ致度、御意見之有無早速致承知度、此段及御内議候也」[71]との照会が行われる。この「国喪内規」は、全五章二五箇条と附則二箇条からなり、主に皇族死去に際する喪礼を規定したものであった。ただし第八条において、臣下もこの礼に遇される余地を残していることから、岩倉が「国喪」とされる可能性があった。なお第二章で詳述するが、これは制定には至っていない。

表1－2　「国喪内規」と葬儀事例の比較

	廃　朝	死刑執行停止	歌舞音曲停止	半　　旗	弔　　砲
国喪内規	最短4日	最短4日	①63日②7日③5日④3日⑤1日＋当日	最短3日＋当日	公布翌日正午から日没まで20分毎＋当日
皇族先例	3日	—	全国3日（東京のみ当日まで）	3日／当日	当日
岩倉具視	3日	3日	東京のみ3日＋当日	〔案〕3日＋当日 〔決〕当日	〔案〕公布翌日正午から日没まで20分毎＋当日 〔決〕当日
島津久光	3日	3日	—	—	—
三条実美	3日	—	—	当日	当日
熾仁親王	3日	—	3日（東京のみ当日も）	5日＋当日	当日
能久親王	—	—	3日（東京のみ当日も）	5日＋当日	当日

出典：外務省外交史料館所蔵「国喪内規設定一件」，国立公文書館所蔵史料群「国葬等に関する文書」。

そこで本項では五つの項目から、これが岩倉の、ひいてはその後の国葬に如何なる影響を及ぼしたのかを、その前後の事例とも比較しつつ(表1—2)考察していく。

(一)　廃朝・死刑執行停止

「国喪内規」ではこれについて、「凡テ第二期ノ終リ迄朝儀ヲ廃シ死刑ヲ停ム」(第二条)とされている。これに比すれば、今回は五等喪より格は劣るも、直宮(夭折)と同等との見方もできよう。そしてその後は、廃朝を三日とし、死刑執行停止は行わないことが基本となる。

(二)　歌舞音曲停止

「国喪内規」第三条によると、一等は第二期終わりまで、二等以下は第一期中実施(当日は全等級とも)となっている。そして今回は全国的でない以外は先例に準拠したものであり、なおかつ「国喪内規」における宣下親王(四等)と同等の扱いとなる。ただしこれは、その後皇族のみ実施されるという変化が生じている。

(三)　半旗

「国喪内規」第一九条で、第一期中(五等は三日)と葬送当日に実施するとされた半旗の礼であるが、先述のように、今回は当初案によれば、「国喪内規」の四・五等と一致するものであったが、協議の結果当日のみの実施となった。以後、これは次の島津久光の事例(後述)等を除き、基本的に引き継がれている。なお皇族・臣下間で日数に差が生じているのは、宮中喪の有無によるものである。

（四）弔砲

三～五等喪は公布翌日正午から日没まで二〇分毎と、葬送当日に実施すると規定した「国喪内規」第二〇条と比すれば、今回の当初案がこれと、また砲数は陸軍会葬式の規定と一致していることがわかる。しかしこれも、協議により当日のみとなり、以後もほぼ同様となる。

（五）葬儀掛

これは「国喪内規」第一〇条において、喪儀長官一名、喪儀次官三名、喪儀判官三名、喪儀主典を設置するとされている。そして今回も、官省院庁府県宛の喪儀使設置に関する達案では、喪儀長官一名、喪儀次官一名、喪儀判官、喪儀主典を設置することが考えられていた。[72]だが実際には、前述の通り葬儀御用掛を設置し、以後の国葬においても同様となった。

以上の五点から、今回の岩倉の国葬が、皇室喪儀の先例、そして「国喪内規」を参考にしたことは明らかであり、皇族に準じた岩倉の国葬は、臣下に対する最大級の栄典として捉えることができる。またその一致の程度からは、岩倉が宣下親王や夭折の直宮と、ほぼ同等の格式により遇されたものとみなされるのである。こうして今回の事例により、臣下と皇族が同じ土俵上で語られ得る、他とは異なる特殊な儀礼を形成するに至ったといえよう。

こうして日本における国葬は、宮内省を中心に創成された。政府が正式に公告した国葬ではないものの、外国公使には国葬と明示しており、なおかつ葬儀御用掛を設置し、葬儀費を国庫支弁とするなど、国葬としての条件・形式が整えられていく。そしてこれに大きく寄与したのが、ボアソナードの答申や「国喪内規」であった。とはいえ、これで制度が完成したわけではない。そこで次節では、その後の国葬形式の整備過程を見ていくこととする。

3　国葬の展開――島津久光の国葬

(1)鹿児島での葬儀執行に向けて

幕末の政局に重要な役割を果たした一人である島津久光は、それにもかかわらず、維新政府における政策決定過程の中心から疎外され、また身分制の解体をはじめとする諸政策が実行されている状況への強い不満を表明したこともあり、不平士族からの期待を集める存在となっていた。そのため維新政府は、久光を内閣顧問や左大臣に任じるなど懐柔を試みるものの、自らの建言を退けられた久光は左大臣を辞し、鹿児島で隠遁生活を送る。[73]それでもなお、久光を無視することができない政府は、明治一七年(一八八四)には公爵、また明治二〇年には従一位とした。[74]さらに久光の容態悪化の報を受けるや、侍従・侍医が鹿児島に派遣されている。[75]

そのようななか、三条実美・岩倉具視・毛利元徳と久光の死後の扱いを同一とすべきと考えた土方久元宮相は、同年一一月九日に国葬如何を宮中顧問官に内談し同意を得たため、評議を山県有朋内相に申し入れる。[76]内閣も一三日には、久光死去の場合は岩倉の例に倣い国葬とすることを内決していた。[77]さらに葬儀の着手順序や葬儀御用掛の鹿児島到着後のことを事前に取り決めていたようであり、基本的にこの計画に沿って準備が進められることとなる。[78]

一二月六日、鹿児島において久光が死去すると、島津忠寛より土方宮相に対して死亡届が出される。[79]これを受けて、伊藤博文首相より官報号外にて久光の死去が告示される。なお岩倉死去時に、各国公使に対して外務省より通牒したことは前述の通りであるが、今回は会葬等の都合から、外国公使には通牒を行わないとした。[80]とはいえ、訃報に接した各国公使は、当主の島津忠義へ弔詞を送っている。[81]

また伊藤首相から六男島津忠済に対して、特旨をもって葬儀御用掛を設置し、一切の葬儀事務を取り扱う旨が、電報にて達せられた。その葬儀御用掛であるが、同日中に内閣より、葬儀御用掛長として高崎正風式部次官が、葬儀御用掛として渡辺千秋鹿児島県知事、多賀義行同書記官、桜井能監宮内書記官、金井之恭内閣書記官、股野琢法制局参事官が任じられ、また掛長より堀忠喬、柿木原政澄(以上、内閣属)、青木行方、原恒太郎(以上、宮内属)、朝倉義高(式部属)も任じられる。すなわち奏任官は内閣が、判任官は掛長が命じるという形をとっていることがわかる。

加えて斎主には、神宮教管長大教正の田中頼庸が任じられた[82]。岩倉の葬儀の際には、神道大社派管長の千家尊福が任じられており、祭神論争(明治一三・一四年)の際に対立した両者が、相次いで斎主に任じられることとなったのである。井上毅は明治一六年、「教導職ヲ廃スルノ意見」において、「皇家ノ葬殮ハ、葬テ礼典ニ依リ、葬儀使ノ司ル所ト為シ、田中、千家ノ両氏ニ任スルコトヲ廃ス」と主張していた[83]。今回は皇族ではないものの、以上の結果からは、国が関与する葬儀に彼らが関わってくるという状況は変わっていないことを示しており、単に田中の出自が薩摩藩士であったためというだけでなく、両派の権衡を考慮した結果でもあるかと考えられる。なお、岩倉の際には、斎主・副斎主等は太政官より任じていたが、今回は鹿児島で行われることもあり、葬儀御用掛長より任じることとなっている。

さて、六日には葬儀を官費により埋葬まで執行すると決定、また六日より三日間廃朝の旨が土方宮相より告示される。加えて三日間の死刑執行停止を陸軍省、海軍省、司法省に通知するとともに、伊藤首相より陸軍省に対し、儀仗兵一大隊を最寄りの鎮台、すなわち熊本鎮台より派遣することが命じられた。

以上のように、今回の葬儀は岩倉の事例に倣う面が多分にあった。しかしその一方で、今回は半旗弔砲の礼は実施しないこととなる。これは「国喪」に関し宮内省雇のモールに問い合わせたところ、ドイツでは皇族と臣民の区別をつけるために、前者に対しては全国で半旗を行うが、後者に対しては行わず、また弔砲は勲位に応じ会葬の兵隊により執行するが、軍艦等では行わないとの回答を得たためである[84]。

一二月七日、葬儀御用掛その他一行は横浜港を出港する。この時高崎御用掛長は、鹿児島出張からの帰途に葬儀の件を知らされたこともあり、神戸に滞在していた。そのため翌八日に神戸に到着した一行は、高崎の宿で打ち合わせを行った後、一〇日に神戸を発し鹿児島へと向かった。[85] この間、鹿児島でも葬儀に向けた準備が行われている。御用掛が横浜を発った七日、鹿児島の玉里島津邸内に葬儀御用掛事務所を開設し、翌八日には御用掛であり鹿児島県知事の渡辺千秋より、久光の埋葬地は旧福昌寺に決定したと通知がなされる。[86] 東京から掛が到着する前から、現地の官員が葬儀の準備を進めていたのである。

御用掛一行が一二日に玉里島津邸に到着すると、既報の、葬儀事務一切を官費で行う旨の達書が、高崎より島津家に手交される。[87] さらに高崎より掛の金井内閣書記官・桜井宮内書記官に対し、葬儀を一二月一八日に執行する旨が伝えられると、内閣や宮内省をはじめ勅使や北白川宮家へも電報にてこの旨が通知される。葬儀準備が本格的に始まったのはこの日からといってよいだろう。[88]

一五日には「祭場図」「道筋図」「会葬人心得書幷礼拝次第書」「列書」を決定し、新聞や鹿児島県公報に登載するとともに、五〇〇部を印刷することに決する。[89] そして翌一六日、鹿児島県公報号外に渡辺県知事の告諭と葬送に関する告示が掲載された。このなかで葬儀御用掛でもある渡辺は、「国葬ノ礼ニ依リ乃《〔ママ〕》千秋等ヲ以テ事ニ爰ニ従ハシメタル」と記しており、[90] 先述のモールの答申などと併せると、掛員は今回の葬儀も国葬であると認識していたことが看取できよう。

(2)「会葬者心得書」による規定

岩倉葬儀の際には、会葬予定者に対し一〇〇〇部配布された「会葬者心得」であるが、今回は一五日に作成され、「会葬者心得書」として五〇〇部印刷された。この特徴としては、「会葬判任官幷列外会葬者拝礼心得」を休息所に張り出すとともに、新聞雑報に掲載するという措置をとっているように、判任官以下の会葬者向けの心得が詳しく規定されていることが挙げられる[91]。これは葬儀が旧藩士を始めとする、久光と所縁のある者の多い鹿児島で行われていることから、会葬者中に占める判任官以下の割合が東京開催の場合より多くなることが想定されたためであろう。

さてその「心得書」によると会葬者の服装は、奏任官以上は大礼服を着用し、黒紗または類似の布を帽子の飾章や佩刀の柄、左腕に巻き、手袋は黒色を用いるが、勲章を覆う必要はないとする。また大礼服不所持の者は通常礼服、それも持たない者は黒または紺色のフロックコートでもよいとするとともに、列外会葬者には洋服または羽織袴の着用を認めている。つまり黒色を基調とした洋装が基本ではあるが、和装も許可されているのである。これは大礼服をはじめとする洋服を所持していない者への配慮であろう。第四章で詳述するが、この時期に大礼服や通常服を所有している者は、官吏の他、有位有爵有勲者に限られるといっても過言ではなかった。加えて、その背景には久光の経歴の影響もあったのではなかろうか。

久光は開化政策の一つである服制改革に関して、我国の独自性を示すために洋服を禁止すべき旨を明治六年に建言し、また廃刀や散髪にも身分意識から反対するなど、服制改革反対派の「急先鋒」であった[92]。すなわち鹿児島には建言から一〇年以上経過した当時でも、久光の影響により洋装に抵抗のある者も一定数存在したと考えられる。少し時期は下るが、憲法発布後の晩餐会において島津忠義は、有爵者大礼服を着用する一方で結髪という出で立ちで出席している[93]。和装の許可は、こうした彼らへの配慮でもあったといえるのではないか。いずれにせよ服制の西洋化が進められていた明治二〇年においても、喪服の明確な規定は存在しておらず、葬儀における実際の運用には弾力性があったといえよう。

島津家への配慮は他にも存在する。例えば、石棺及び柩等の構造や宗族親族等の会葬人員は島津家の家法に拠るとされた[94]。さらに葬列中における棺の左右には、大刀・小刀が配されている[95]。これもやはり「前右大臣ノ例ニ無之候得共、島津家法モ有之、其他器具等ニ至ルモ泩々家法先例等モ有之事情申出モ有之ニ付、参酌ヲ加ヘタ[96]」ものであった。なお後者は一一年後の島津忠義の国葬に際しても、棺の左右ではなく後方にその配置が変更されるという差異はあるものの[97]、引き続きこれが採用されており、家法を尊重している点は同様であったといえる。

会葬者の扱いにも、鹿児島での執行による特殊性が見られる。久光の死去前後に長崎に滞在中の伊藤首相と大山巌陸相が、久光の葬儀に会葬するため帰京が遅れるとの報道がなされているが[98]、後日各大臣は代理参拝とする旨が、内閣書記官から電報によりもたらされる[99]。また先述の通り、外国公使には葬儀の通知を行っておらず、当然会葬もなかった。そのうえで作成された「心得書」によると、拝礼は、①喪主、②宗族、③親族、④勅使、⑤皇族代拝、⑥斎主副斎主以下、⑦内大臣代拝、⑧総理大臣代拝、⑨各省大臣代拝、⑩勅任官、⑪華族総代、⑫奏任官、⑬鹿児島出身在官者総代、⑭家令扶従以下、の順となっている。しかし当初案では皇族代拝が斎主・副斎主の後になっている他、家令扶従以下がより詳しく区別され、家令家扶家従、判任官、鹿児島県郷友会東京部大坂部総代、会葬諸員の順となっているという差異が存在した[100]。鹿児島県出身者への配慮がここでも見られるのである。なお、その判任官以下についての詳細な記載は「会葬判任官幷列外会葬者拝礼心得」にある[101]。

会葬者の範囲に関しては、鹿児島県告示第三二七号において「管内有位及帯勲者ハ会葬スヘシ」とされている。一三日には中村介岩(相国寺外四ヵ寺総代)より会葬の伺があり、御用掛はこれを認めている。一五日にも山香干城(京都府華族大谷光勝代理)や、武藤性賢(同大谷光尊代理)からも同様の申し出がなされている[102]。これらを受けてか、一六日に鹿児島各寺の教導職会葬者のうち、旧六級以上の者二名は奏任官の列中に、その他は判任官の列中に加えることに決した[103]。教導職の廃止(明治一七年)以降も、当時の階級を便宜上利用しており、仏教側の排除はまたも行われていないことが看取される。

(3) 葬儀執行と久光国葬の意義

久光の葬儀は一八日に行われた。だがその様子を確認する前に、国葬に不可欠な勅使の参向と儀仗兵の派遣の経緯について簡単に触れておきたい。葬儀が特旨により行われるという性質上、勅使の参向は自然なことであり、また儀仗兵は葬列の威容さを視覚的に捉えさせることにより、故人の顕彰の効果を広げることができるからである。

まず勅使であるが、富小路敬直侍従が勅使兼両皇后宮御使として、葬儀前日の一七日に玉里島津邸へ参向し、天皇より紅白絹各三匹、真綿三〇屯、鰹節一〇連、神饌七台が、また両皇后宮より紅白絹一匹が下賜される。[104] 岩倉の際は両皇后宮より祭粢料が下賜されていたが、今回は行われていないという点が唯一の違いである。次に儀仗兵についてであるが、六日に伊藤より陸軍省に対し、儀仗兵一大隊を熊本鎮台より派遣すべき旨が通達され、歩兵一大隊が派遣されることとなる。[105] 岩倉や大久保の事例と比較すると、これは明らかに小規模である。理由としては、派遣地が遠方であることに加え、前述の通り弔砲を行わないがために、砲兵が必要ないことが挙げられる。

葬儀当日の一八日は天候に恵まれず、午前七時に一時間遅れでようやく出棺となる。[106] 午前一〇時、墓地へ棺が到着すると、ここで三〇分の休憩の後葬場式を執行し、会葬者は各自、掛の誘導に従い拝礼することとなった。式がすべて終了し、御用掛が解散したのは午後三時のことである。途中雨天のために予定より執行が遅れたものの、最終的には岩倉の葬儀時と同時刻に終わったことは、葬儀御用掛が先例の経験を生かして、円滑な式運営を行った結果といえよう。

葬儀が鹿児島で行われたことは上述の通りであるが、実は東京でも祭式は行われていた。久光の死後一〇日となる一六日、東京の島津邸において小祭が執行される。また葬送当日には、「北白川宮御息所等の思召を以て」、東京島津邸内の、久光が在京時に居間としていた一室に遥拝所を設置することとなった。[107] そして一八日には祭式が挙行され、松方正義・大山巌・西郷従道の三大臣をはじめとする鹿児島出身者が参拝、また華族である黒田長成・浅野長勲・戸田氏共・近衛篤麿等が自ら、または代理を立てて参拝している。[108]

また京都在住者の発起により、京都に久光を顕彰する記念碑を建設する協議が行われたとする報道や、[109] 明治学院の教授であったヘボンが、久光の生前の事績を蒐集し伝記を出版するとの報道があるほか、[110] 新聞紙上で生前の久光の逸話が伝記として語られるなど、顕彰の動きがメディアにより盛んに報道されている。

久光は前左大臣公爵であり、かつ従一位大勲位を授けられていた。土方宮相が久光を岩倉・三条・毛利と同様に別格の存在と捉え、国葬が適当と考えたように、格式からしても、国葬の礼を賜るには十分であった[111]。ただしその格式は、明治維新を成し遂げた薩摩の国父によるところが大きい。内閣顧問や左大臣に任じられたのは政府の弱体化を防ぐための策であり、開明政策への批判を行う久光を囲い込もうとしたためで、実際に久光は、欧化政策に対する反政府層の期待を集めていた面もあった[112]。この文脈から見ていくと、久光が特旨により国葬の礼を賜り、かつ鹿児島で挙行されたことは、死去した地が鹿児島であったという理由以外に、久光に対する特別待遇の終着点と捉えることができる。

前述のように国葬は、近代化を西洋諸国へアピールしていく絶好の機会であった。しかし今回は外国公使に葬儀通知を行わなかったがために彼らの参列はなく、また各大臣も代拝で済ませるなど、国葬としての格が落ちているともとられかねないものであった。それでも政府は鹿児島で執り行うことに決めたのである。つまり今回の国葬は、西洋の目を意識したものではなく、維新の立役者であり、明治政府の上層に多く存在する旧薩摩藩出身者を納得させるため、そして鹿児島に一定数存在する反政府層の慰撫のために行われたものと捉えることができる。特にこの時期は議会開設を三年後に控えていた。鹿児島は西南戦争という反政府活動の「前科」があり、武力反抗は困難になったとはいえ、明治政府に対しいまだに不満を持つ者も当然存在していた。さらに彼らのなかには、西南戦争後の人心の回復を自由民権運動に求めるものもいた。

鹿児島における民権運動は明治一三年以後、徐々に活発化する。明治一五年には旧私学校党の士族層が中心となり、自由党系の新聞である『鹿児島新聞』が発行されるが、これは反政府色の強い編集方針であったため、県庁による弾圧も度々行われている[113]。また、全国各地で自由党激化事件が頻発していた明治一七年には、旧私学校系の三州社に対する政府の警戒の高まりも見られ、樺山資紀警視総監を本部長とし自由改進の勢力を敵視する郷友会に県政における重要な位置を担わせることで、民権派勢力の弱体化を図っている[114]。

以上を踏まえると、今回の国葬の背景には、久光の死を丁重に扱うことにより彼らの溜飲を少しでも下げさせる意図があったのではあるまいか。すなわち久光の国葬は、単に故人の顕彰という面だけでなく、国内における政治・治安の両面も考慮されたうえで、実施されたものであると考えられよう。

4 国葬の確立──三条実美の国葬

(1)国葬の裁可

第一回の帝国議会も佳境に入り、予算案の成立をめぐる激しい議論が繰り広げられていた明治二四年(一八九一)二月一八日、三条実美内大臣が五五年の生涯を終える。三条は明治二二年に条約改正問題で倒れた黒田内閣を臨時で引き継ぎ、内大臣兼首相として事態の収拾にあたった後、再び内大臣のみに戻っていた。

彼の死を受けて、嫡男の三条公美が山県有朋首相と土方久元宮相にこの旨を届け出ると、翌一九日、山県は三条の葬儀を国費による執行、すなわち国葬とする裁可を求めた。これに対し、「朕茲ニ故内大臣正一位大勲位公爵三条実美国葬ノ件ヲ裁可ス」として、天皇の裁可が下る[115]。ここで初めて政府の公告中において明確に「国葬」との語句が用いられ、公式に国葬と認められたのである。この裁可を受けて、勅令第一四号により「内大臣正一位大勲位公爵三条実美薨去ニ付特ニ国葬ヲ行フ」と公示されるとともに、岩倉・島津の先例に従い国費で葬儀を執行し、費用は第二予備金より支出することが内閣より大蔵省に通牒される[116]。なお金額は一万五〇〇〇〇円であり、またこの形式は、公文式(明治一九年勅令第一号)[117]に拠ったものである。

では今回何故「国葬」と明記されるに至ったのか。その理由は、大日本帝国憲法の制定・施行と、帝国議会の設置による。憲法第六四条には、「予算ノ款項ニ超過シ又ハ予算ノ外ニ生シタル支出アルトキハ後日帝国議会ノ承諾ヲ求ムルヲ要ス」との規定が存在する。[118] これにより議会に予算を通す必要が生じたのであるが、そのためには使途を明確化する必要があったのである。こうして国費による葬儀、すなわち国葬が名実ともに成立するに至ったといえる。

(2) 葬儀準備の様相

さて、葬儀掛は今回も設置されている。岩倉の葬儀の際に葬儀御用掛長を務めた杉孫七郎宮内省内蔵頭が、葬儀掛長と名称は異なるものの再び同じ役に任じられる。その他、宮内省からは三宮義胤式部次長、堤正誼内匠頭、股野琢宮内書記官、小西有勲掌典、内閣からは周布公平内閣書記官長、多田好問内閣書記官、田口乾三恩給局審査官、道家斉内閣書記官、外務省からは吉田要作交際官試補の計九名が葬儀掛に任じられ、麻布の内閣官舎に葬儀事務所が設置される。[119] 葬儀掛の構成を見てみると、岩倉の先例同様に宮内省と内閣が中心となっていることがわかる。また一九日には、貴衆両院より弔詞が呈され両院とも休会するとともに、[120] 宮内省告示第八号にて三日間の廃朝が達せられた。[121] だが一方で、今回も歌舞音曲停止の令は出されなかった。[122]

また葬送当日の動きも定まる。二五日午前九時より出棺のうえ、小石川音羽護国寺境内墓地に埋葬とし、かつ岩倉の葬送の例に倣い、今回は葬送当日半旗の礼を行うとともに、午前八時から相当の弔砲を実施するよう山県首相より陸海軍大臣へ訓令が出される。[123]

各国領事への葬送日時等の通知は二二日、外務省からではなく杉葬儀掛長より行われた。二三日には、葬送当日は岩倉の例により、各長官の心得にて臨時休暇を命じることが許可される。[124] このように、今回も岩倉の先例に拠る要素が非常に多いことが見て取れる。

だが一方で、儀仗兵の派遣については差異も生じている。[125] 二〇日に土方宮相から大山巌陸相に、特旨により儀仗兵として近衛兵（近衛歩兵一連隊、同騎兵二小隊、同砲兵一中隊）を派遣するよう達し、杉掛長へも通達が行われた。府下屯在近衛兵の四分の一の派遣を求めたのである。この時徳大寺侍従長は参考として、明治一九年の有栖川宮幟仁親王の喪儀に際しては、特旨により近衛歩兵一連隊、同騎兵一中隊、同砲兵一大隊、同工兵一中隊が派遣されており、また明治一八年六月二日には宮内省内規に「親王　宣下アリシ皇族若クハ国家ニ偉勲アル諸王大臣太政大臣右大臣　左大臣ノ葬儀ニ特旨ヲ以テ近衛兵ノ儀仗ヲ賜フ事」との一文を加えるよう勅諚があった旨を伝えている。すなわち三条は内閣制度が成立する以前は太政大臣であったため、今回の葬儀はこれに当てはまると判断されたのである。そして二三日に、儀仗近衛諸兵指揮官に近衛歩兵第四連隊長の伏見宮貞愛親王を充て、先述の隊を派遣すると近衛司令部から葬儀掛へ通達された。

また葬儀掛は、二〇日に山地元治陸軍第一師団長へ儀仗兵派遣に関し照会を行っており、結果、指揮官として陸軍少将の北白川宮能久親王が就き、第一師団司令部、歩兵第一連隊、歩兵第三連隊、騎兵第一連隊、野戦砲兵第一連隊が派遣され、柩の後方より行進することとなった。近衛兵とは別に第一師団からも儀仗兵が派遣されることとなったのである。岩倉の時は東京鎮台兵が、島津の時は熊本鎮台兵が派遣されている一方で、近衛兵の派遣はなされていないことからも、三条と岩倉・島津の間には明確な格差が設けられており、その扱いがより丁重であることが看取されよう。

さらに国葬に向けた空間整備の一環として、埋葬地の地種組替、すなわち民有地から官有地への変更が進められる。一九日に葬儀掛はこれを内務省地理局に依頼するとともに、音羽護国寺住職とも協議し、東京府に地種組替を願い出ている。これにより二三日には、埋葬地の地種組替が聞き届けられて官有地となった。[126] 官国幣社を除くその他の社寺はこの時民有地とされていたのであるが、[127] 今回国葬を執行するにあたり、その埋葬地が民有地では不都合であるとして、官有地へと地種を組み替えたのである。これもまた、国葬としての体裁を整える動きの一環といえよう。

加えて、今回も会葬者に対する「心得」が作成されている。「心得」は岩倉の葬儀の際には一〇〇〇部を印刷に附し、会葬者に配布していたが、今回は一般へ配布するのではなく「故内大臣送葬ノ節会葬者心得」として官報号外に掲載し、印刷は二〇〇部程度にとどめることとなった[128]。また葬送当日には各庁から助手として人員を派遣させるため「葬送当日出張員心得」も作成された。そして岩倉の先例同様、会葬者に対する注意を『時事新報』『東京日日新聞』『郵便報知新聞』『日本』『朝野新聞』『読売新聞』『都新聞』『中新聞』『東京通信社新聞』の各紙に掲載している[129]。

今回の喪服規定は、①文官及び有爵有位者は大礼服と黒色の手袋を着用し、黒紗を左腕と剣の柄に巻くとともに、帽子の飾章を覆う、②警察官は正装のうえ、黒紗を左腕と剣の柄に巻く、③陸軍将校は正装、海軍将校は大礼服を着用し、黒紗を左腕に巻く、④通常礼服(燕尾服)着用者は黒羅紗を帽子に纏い、黒色の手袋を着用、⑤通常服(フロックコート)を着用する者は上下黒羅紗で、黒羅紗を纏った黒色帽子と黒色手袋を着用、⑥勲章は大礼服及び正装通常礼服ともに大綬章を佩用、となっている[130]。警察官と軍将校の喪服を規定し、またフロックコートが換用可能という立場から、正式に官報に明記されるようになるなど、これまでより詳細に規定されていることがわかる。詳細になったのは出張員の服装規定も同様であり、「葬送当日出張員心得」によると、①出張員は燕尾服または通常服(上下とも黒色)のいずれかを着用し、判任官は左腕に黒紗を纏うが、「仕人受授員内閣取締掛警手等」は平常の制服を着用、②皇宮警部は平常の制服を着用し、黒紗を左腕と剣の柄に巻く、③出張員は皆左胸に徽章を着け、黒色の帽子を着用、とされた[131]。

また「心得」とは別に規定されたものもある。列内馬車の馭者は通常礼服を着用し、徽章付高帽及び左腕に黒紗の布を纏い、手袋は黒色としたように、会葬者や掛員は基本的に洋装であったが、一方で休所付の接待掛に関しては、礼服を所持していない場合は羽織袴でもよいとした。また柩と喪主の前後に参列する家従や、勲章を捧持する者は直垂を着用することとなった[132]。

(3) 国葬の執行

葬儀前日の二四日、勅使として富小路敬直侍従、皇太后御使として林直庸皇太后宮亮、皇后御使として三宮義胤皇后宮亮《すけ》、そして今回は皇太子御使として勘解由小路資承東宮侍従の四名が三条邸に参向した。この時勅使より勅語が伝えられるとともに、紅白絹各三疋・真綿三〇屯・鰹節一〇連・神饌七台が、皇太后御使・皇后御使より祭粢料各一五〇〇円、皇太子御使より祭粢料五〇〇円が下賜される[133]。勅使からは岩倉・島津の先例と同様、皇太后・皇后御使からは岩倉の先例と同様のものとなっていることがわかる。

そして葬送当日の二五日には、午前六時に棺前の装飾を終えると、午前七時から発葬祭が執行される。午前八時には三条邸に勅使、皇太后・皇后・皇太子各御使が参向して玉串を捧げ[134]、午前九時に予定通り出棺となる。護国寺までの道中には、文部省直轄の学校学生生徒約三二〇〇人が学校職員の付き添いのもと、文部省構外の両側に整列し、葬列を見送っている[135]。

棺の前には岩倉の例に倣い勲章が捧持された。勲章の列順は一九日に葬儀掛から賞勲局に照会されており、①ロシア、②イタリア、③トルコ、④ベルギーとし、さらに日本の勲章を、①菊花大綬章、②桐花大綬章、③旭日大綬章、④瑞宝章の順とするとの回答によっている[136]。

葬列は午前一一時三〇分に先頭が護国寺仁王門内に到着する。これに合わせて、儀仗兵中の山砲隊が護国寺西北にある小丘において、一一発の弔砲を放ち、着棺を知らせた[137]。その後葬場式を執行、午後一時三〇分に葬場式が終了する。続いて棺を墓地に移し埋葬に至る。すべてを終えたのは午後三時四〇分のことであった[138]。

以上、ここまで三条の国葬の実施過程を追って来た。三条の国葬は、前二例と異なり、正式に「国葬」と公告されたものであり、これにより名実ともに日本の国葬が成立したといえる。そしてこれを促したのが、議会の開設であった。

維新期から常に国の重要な地位にあり、明治憲法体制が確立される以前の政局と深い関わりのあった三条の死は、「有司専制」時代の終焉と、新たな時代の到来を告げるものであったとともに、国葬の確立をもたらしたといえよう。

おわりに

神武創業・祭政一致を掲げて始まった維新政府は、皇室から仏教色を排除すべく、様々な施策をとった。その一つが神式による皇族喪儀の実施である。当初は神葬祭墓地の不足から寺院に葬られていたものの、稚瑞照彦尊の喪儀にあたり豊島岡が皇族専用墓地として定められた。またこの前後から、廃朝や歌舞音曲停止等がその身位に対応しつつ度々行われるようになる。

かかるなかで、維新の元勲たる大久保利通が暗殺される。その葬儀にあたっては、国葬の格を備えた葬儀にすべく、会葬者の喪服の統一が図られるなど、西洋を基準とした近代的な公葬の形が模索されていく。そしてこの影響は、臣下の葬儀にとどまらず、皇族喪儀にも及ぶものであった。

岩倉の葬儀は、ボアソナードの答申や「国喪内規」、そして大久保葬儀という偉勲者葬儀の先例を参考に構成された。外国公使に対し「国葬」と公告し、事前に予算を組み、葬儀費を国庫支弁とするなど、国葬に相応しい体裁がこの時整えられていく。さらにこれが皇族に適用されるべき「国喪内規」に拠ったことからは、岩倉が皇族に近い格式で遇されていることを表している。まさに臣僚の偉勲者に対する最大の栄典としての機能が、ここから看取されるのである。その意味においても、岩倉の葬儀が国葬の初発といえよう。

その後行われた島津久光の国葬は鹿児島で執行され、随所に島津家の家例が採用されるなど特殊なものであった。さらに地理的理由により外国公使の参列を当初から予定しないという、ともすれば国葬の格式を落としかねない事例ともいえる。それでもなお鹿児島での執行としたことからは、久光の特異な立場を表すほかに、議会開設を控えた政府が、久光を国葬とすることにより反政府層の慰撫を試みたという一面が窺えるのである。この特殊性は、次の事例である三条実美の葬儀において、主に岩倉の国葬を先例としたことからも確認される。

さて三条の葬儀では、前の二例と異なり初めて国内外に「国葬」と公告されるに至る。そしてこれを促したのも、やはり議会の存在であった。憲法の規程により、予算の使途を明確化し、議会に請求する必要があったのである。こうして国葬の形式が固まることとなり、主に西洋諸国に向けた儀礼外交の場でもあり続けた。だが、これで制度化が果たされたわけではない。「国喪内規」は起草されたものの、制定には至っておらず、また国葬実施の法的根拠も、その都度勅令という形で出されており、制度としては不完全なものであった。

1 研谷紀夫「鍋島直正の葬儀と国葬の成立に関する基礎的研究」(『鍋島報效会研究助成研究報告書』五、二〇一一年)。
2 宮間純一『国葬の成立―明治国家と「功臣」の死―』(勉誠出版、二〇一五年)。
3 小田部雄次『皇族―天皇家の近現代史―』(中央公論新社、二〇〇九年)一三～一五頁。以下、皇族の出自等の情報は、この巻末付録「近代皇族一覧」に拠る。
4 武田秀章『維新期天皇祭祀の研究』(宝蔵館、二〇二四年、初出は大明堂、一九九六年)第四章。
5 宮間純一「孝明天皇の「崩御」に関する一考察―京都・江戸における周知の過程―」(『神園』一八、二〇一七年)七頁。
6 宮内庁書陵部宮内公文書館所蔵「四親王家実録一〇一　伏見宮実録一〇一　貞敬親王　王女　日尊・英子女王・某(喜之宮)王子　某(清観院)」(識別番号75301)。
7 宮内庁書陵部宮内公文書館所蔵「陵墓資料(考説・考証資料)瑞龍寺門跡日尊女王瑞正文院様御葬送御行列帳」(識別番号40794)。
8 宮内庁書陵部宮内公文書館所蔵「有栖川宮実録三八　熾仁親王妃貞子一」(識別番号77960)。
9 宮内庁書陵部宮内公文書館所蔵「明治以後皇族実録八〇　北白川宮実録一　智成親王」(識別番号77680)。
10 小倉慈司・山口輝臣『天皇と宗教』(講談社、二〇一八年、初出は二〇一一年)一九八～一九九頁。

11 宮内庁書陵部宮内公文書館所蔵「伏見宮実録一二五　邦家親王実録一八」(識別番号75325)。
12 国立公文書館所蔵「太政類典・第二編・明治四年~明治十年・第二百六十八巻・教法二十・葬儀」(請求番号：太00492100)。
13 同右。
14 以下、宮内庁書陵部宮内公文書館所蔵「祭祀録　明治六年　第一稿四」(識別番号82977)。
15 国立公文書館所蔵「太政類典・第二編・明治四年~明治十年・第五十二巻・宮内一・内廷」(請求番号：太00274100)。
16 宮内庁書陵部宮内公文書館所蔵「稚高依姫尊御葬儀録明治六年」(識別番号598)。
17 宮内庁書陵部宮内公文書館所蔵「明治九年薫子内親王薨去之件」(識別番号32793)、前掲注15「太政類典・第二編・明治四年~明治十年・第五十二巻・宮内一・内廷」。
18 国立公文書館所蔵「太政類典・第二編・明治四年~明治十年・第七巻・制度七・爵位」(請求番号：太00229100)。
19 国立公文書館所蔵「太政類典・第二編・明治四年~明治十年・第十四巻・官制一・文官職制一」(請求番号：太00236100)。
20 国立公文書館所蔵「国喪法」(請求番号：186-0360)。なおこれと同一訳文の簿冊は複数作成されており、左院一等筆生(のち五等書記生)の黒田綱彦や、左院の翻訳官も務めたデュ・ブスケが翻訳者と記載されている(国立公文書館所蔵「国喪法」請求番号：186-0374、宮内庁書陵部宮内公文書館所蔵「仏国国喪法」識別番号71720)。
21 明治一二年に「天皇が行う祭祀はもとより、外交儀礼を含め関係する行事は全て式部寮で統轄することが制度として定められた」(真辺美佐「近代日本における皇室外交儀礼の形成過程―管轄官庁の変遷を通して―」安在邦夫ほか編著『明治期の天皇と宮廷』梓出版社、二〇一六年、一一四頁)。そのため式部寮(のち式部職)には、欧州各国の王室喪礼に関する簿冊が複数収められている。
22 前掲注1研谷「鍋島直正の葬儀と国葬の成立に関する基礎的研究」、前掲注2宮間『国葬の成立』第二章。
23 勝田孫弥『大久保利通伝』下(同文館、一九一一年)七八二~七八三頁。
24 国立公文書館所蔵「贈右大臣正二位大久保利通送葬略記　乾・明治十一年五月」(請求番号：葬00001100、以下「略記乾」)。本項では特記しない限りこれに拠る。
25 前掲注2宮間『国葬の成立』八六頁。
26 「詔書幷宣示」(日本史籍協会編『大久保利通文書』復刻版第九、東京大学出版会、一九六九年、三六〇~三六一頁)。

27 学海日録研究会編『学海日録』四（岩波書店、一九九二年）一二六頁。
28 国立公文書館所蔵「贈右大臣正二位大久保利通送葬略記　坤」（請求番号：葬00002100、以下「略記坤」）。なお、ここで挙げられた草案とは、時期的に明治一二年一月に定められる陸海軍会葬式の草案を指すと考えられるが、実際に定められたものによれば、親王には二一発、太政大臣・左右大臣には一九発、参議・省使長官・議長・副議長には一五発とされている。
29 「葬儀之記（望月誠編・大久保利通公伝）」（前掲注26『大久保利通文書』復刻版第九、以下「葬儀之記」）三八八頁。
30 国立公文書館所蔵「太政類典・第二編・明治四年〜明治十年・第四十九巻・儀制四・諸儀式二」（請求番号：太00271100）。
31 前掲注24「略記乾」、前掲注29「葬儀之記」三九〇頁。
32 増田美子編『日本衣服史』（吉川弘文館、二〇一〇年）二八三頁。
33 宮内庁書陵部宮内公文書館所蔵「例規録明治一一年」（識別番号6649）。
34 前掲注28「略記坤」。
35 前掲注29「葬儀之記」三九〇頁。
36 「親方」（『国史大辞典』宮城栄昌執筆項）。
37 前掲注29「葬儀之記」三九〇頁。
38 前掲注28「略記坤」。
39 『東京日日新聞』明治一一年五月一八日付の記事によると、総費用は約二万円とされている。
40 前掲注27『学海日録』四、一二六頁。
41 相曽貴志「「式部寮記録」と宮内省式部寮の成立」（『史潮』六三、二〇〇八年）三三〜三四頁。
42 国立公文書館所蔵「職員録・明治八年・式部寮職制及事務章程」（請求番号：職B00055100）。
43 前掲注29「葬儀之記」三九四頁。
44 前掲注2宮間『国葬の成立』一〇五頁。
45 明治（一六）年七月一九日付井上毅宛山県有朋書翰（井上毅伝記編纂委員会編『井上毅伝』史料編第五、国学院大学図書館、一九七五年、二五四頁）。
46 伊藤隆・尾崎春盛編『尾崎三良日記』上（中央公論社、一九九一年）明治一六年七月一九日条。

47　国立公文書館所蔵「公文録・明治十六年・第五巻・明治十六年六月～七月・太政官内閣書記官局～皇居御造営事務局」（請求番号：公03453100、以下「公文録」）。
48　国立公文書館所蔵「公文類聚・第七編・明治十六年・第六十三巻・社寺二・僧尼・教職・葬祭・陵墓・雑載」（請求番号：類00146100、以下「公文類聚」）。
49　前掲注47「公文録」。
50　前掲注2宮間『国葬の成立』一四九～一五〇頁。
51　此経啓助「明治時代の葬列とその社会的象徴性」（『日本大学芸術学部紀要』四〇、二〇〇四年）四七頁。
52　前掲注47「公文録」、前掲注48「公文類聚」。
53　前掲注21真辺「近代日本における皇室外交儀礼の形成過程」一一三～一一四頁。
54　前掲注47「公文録」。
55　国立公文書館所蔵「岩倉贈太政大臣薨去一件五・明治十六年」（請求番号：葬00007100、以下「雑日記」）。
56　前掲注55「雑日記」・前掲注47「公文録」。
57　国立公文書館所蔵「太政類典・第三編・明治十一年～明治十二年・第十二巻・儀制・朝拝宴会」（請求番号：太00616100）。
58　前掲注48「公文類聚」。
59　前掲注55「雑日記」。
60　同右。
61　同右。
62　前掲注47「公文録」。
63　以下本項は、特記しない限り、前掲注55「雑日記」に拠る。
64　学海日録研究会編『学海日録』五（岩波書店、一九九二年）明治一六年七月二五日条。
65　前掲注51此経「明治時代の葬列とその社会的象徴性」四二頁。
66　前掲注47「公文録」、国立公文書館所蔵「各種日誌・日記　日録　自明治一六年七月至一二月」（請求番号：誌00174100）。
67　前掲注47「公文録」。

68 川田敬一『近代日本の国家形成と皇室財産』(原書房、二〇〇一年)一四八頁。
69 内閣記録局編輯『法規分類大全第一編 政体門三 詔勅式 附御璽官印』(内閣記録局、一八九一年)八四〜八九頁。
70 国立公文書館所蔵「〔岩倉具視右大臣辞表及ビ国葬関係書類〕」(請求番号:雑00940100)。
71 外務省外交史料館所蔵「国喪内規設定一件」(門六―類四―項七)。
72 前掲注70「〔岩倉具視右大臣辞表及ビ国葬関係書類〕」。
73 刑部芳則『明治国家の服制と華族』(吉川弘文館、二〇一二年)I部第四章・II部第二章。
74 島津公爵家編輯所編『島津久光公実記』八(島津公爵家編輯所、一九一〇年)六七〜六九頁。
75 宮内庁書陵部図書寮文庫所蔵「徳大寺実則日記」(函架番号:CI・149)明治二〇年一〇月一四日条。
76 明治二〇年一一月一〇日付三条実美宛土方久元書翰(国立国会図書館憲政資料室所蔵「三条家文書(所蔵)」163-8)。
77 (明治二〇年)一一月一三日付吉井友実・高崎正風宛伊藤博文書翰(神奈川県立公文書館所蔵「山口コレクション」資料ID:2199400052)。
78 国立公文書館所蔵「故島津前左大臣葬儀書類 共二十一冊・故島津前左大臣葬儀雑書 完・明治二十年」(請求番号:葬00015100、以下「雑書」)。なおこの計画は鹿児島県の専用紙に書かれているが、内容から政府(内閣または宮内省か)が作製した計画を鹿児島県側に伝えたものと考えられる。
79 旧佐土原藩主であり、久光の分家筋に当たる。廃藩後は麝香間祗候となる(『明治時代史大事典』二巻、一八六頁、落合弘樹執筆項)。
80 国立公文書館所蔵「故島津前左大臣葬儀書類 共二十一冊・故島津前左大臣葬儀要録 完」(請求番号:葬00012100、以下「要録」)。
81 『読売新聞』明治二〇年一二月一〇日。
82 前掲注80「要録」。
83 井上毅伝記編纂委員会編『井上毅伝』史料編第六(国学院大学図書館、一九六六年)一六二〜一七一頁。
84 前掲注80「要録」。
85 前掲注78「雑書」。

86 前掲注78「雑書」。なおここはかつて島津家の菩提寺であったが、明治二年一一月に廃仏毀釈の影響で棄却されたため、「旧福昌寺」とされている。
87 前掲注78「雑書」。
88 前掲注80「要録」、国立公文書館所蔵「故島津前左大臣葬儀書類　共二十一冊・故島津前左大臣葬儀摘要　完」(請求番号：葬00027100、以下「摘要」)。なお久光の養女富子が北白川宮能久親王に嫁いでおり(『日本人名大事典』)、縁戚関係であったことから別途通知されたと考えられる。
89 前掲注78「雑書」。
90 前掲注80「要録」。
91 同右。
92 前掲注73刑部『明治国家の服制と華族』I部第四章。
93 刑部芳則『洋服・散髪・脱刀―服制の明治維新―』(講談社、二〇一〇年)二〇四頁。
94 前掲注78「雑書」。
95 前掲注80「要録」。
96 前掲注88「摘要」。
97 国立公文書館所蔵「故従一位公爵島津忠義葬儀書類・明治三十年~明治三十一年」(請求番号：葬00040100)。
98 『朝日新聞』明治二〇年一二月九日付。なお実際は七日には馬関に滞在しており、鹿児島へ向かうかは不明とも附されている。
99 前掲注78「雑書」。
100 前掲注80「要録」。
101 前掲注80「要録」、前掲注78「雑書」。
102 前掲注78「雑書」。
103 前掲注88「摘要」。
104 前掲注80「要録」。
105 前掲注80「要録」、『東京日日新聞』明治二〇年一二月八日付。

106　前掲注88「摘要」。
107　『東京日日新聞』明治二〇年一二月一六・一八日付。
108　『東京日日新聞』明治二〇年一二月二〇日付、『読売新聞』明治二〇年一二月二〇日付。
109　『東京日日新聞』明治二〇年一二月一三日付。
110　『読売新聞』明治二〇年一二月一四日付。
111　明治二九年(一八九六)に毛利元徳が国葬とされた際には、久光への対応が先例とされている(国立公文書館所蔵「公文類聚・第二十編・明治二十九年・第二十五巻・地理・土地・森林、警察・行政警察・社寺門・雑載」請求番号：類00768100)。
112　前掲注73刑部『明治国家の服制と華族』一四一頁。
113　出原政雄「鹿児島県における自由民権思想―『鹿児島新聞』と元吉秀三郎―」(『志學館法学』四号、二〇〇三年)七八～八三・九二～九四頁。
114　小川原正道『西南戦争と自由民権』(慶應義塾大学出版会、二〇一七年)一四七～一五六頁。
115　国立公文書館所蔵「三条内大臣葬儀書類　内大臣正一位公爵三条実美公葬儀録一・明治二十四年」(請求番号：葬00029100、以下「三条葬儀録一」)。
116　前掲注115「三条葬儀録一」。
117　『法令全書』明治一九年上巻(内閣官報局、一八八七年)。
118　国立公文書館所蔵「大日本帝国憲法・御署名原本・明治二十二年・憲法二月十一日」(請求番号：御00284100)。
119　前掲注115「三条葬儀録一」。
120　「貴族院第一回通常会議事速記録第三十二号」明治二四年二月一九日、「衆議院第一回通常会議事速記録第四十八号」明治二四年二月一九日。
121　前掲注115「三条葬儀録一」。
122　尾崎三良の日記には、「葬儀当日鳴物停止ヲ閣令ヲ発ス」と記されている(伊藤隆・尾崎春盛編『尾崎三良日記』中、中央公論社、一九九一年、明治二四年二月二五日条)。だが管見の限り、閣令によりこの措置が発された史料は発見できていない。
123　前掲注115「三条葬儀録一」。

124 宮内庁書陵部宮内公文書館所蔵「三条内大臣葬儀録」(識別番号624)。
125 以下、儀仗兵に関しては、前掲注124「三条内大臣葬儀録」を参照。
126 前掲注124「三条内大臣葬儀録」。
127 国立公文書館所蔵「公文録・明治十一年・第三十五巻・明治十一年四月・内務省伺(二)」(請求番号:公02271100)。
128 前掲注124「三条内大臣葬儀録」。
129 同右。
130 前掲注115「三条葬儀録一」。
131 前掲注124「三条内大臣葬儀録」。
132 同右。
133 同右。
134 前掲注115「三条葬儀録一」、『東京日日新聞』明治二四年二月二六日付。
135 同右。
136 前掲注124「三条内大臣葬儀録」。
137 前掲注115「三条葬儀録一」、『東京日日新聞』明治二四年二月二六日付、『読売新聞』明治二四年二月二六日付。
138 前掲注115「三条葬儀録一」。

第二章

皇室喪礼法制化の始動と宗教

はじめに

本章では、明治前中期における、皇室喪礼の制度化に向けた道程と、宗教との関わりについて検討する。

王政復古以来、宮中の制度化を主宰していたのが岩倉具視であり、岩倉の没後は、憲法調査のための欧州渡航から帰朝した伊藤博文がこれに当たることとなる。その一つの結実が、明治二二年（一八八九）の大日本帝国憲法発布と皇室典範の成立であることは言を俟たない。そしてこの成立過程に関しては、一次史料に基づいた多くの実証的研究が蓄積されており[1]、本章もそれらの諸成果に拠るところが大きい。

しかし一方で、当該期の皇室喪礼の制度化の動きには、これまでほとんど目を向けられてこなかった。そのため、国葬や皇室喪儀の法制化が、第三章で述べる明治後期の帝室制度調査局において突如開始されたかのような印象を受ける。ところが前章で確認したように、岩倉の国葬に「国喪内規」の内容が反映されていたという事実からは、国葬の実態を解明するうえでもその法制化の過程は無視し得ないことが看取される[2]。そしてこれは皇室喪儀についても同様である。これまで天皇や皇后、皇太后の大喪儀に関しては、儀礼や国民統合の観点から検討が行われてきたが[3]、一方で法制化の視点は希薄であることは否めない。さらに皇室の葬送儀礼は、西洋諸国の制度、特にドイツ・プロイセンから何らかの影響を受けたといった、漠然とした語られ方がなされてきた。[4] 当該期に制度化が果たされなかったとはいえ、その内容や議論が喪儀に影響を及ぼし得なかったのかを検討せずに結論づけるのは、いささか早計であろう。

なお、結論を一部先取りすると、「国喪内規」には神式による祭式と祭官に関する規定が存在していたが、その後に作成された草案ではこの項目が姿を消している。そもそも、どのように葬儀を執行するのかという問題は、どの宗教を選択するのかという問題でもある。さらにその対象者が皇族であれば、当時の国家が宗教といかに向き合おうとしていたのかという問いにもつながってくる。皇室喪儀に宗教がいかなる形で関与してきたのかについて論じた研究のなかで、一つの画期として挙げられているのが、明治三〇年の英照皇太后の大喪儀と、翌年の山階宮晃親王の喪儀であり、これらにより皇室喪儀から仏式を排除し神式で執行する方向性が定まったとされている。[5] また前者については、「大喪関連の法規が整備される上で、また法規が未整備の状況で大喪が執行される上で、参考・モデルとなった」[6] ほか、「天皇による「御拝」すなわち出御と拝礼が行われた点において、近代の大喪儀の起点と位置づけられる」[7] など、多様な論点を含んでいる。

以上を踏まえ、本章では、帝室制度調査局が設立される明治三二年以前の皇室喪礼関連の制度化の動向を追うことで、当該期の制度化への志向とその意義、そして喪葬事例に及ぼした影響を明らかにする。

1　岩倉具視による帝室制度整備の志向

元老院国憲按第一次案が作成された時期である明治九年(一八七六)、右大臣岩倉具視は侍講の元田永孚に次の密書を送っている。[8]

（前略）宮禁内ノ規則ニシテ憲法ニ関セサル者（中略）憲法ハ国法中ノ再重大ナル者ニシテ決シテ皇家ノ内規ト混スヘカラス）ハ固ヨリ皇家ノ私事ナルヲ以テ国政官吏ニ委スヘキニアラス、因テ特更ニ百官中其等級ノ高下ニ関セス、国典宮規若クハ海外諸規則ニ明カナル者拾員内外ヲ撰抜集合シ（中略）宮内省中ノ一局ニ会セシメ大臣参議宮内卿輔便宜之ニ臨ミ、宮禁内規ノ条目ヲ起草シ案ヲ具シテ宸断ヲ仰キ、之ヲ永世禁内ノ典則トナシ然ルヘキカ、右ニ付試ミニ現今評議スヘキノ要ヲ略記スル左ノ如シ（後略）

岩倉が憲法と帝室制度を分離し、後者は宮中にて作成せんとする意図が明らかとなるものとして有名なこの史料であるが、そのなかで列記されている三〇項目の一つに「祭儀幷ニ喪儀釐正ノ事」とあるように、この時期には皇室喪儀に関する規則の必要性を岩倉が認識していたことが見受けられる。

そして明治一一年三月、岩倉はこの構想を実現に移すべく「奉儀局或ハ儀制取調局開設建議」を提出している。[9] ここで岩倉は、方今の情勢に鑑みるに「帝室ノ制規天職ノ部分ヲ定ム」ることが急務なため、「臨時一局ヲ設ケ儀制調査ノ委員ヲ選ミ博ク群籍ヲ蒐集シ祖宗ノ旧規ヲ考証シ外国ノ成例ヲ参酌シ、帝位継承ノ順序、帝室歳俸ノ諸制ヨリ以テ曩キニ式部寮ノ申牒スル儀式編纂ノ事項其他宮禁ノ例規トスヘキモノニ至ル迄皆之ヲ調査起草シ、以テ上裁ヲ請ハントス」べきであると主張した。さらにこれと同時に提出された、憲法事項四二件、規則六七件、儀式二件、雑件三二件からなる「奉儀局調査議目」中には、「御服（中略）喪服」「聖上忌服　御心喪」「皇族凶事宮内省布達　音楽停止」（以上規則）、「祭吉凶軍賓嘉」（以上儀式）、「式部寮関係儀式ト宮内ノ内儀式ト区別」「皇族勅任官何位勲何等以上凶事儀仗兵被差遣」（以上雑件）といった調査項目が挙げられている。[10]

この建議に対しては太政官大書記官の井上毅から「奉儀局取調不可挙行意見」が出されるものの、[11] 明治一二年には一等侍補吉井友実の申し立てにより、宮内省御用掛の伊地知正治に「帝室儀制調」が命じられており、これが岩倉の建議に基づくものであることは疑いない。[12] そして同年一二月二四日、宮内省に諸規則取調所が開局される。[13] しかしその後、調査は一向に進展を見せず、しびれを切らした岩倉は伊地知を差し置き新たな部局で調査を仕切り直す意向を示すようになる。[14]

また明治一五年になると駐露公使柳原前光が、渡欧中の伊藤博文ではなく岩倉こそが帝室制度確立の主導者となるべきであると、岩倉に繰り返し進言し、また井上毅が、イギリスに倣い皇室を政治社会の外に置かんとする福沢諭吉の「帝室論」に対抗すべく、諸方面に帝室制度整備の急務を入説していた。[15] これを受けて岩倉は一一月、宮内省中に内規取調局を設置すべき旨を建議するに至る。[16] すなわち「参議〔伊藤博文〕帰朝ノ日ニ至ラハ当サニ国務ノ基礎ヲ立テ為政ノ根軸ヲ定ムルノ議ヲ決セラルヘシ、然ルニ事務皇室ニ関スルモノハ外国ニ準拠スヘカラサル者アリ、宜ク今日ニ於テ皇典ヲ調査整頓シテ以テ他日ノ校量審議ニ供スヘキハ尤必要ノ事タリトス」と述べ、調査内容として一〇項目を列挙した。それが、「神祇官再興ノ事」「皇族ノ秩序ヲ定ムル事」「皇后宮ヲ出スヘキ家閥ヲ定ムル事」「爵位令幷華士族尊卑区別ノ事」「華族ノ族号停止及ビ返上ノ制ヲ定ムル事」「礼服ノ事」「吉礼凶礼ノ事」「勅授帯剣及賞賜刀剣ノ規定ヲ定ル事」「神饌米献貢ノ事」「功臣ノ記念像ヲ設クル事」である。

これを概観するに、身分制度に関する項目が多いことが見て取れる。つまりこの建議は、伝統的な社会秩序を再確認したうえで、再生産すべく、帝室制度を整備することに重点があり、それこそが政府の強化につながるという岩倉の考慮が存在している。[17] 一方、それとも深く関わる要素として、国家功労者に対する褒賞の項目もあることから、単に旧守的・硬直的な身分制度に拘泥していたわけではない。

また「吉礼凶礼ノ事」については「皇族以下喪祭及忌服心喪等ノ礼殆ント荒廃ノ極ニ至レリ〔中略〕因テ本邦ノ古制ト外国ノ典例ヲ参酌シ喪葬令ヲ定ムルハ尤モ目今ノ急務ナリトス」と説明する。この時期は、維新以来皇族の喪儀が複数回にわたり実施されるなかで、例えば儀仗兵の下賜といったような欧州王室葬儀の慣例の要素を適宜導入しつつも、儀式は神式によるなど、欧州の単なる模倣にとどまらない独自の公葬形態が徐々に形成されているさなかであったことは、

第一章で見た通りである。これに鑑みれば、如上の岩倉の主張は、皇室喪儀の実情に沿った制度化を志向したものであったといえよう。

岩倉の建議は、一二月一八日に内規取調局設置と岩倉の事務総裁心得任命の勅旨が出されることで実態化し、元老院議官東久世通禧、宮内少輔香川敬三、参事院議官補尾崎三良、太政官大書記官股野琢、内務大書記官桜井能監、太政官少書記官山口蕃昌らとともにこれに当たることとなる。[18] そのような流れのなかで作成が進められたものが「国喪内規」であった。

2 「国喪内規」の作成と欧州王室慣例の調査

明治一六年(一八八三)七月一九日、参事院議長の山県有朋は参事院議官の井上毅に宛てて「昨夜来岩〔倉〕公容体甚危篤ニ付、御談致度儀有之付、即刻御出閣相成度候、為念、早急如此[19]」との書翰を送っている。また同日、宮内省会議にて「岩右府〔岩倉〕喪儀取調等」が話し合われ[20]、かつ徳大寺実則宮内卿より井上馨外務卿に対して、ある一つの照会がなされた。すなわちそれは、「今般国喪例内規ヲ被設度ニ付、於当省別冊取調候条致御回候、御差支無之候ハヾ至急上申之運ニ致度、御意見之有無早速致承知度、此段及御内議候也[21]」というものである。

さて前章でも見たように、この「国喪内規」は全五章と附則からなる。第一章では総則として、皇族をその身位に応じて五等に分かち、各等の喪期を三期に区別したうえで(第一条)、第二期の終わりまで廃朝し死刑執行を停止する(第二条)。また歌舞音曲停止を規定するほか(第三〜六条)、特例として「特旨ヲ以テ喪等ヲ上セ又本規外ノ皇族及臣下ニ国喪ヲ賜フコトアルヘシ」(第八条)とする。第二章では喪儀職員設置を定め、第三章では大礼服と通常礼服及び常服(フロックコート)それぞれに喪章規定を設ける。第四章では神霊移から葬場祭、一周年祭までの祭祀の項目を示す。そして第五章で陸海軍の弔礼を規定し、最後に附則で外国帝王及びその親族への服喪や歌舞音曲停止、また喪期は時宜によるものと定めた。

以上のように「国喪内規」は、基本的に皇族に対する服喪と喪儀について規定したものである。しかしその一方で、第八条には「本規外ノ皇族及臣下」も国喪を賜わる余地を残している。またこれは、岩倉が危篤に陥ったその日に、宮内省側が至急井上馨に意見を求めたうえでの上申を企図したものであった。すなわちここからは、前述のように宮内省側には国家の功臣ではあるものの皇族には当たらない岩倉の葬儀を、「国喪内規」第八条に基づき「国喪」とする意欲があったことが明らかとなる。だがこの制定が岩倉の国葬に間に合うことはなかった。

八月二二日までに、井上外務卿から駐独・墺・英各公使に対し、さらに駐仏・伊・露・蘭各公使に対しても、「今般国喪例内規取設度ニ付〔中略〕右ハ外国之慣例ヲモ参照セサルヲ不得儀ニ付〔中略〕先ツ其国々之規則被取調、該規則相添、加除若クハ対照シ、実際施行如何之意見御申出有之度、此段申遣候也」との通牒が発されている。ここからは、「国喪内規」が示された際、井上馨がすぐに徳大寺宮内卿に回答しなかった理由が明らかとなる。つまり帝室の「国喪」については欧州王室の慣例を無視し得ないと、井上馨は認識していたのである。そのため井上馨は徳大寺に対し、「追々外国之制度ヲモ御参照相成候折柄ニ付、遣外各公使ニ就テ其国々之規則等為取調候間、其回答ヲ得候上ニて当意見可申上候条、御答暫ク延引可相成」と回答するのである。

では各国公使の調査結果は如何なるものであったのか。最初に回答したのは駐伊特命全権公使の浅野長勲であり、一二月一五日付となっている。浅野は、日本とイタリアではそもそもの慣例が異なり「御差越之内規ヶ条と一々之と比較」できないため、「内規ヶ条一般を見候ニ、我国ハ又自から我国の慣習可有之事ニ候へハ、右之仰にて格別不都合と見受候程の事も無之様相考候」と述べる。イタリアの慣習を参照する必要はなく、我国の慣習により規定して問題ないとしたのである。

続いて駐露特命全権公使の花房義質から、一二月一六日付で回答が寄せられる。花房は、調査に着手し、かつロシア宮内省にも照会したところ、ロシアには「帝室ニ係ル喪ニ一定之規則無之、喪期ハ其都度勅令ヲ以テ被定候趣ニ有之、現場詳細取調候義聞届兼」るという。そこで調査の際にロシア宮内省より回付されたものの訳文と、ロシアの「帝室ニ於テ外国皇族員薨去之砌挙行可相成国喪規則」の訳文を添え送っている。また「国喪内規」に関しては一点、第一七条の婦女喪服規定「喪祭ニ参集スル婦女ハ白色ノ衣袴ヲ着スヘシ」について、婦女が外国の喪祭に参加する場合もあり、これについてはロシアでも「亡アレキサンドル第二世帝ニ系ル喪儀順序中例規モ有之候間、尚御照考可然」と述べる。なおこの時添付された資料は、①「亜歴山徳第二世崩御ニ付喪儀執行順序ノ訳」、②同「服喪規則」、③「国喪内規第五章弔砲ノ条ニ対スル調」、④「全露西亜国帝室ニ於テ外国君主皇子及皇女等逝去ノ旨公報ヲ接スルノ際行喪規則」の四点であった。

そして最も詳細な意見を述べたのが、駐墺特命全権公使の上野景範であり、明治一七年二月二八日付で回答している。上野は調査の結果、以下の七点を意見する。

一点目は「国喪」の定義である。上野は、「国喪内規ノ四字」からは「皇帝ヲ始メトシ諸皇族及ヒ外国帝王ノ喪ニ至ルマテ、日本国中一般ニ執行スル国喪ノ性質ヲ有スレトモ、然々欧洲各国ニ、三ノ喪制ヲ通覧スルニ、凡ソ喪ニ三ツノ大別アリ」と述べる。すなわち、①「国喪」、②「宮内喪」、③「皇室喪」の三種であり、①は「皇帝、皇后、皇太后ノ為メニ発スル喪」であり、「国ノ人民ニ及ボス喪」である。②は「皇族及ヒ外国帝王等ノ為メニ発スル喪ニシテ、只宮内出頭ノ者ニ限リ其喪ヲ帯ハシ」む。そして③は「血縁ノ遠キ皇族及ヒ夭殤スル皇族ノ為メニ発スル喪」であり、対象は「帝室ノ皇族ニ限」るとする。よって、「国喪内規ノ四字及ヒ第一条中国喪制ノ三字ヲ皆喪制ト改メ、且ツ原案ノ一・二等喪ヲ国喪ト改称シ、三・四等喪ヲ宮内喪ト改メ、五等喪ヲ皇室喪ニ当テ、今方可然御考候」と主張した。後述するが、この指摘は後の各種喪葬令案に大きな影響を及ぼすものであった。

二点目は喪期(「国喪内規」第一条)についてである。欧州では「国家ノ経済ヲ重ンシ、人民営業上ノ疾苦ヲ顧ミ、可成的喪期ヲ短縮スルノ主義ニ基カサルモノナシ」と上野はいう。そこで上野は上述の区分にしたがい、「国喪内規」で天皇・皇太后に対し第一期一三日、第二期五〇日、第三期一周年とした国喪一等喪を、「皇帝、皇后」に対し全期一五〇日として三期に分かつべきとする。同様に太皇太后・皇后・皇太子を対象とし、七日・三〇日・一五〇日とした国喪二等喪は、皇太后・皇太子・太皇太后に対し全三期一〇〇日とする。その他、「国喪内規」で国喪三/四等喪とされた皇太子妃・皇子女・皇子妃・皇孫・宣下親王に対する喪期(五日/三日・二〇日/一〇日・九〇日/三〇日)を、対象は同じく宮内喪として全二期六〇日とし、「国喪内規」で「皇孫ノ孫・皇曽玄孫・宣下親王ノ嗣王・宣下親王ノ妃」を対象とした国喪五等喪(一日・三日・七日)は、皇室喪として「皇孫ノ妃、皇玄孫、宣下親王ノ世嗣及妃」に対し全二期一〇日とした。

三点目は「歌舞音楽講談演説諸興行等」の禁止(「国喪内規」第三〜五条)についてである。「国喪内規」では、一等は六三日間(二期終わりまで)、「国中」に対してこれらを禁止し、有位帯勲在官者はさらに二等以下の喪期でも禁止されていた。だが上野はこれらには「遊行上、教育上、礼式上之列」があり、あくまで「遊行上ノモノ、ミヲ禁ス」べきとする。さらに「遊行上」としても「禁止ノ期日長キニ過クレハ、其営業者生計ニ苦ムノ恐レ」があるため、一等は最長二〇日間、二等は一〇日間、そして三等以下の場合には禁止すべきではないと論じる。

四点目は臣下に対する国喪(第八条)である。すなわちオーストリアでは臣下のために喪を発することはなく、「国家柱石ノ将官国事ニ斃レシ場合ニ当タリ、皇帝ノミ腕ニ黒紗ヲ巻テ愁殤ノ情ヲ表セラル、コト」や「皇帝ノ特旨ニ出テ、臣下ニ葬儀ヲ賜ハルコト」はあるものの、これは国喪とは「大ニ性質ヲ異トニスル」という。ただし、臣下が「葬儀ヲ賜ハル場合ニ当タリ其費金ヲ皇室ヨリ出タシ与フルコト」や「国議院ノ決議ヲ以テ国庫ヨリ支出スルコト」はあると補足する。

五点目は有位帯勲在官者の喪章（第一三条）である。上述のように国喪・宮内喪・皇室喪に分定すると、喪の及ぶ対象もこれに準ずるべきだとする。また喪章も、「武官ノ礼帽・飾章ヲ覆フコトヲ相止メ、只飾帯ノミヲ覆フコトニ改メ度、是通常礼服及ヒ常服ニハ、腕ニ黒紗ヲ巻カザルコトニ致度存候」と意見する。

六点目は陸海軍の半旗弔砲（第一九・二〇条）であり、別紙中の「墺国ノ例規」を参照のこととし、また七点目の外国帝王等への喪期（附則）については、二四、五日間が至当であるが、なお別紙の各国の例を参照のこととする。これらの別紙附属資料からは、墺・普・蘭・白・露の各国の喪制や事例を調査していることが看取される。とはいえ、上野の意見は欧州各国のものを丸呑みしたものではなく、これらを参考に総合的に判断していることには注意を要する必要があろう。

さて、明治一七年五月一四日には井上馨外務卿から伊藤博文宮内卿に宛てて、それまでに回答のあった、上述の駐墺・露両公使の取り調べ結果を送付する旨の文書が起草されており、かつ同日に石橋政方外務大書記官から三宮義胤宮内少書記官兼外務少書記官に対し、これらの和文写と横文原書が送られた。また明治一八年三月二七日には、駐仏特命全権公使の蜂須賀茂韶から調査の回答が送られている。蜂須賀はこのなかで、スペインとベルギーの慣例については、「粗相分リ候ニ付、顧問格アルシヤル〔マーシャル〕氏へ申付、別紙英文取調書為相認候ニ付、御参考之為メ差出」すとともに、フランスの慣例は「即今其筋へ相頼ミ取調中」であると井上馨外務卿に伝える。重ねて一一月六日には、ナポレオン時代の国喪例規等が記載された小冊子を送付している。

以上、欧州各国駐在公使の調査には温度差があったことが確認される。すなわち七名の公使に調査のうえで意見を求めたにもかかわらず、回答があったのが四名、さらに詳細に検討を行った者は二名にとどまる。しかも結局のところ、「国喪内規」は制定には至っていない。ではこれらの活動は意味をなさなかったのか。そこで次節では、明治典憲体制が形成される明治二〇年代前半に作成された「喪紀令案」を中心に据え、これを「国喪内規」や公使意見と比較しつつ、その内容や性質について検討することとする。

3 「喪紀令案」の作成

首相と宮相を兼任していた伊藤博文が皇室典範の本格的な起草に着手したのは、明治一九年(一八八六)六月のことである。伊藤は三条実美内大臣に対し、宮内省で立案された「帝室典則」についての意見を求め、さらに柳原前光賞勲局総裁にも典範の起草を命じている。[22] こうして柳原の手により、明治二〇年一月一二日に作成された「皇室法典初稿」には、「皇族薨去ノ時歳俸アル者ハ其額ノ三分ノ一ヲ賜ヒ葬費ニ充ツ」(第一五九条)[23] との条規があり、またこれを受けて二月に井上毅の手により起案された「皇族令案」にも、この条文はそのまま引き継がれている(第四四条)[24]。さらに柳原は「皇族条例」(三月一四日作成)のなかで、「歳費ヲ賜ヘル皇族薨去スル時ハ歳費四分ノ一ヲ賜ヒ其後之ヲ止ム」(第二九条)とする一方、「皇族薨去ノ時歳費アル者ハ其額三分ノ一ヲ賜ヒ葬費ニ充ツ」(第四三条)[25] とした。すなわち、この時期の規定は皇室経済の観点から葬儀費用を定めるにとどまっていたのである。

他方、明治二〇年四月に来日し、明治二二年三月までの二年間、宮内省の外国人顧問として宮中に勤務したモールは、長崎省吾宮内省式部官と『宮廷、国家ハンドブック』のプロイセンの宮廷・国家制度に関する該当章句に取り組んだ。そのなかで、服喪規定や勲章着用規定に関するくだりはさらに『儀式要覧』から取り上げられたという。[26]

そして皇室典範成立後の明治二二年五月八日には、全三款三九条からなる「喪紀令案」が起草される。[27]「国喪内規」との最大の違いは、①「国喪」、②「宮中喪」、③「通常喪」の三種に区分されたことである。そこで先述の「国喪内規」と上野駐墺公使の意見(以下、上野意見)も参照しつつ、主に七つの観点から確認していくこととする。

一点目は各喪の定義である。①は天皇・太皇太后・皇太后・皇后・皇太子・皇太子妃・皇太孫・皇太孫妃・皇伯叔父姑・皇兄弟姉妹・皇子・皇女の喪のために国民が服すもの、②は天皇が皇族・外国皇室に対し発する喪のために皇族・文武官員・有爵有位者が喪に服すもの、③は皇族以下文武官・有爵有位有勲者とその親族に対する喪のために服すものと定義した。ここからは、上野意見よりはるかに、また後述するが「国喪内規」と比較しても、国喪すなわち国民が喪に服す対象とされる皇族の範囲が拡大していることがわかる。加えて②については、上野意見の「宮内喪」と「皇室喪」を合わせたものといえる。これは二点目の喪期を見ることでより明確となる。

①は四等二期に分かたれる。第一等は天皇を対象とし五〇日(前期一四日／後期三六日、以下同)、第二等には太皇太后・皇太后・皇后が当たり三〇日(七日／二三日)とする。第三等は皇太子・皇太孫で二〇日(五日／一五日)、第四等は皇伯叔父姑・皇兄弟姉妹・皇子・皇女・皇太子妃・皇太孫妃とし、一〇日(三日／七日)となる(第一条)。

②は七等に区分される。第一等は天皇・皇太后を対象として一周年(一期二五日／二期二五日／三期三一五日、以下同)、第二等は皇后で一八〇日(二〇日／一五日／一四五日)、第三等は太皇太后・皇太子・皇太孫に対し一五〇日(一五日／一五日／一二〇日)、第四等は皇曽祖母・皇外祖父母・皇伯叔父姑・皇兄弟姉妹・皇子・皇太子妃・皇太孫妃で九〇日(一〇日／一〇日／七〇日)、第五等は皇高祖母・皇舅姨・皇甥姪・皇孫・皇后の父母とし三〇日(一〇日／二〇日)、第六等は皇外曽祖父母・皇曽孫・皇外孫・皇従父兄弟姉妹・皇子妃とし七日(三日／四日)、そして第七等は皇太伯叔父姑・皇外高祖父母・高玄孫・皇舅姨の子・皇兄弟の妃・皇伯叔母・皇后の兄弟姉妹・七歳未満の儲嗣たる皇子孫とし三日とされた(第一一条)。その他にも、四世以上の親王・内親王、五世以下の宣下親王に発せられる場合は二日(第一二条)、外国皇帝皇族や大勲位を有する戴冠の国王・国王妃に発せられる場合には、適宜二一日・一四日・一二日・七日・三日とされる(第一四条)。さらに第一等から第四等までを重喪、第五・六等を軽喪、第七等及び第一二条の喪を心喪と称する(第一五条)。

最後に③であるが、これは七等に分かたれる。第一等は父母と夫とし一周年(二五日／二五日／三一五日)、第二等以下の喪期は宮中喪の同等級のそれと一致する。

以上より、喪制の適用範囲が上は天皇から下は文武官まで、さらに皇室だけでなく個人的な（とはいえ文武官と有爵有位有勲者以上ではあるが）近親者に対する服喪も規定されていることが特徴的である。また「国家ノ経済ヲ重ンシ、人民営業上ノ疾苦ヲ顧ミ」る欧州に倣い喪期を短縮すべきとする上野意見を採用してか、上野が示した日数よりさらに国喪の喪期が縮小されている。ただしこれはあくまで国喪すなわち国民の服喪に関してのみである。皇族や文武官、有位有爵者はさらに宮中喪により、長期間喪に服す場合があった。これは「旧服」に倣い、または参照する形で規定されている[28]。つまり西洋的・近代的な「国喪」と、伝統的（旧来的）要素を多分に含む「宮中喪」「通常喪」の二種類から「喪紀令案」はなっているといえる。

三点目は歌舞音曲等停止についてであるが、①では各等とも前期中は全国で歌舞音曲・諸興行を停止し、かつこれを生業としない者は全期とも（第五条）、また葬儀執行の地方では葬儀当日まで（第六条）、そして国喪とならない皇族も葬儀当日はその地方に限り停止（第一〇条）、と規定する。つまり第一等の場合、一四日間の停止期間となる。「国喪内規」では二期終わりまでの六三日間、上野意見では長くとも二〇日間にすべきとされていた。作成者が「国家ノ経済」と「人民営業上ノ疾苦ヲ顧ミ」たかどうかは定かではないものの、喪期同様に期間が短縮されたことは確かである。続く②では、重喪は各等全期、軽喪は各等一期、外国帝室には全期停止（第一九条）とし、さらに③は重・軽喪とも②とほぼ同じ規定（第三四条）であった。

四点目は廃朝・死刑執行停止であり、これは「国喪内規」では全喪とも第二期終わりまでと規定されていたが（第二条）、今回は①のみ（すなわち「国喪内規」の第一・二等）に規定されており、各等前期廃朝とし（第二条）、かつ全期にわたり死刑執行を停止する（第四条）とした。

五点目は今回新たに規定された官庁休務規定である。これは①について、第二等以上は葬儀当日、第三等以下は葬儀執行地方の官庁のみ官庁休務(第三条)とする。

一方で、六点目として臣下の国喪は規定されていない。これは、「特旨ニ出テ、臣下ニ葬儀ヲ賜ハルコト」はあれども、国喪とは「大ニ性質ヲ異トニスル」ものとする上野意見の影響であろう。そしてこれにより、「国喪」と「国葬」の有する意味に差異が生じたものと考えられる。すなわち、前者は直宮系に属する者を対象とし、後者は特旨により、伏見宮系に属する者や臣下を対象とする、といった具合である。

そのため、「喪紀令案」作成後に行われた有栖川宮熾仁親王・北白川宮能久親王の国葬(ともに明治二八年)には、この案の影響はあまり見られない。むしろ、皇族喪儀や岩倉・三条の国葬を先例とし、これに倣う要素が強かった。例えば「喪紀令案」において宮中喪は、宣下親王の場合二日間と規定されていたが、熾仁親王の国葬では父親の幟仁親王の喪儀(明治一九年)に、また能久親王の国葬では直近の熾仁親王の国葬に依拠してともに五日間とされる。さらに「喪紀令案」で「国喪」のみとされ、宣下親王に対する規定が存在しない廃朝に至っては、熾仁親王の国葬では岩倉・三条の国葬に倣い三日間とされる一方、能久親王の国葬に際しては、天皇の思召により行われていないのである[29]。なおこの差異は、後述する「国喪令草案」「喪紀令草案」においても同様である。

最後に七点目は、②・③に際した喪服・喪章規定についてである。「国喪内規」と比すると、「文官及有爵有位者大礼服」「通常礼服」「通常服」「陸軍正装及礼装・海軍大礼服及礼装」「陸軍軍装及通常礼装略装・海軍正服及常服」「職務上帯剣ノ制アル正服及通常礼服ニ換用スル服」「職務上帯剣ノ制アル略服」「婦人」と細分化されたことがわかる。なおその細部については、大礼服と通常礼服の襟飾が黒から白に変わった他は、大きな差はないといえる。ただし婦人の場合、和装と洋装の二種類が規定されていることは注目に値する。これが直接的には、明治一九年に伊藤博文宮内大臣の主導により実施された婦女服制改革、すなわち婦女の洋服を規定し、公式の場における着用が可能となった結果であろう[30]。だがここでは上述の、婦女が外国の喪祭に参列する場合を考慮すべきとする花房駐露公使の意見が、明治一六年段階で存在していたことも再度指摘しておきたい。

さて、明治二二年七月に作成された「皇族令修正案」[31]では、「皇族ノ婚儀及葬儀ハ別ニ定ムル所ニ依ル」（第一〇条）とされた。この「葬儀」に関わる規定が「喪紀令案」を指すことは想像に難くない。一連の皇族令に関する調査が帝室制度取調局で行われていることから、「喪紀令案」もこの取調局の手により作成されたと推測される。

「喪紀令案」はその後、「喪紀令草案」として完成稿となる。[32]その詳細は不明だが、「外国の皇帝・皇族又は大勲位を有する戴冠の国主及び其の妃のため宮中喪を発する際の喪期」について、前者が二一日以下三日以上の五階であるのに対し、後者は二一日以下三日以上の六階とされており、同一のものではないようである。さらにこれを受けて明治二三年一月二一日には「其の内規を定め、交際諸国を甲乙に分ち、露・英・独・墺・伊五箇国を以て甲国、蘭・西・白・布・瑞・葡等の諸国を乙国とし、甲国の皇帝・皇后・皇太子崩御又は薨去の際には二十一日間を以て宮中喪期日と為し、以下夫々の期日」が定められている。[33]

ただしこれはあくまで内規にとどまっており、法令として成立したものではなかった。当時宮内大臣であった土方久元は後年、「制度局は先年小生宮内大臣の節取調可致事に相成り、矢野文雄を以て担当為致候へ共同人は其力乏敷、其他の掛員も省中より兼任に付本務の為めに追はれ且至急の事に無之より自然遷延せる」[34]と語っている。勿論、この間にも皇室喪儀は複数執行されていたが、先例やこの草案を参照することによりその都度対処できたため、法制化の緊急性も存在しなかったのである。一方で、廃局となった帝室制度取調局の書類を取り調べることとなった矢野は明治二四年三月、土方に対し私見を述べている。すなわち、早急に制定公示すべきものの一つに「皇族葬祭儀」を、慣例となっており不都合はないが「一定ノ式」として定めるべきものに「凶礼式」や「臣下国葬式」を挙げ、「昭代ノ礼文完備ノ一事」とすることを唱えたのである。[35]皇室喪礼の法制化に向けた動きは、こうして次に続いていくこととなる。

4　「国喪令草案」「喪紀令草案」の作成とその影響

宮内公文書館には「服喪ニ関スル参考書」という史料が所蔵されている[36]。これは「国喪令草案」と「喪紀令草案」等が一綴りにされたものであり、かつ同梱の封筒には「皇室服紀令（原本枢密院へ下付ニ付ナシ）」「同付則服喪規程」「上奏文」を添えて「明治三十四年十二月廿八日　土方帝室制度調査局総裁ヨリ上奏」との記述があることから、作成時期も明治三四年（一九〇一）と比定されている。つまり、一見すると帝室制度調査局により作成された草案であると考えられる。だがここではまず草案の細部について検討する前に、これらの草案の作成時期について考察することとしたい。

「喪紀令草案」中の「喪紀令ヲ設クル旨趣ノ大要」には、「前キハ熾仁親王・邦家親王妃并朝彦親王、近キハ熾仁親王・能久親王ノ為メニ宮中喪ヲ発セラル」との記述がある。ここで最後に名前の挙がった北白川宮能久親王の死去は明治二八年（一八九五）一〇月のことであり、その次に宮中喪を発せられたのは明治三〇年一月の英照皇太后、そして明治三一年二月の山階宮晃親王死去時である。この記述には親王の他に親王妃も例として挙げられていることに鑑みれば、作成時期は明治二八年一〇月から三〇年一月までの間と考えるのが妥当であろう[37]。

それではここからは、両草案について概要を述べつつ、その内容を検討していくこととするが、その前提として、「喪紀令草案」にて三種に区別された「国喪」「宮中喪」「通常喪」のうち、「国喪」を「国喪令草案」にて、ほか二つを「喪紀令草案」にて規定している点を指摘しておく。つまり「国喪」は天皇・皇族に対し「国民」が喪に服するものであり、その性質が親族に対する喪である「宮中喪」や「通常喪」とは異なることを、形のうえでも明確化したのであり、この点が最大の変化といえよう。

さてまずは「国喪令草案」について見ていくこととする。これは勅令による制定が企図されているものであり、全一二条からなる。第一条では上述の通り、国喪を「天皇及皇族ノ喪ノ為ニ国民之ニ服スルモノ」と定義する。続く第二条では国喪を五等二期に区分する。第五等を五日間とし、日数が前後期で均等に分けられた（第五等は前期三日、後期二日）点を除き「喪紀令案」と変化はない。

廃朝は第二等以上が五日、第三等以下は三日とする（第三条）。これは各等前期とされた「喪紀令案」と比すれば短縮されている。また死刑執行停止、官庁休務、歌舞音曲停止は基本的に「喪紀令案」と変わらないが、第二等以上の歌舞音曲停止期間について、定則期間を超過しても葬儀が行われていない場合はその当日まで実施する旨の規定が追加された（第四〜六条）。七歳未満に対する国喪は、皇太子・皇太孫のみ一等減とした点が追加され、その他は発しないこととなる（第八条）。かつ第九条では新たに、臣籍に嫁した皇族と、皇族でない親族（すなわち華族）のために国喪は発しないと規定した。

その他大きな変更はないが、末尾に「注意」として、三等すなわち太皇太后・皇太子・皇太孫・摂政以上の葬儀経費は国庫から支弁するとし、その方法はその都度予定金額を帝室費に編入する形をとると記されている。条文中ではないとはいえ、国費支出を規定することで彼らの葬儀が公葬であることを明確化させる意図があったと推察される。

次に「喪紀令草案」について見ていく。まず冒頭の「喪紀令ヲ設クル旨趣ノ大要」において、その設置の目的を「未ダ其規則トシテ憑ルベキノ設ナキハ誠ニ欠典ト云ハザル可カラズ、之ニ依テ自今皇親ニ対セラルベキノ喪ハ勿論、外国帝室ニ対セラル、ノ喪及ビ臣民之ニ則トル可キノ喪制ヲ定メラレ、聖徳ノ深遠高大ニシテ下之ヲ仰ギ万生永ク其化ニ頼ラムコトヲ欲シ、茲ニ喪紀令案ヲ起草スルモノナリ」と説明する。構成は、第一条から第二〇条までが「宮中喪」、第二一条から第二九条までが「通常喪」の規定となっており、「宮中喪」と「通常喪」の定義は「喪紀令案」のそれと変化はない。

ではまず「宮中喪」について確認する。これは九等に細分化されているが、その対象範囲や喪期に大差はない。また歌舞音曲停止は全期となり、軽喪のみ第一期中としその他は全期とされた「喪紀令案」に比すれば一部期間が延びている。さらに弔旗に関する規定は、今回削除されている。一方、喪服・喪章に関しては、大礼服・通常礼服の襟飾だけでなく手套も白色とされた程度の変化にとどまる。このように、「宮中喪」の規定は「喪紀令案」中のそれと、さほど大した差異は見られないといえる。また「通常喪」も九等（第二一条冒頭では七等と記されているが誤り）に細分化されているが、やはり「宮中喪」同様に大差ないといえる。その他の条項も、語句上の変化にとどまり、内容面の変化は微細である。

そのなかで、宮中喪に関する第一九・二〇条は、新たに追加されたものとして注目される。すなわち「文武官ニ在ッテハ最モ厳格ニ本令ヲ遵守スベシ」（第一九条）とし、これに違反した場合「文武官ハ官吏懲戒令ニヨリ処分シ有爵有勲有功有位ノモノハ各其定ムル所ノ規律ニ依テ処分ス」（第二〇条）とされたのである。こうして強制力を持たせることにより服喪の統一化を図るとともに、国民の模範となることを文武官その他に強く求めたと考えられる。「喪紀令」から国喪を独立して規定したことからも、「国喪令草案」や「喪紀令草案」作成の目的が、一見その対象が皇族や文武官等を中心としていながら、その実はそれにとどまることなく、国民にまで作成者側の視線が及んでいたことが看取されよう。

最後にこれらの草案が作成された後に行われたと考えられる、英照皇太后の大喪儀[38]（明治三〇年）への影響の有無について簡単に確認しておくこととする。まず臣民の喪期は三〇日間とし（閣令第一号）、そのうち前期が一五日間となる（内閣告示第一号）。歌舞音曲停止は、営業に関わるものは一五日間、その他は三〇日間とされた（閣令第二号）。さらに廃朝は五日間（宮内省告示第三号）、宮中喪は一周年とし、その内訳は一・二期とも二五日、三期三一五日（宮内省告示第四号）であり、以上はすべて草案と全く同じである。また喪服喪章（宮内省告示第五号）もその内容を一つずつ記すことはしないが、総じて草案とほぼ同じといえる。

これだけ見ても、両草案の規定が大喪儀の実際に大きく反映されていることがよくわかる。後述するが、これまで明治天皇の大喪儀に際しては、帝室制度調査局が作成した「皇室喪儀令案」（制定には至らず）に部分的に沿う形で行われたことが指摘されていた。[39] だが一方で、英照皇太后の大喪儀に関しては、冒頭で述べたように、ドイツ・プロイセン等から何らかの影響を受けていたであろうといった、漠然とした印象を述べるにとどまり、さらには英照皇太后の死に際して、新たに構成された喪制であるとの指摘がなされてきたほどであった。だが国喪関連規則案を通時的に検証していくことで、西洋の制度を参照しつつも、一つのモデルに拘泥することなく、独自の国喪制度を形成しようとし、それが実際の喪儀にも生かされてきた過程が明らかとなるのである。

ところで、これまでの各案を並べてみると、「国喪内規」では設けられていた神式による祭式と祭官に関する規定が、「喪紀令案」以降では規定されていないことに気づく。これは「国喪内規」が喪礼全体、すなわち服喪と葬儀をカバーするものであるのに対して、「喪紀令案」以降は服喪に焦点を当てるという、性質の変化によるものと考えられる。では、この儀式規定の有無は、実際の皇室喪儀の形式に影響を及ぼしていたのであろうか。そこで次節では、喪儀形式と祭式を司る人物に焦点を当て、皇室喪儀と宗教の関係について確認していくこととする。

5　皇室喪儀と宗教

最初に、明治初期の神祇行政と神葬祭について概略を確認する。

政体書により神祇官が復活した慶応四年（一八六八）閏四月、神祇事務局達により、神職はこれまでほぼ実施されてこなかった神葬祭を自由に執行できるようになる。[40] とはいえ、統一した祭式自体が定まっていない状態で離檀・神葬祭を無条件・無制限に認めることは自葬の許可につながり、「キリスト教改宗への隠れ蓑となること」を危惧した維新政府の神葬祭普及への態度は消極的であった。[41] 明治四年（一八七一）八月、神祇官が神祇省へ、さらに翌年三月には教部省へと改組されると、祭事祀典関係は式部寮、社寺廃立・宣教事務は教部省が担うこととなった[42]。そのようななか、葬儀は神官・僧侶が担うことが明治五年六月の太政官布告により明確化され[43]、明治七年には教導職であれば葬儀に関与できるようになる[44]。

しかし、教部省が明治一〇年一月に廃止され、その事務が内務省社寺局へ移管されると、明治一五年一月には内務省達により「自今神官ハ教導職ノ兼補ヲ廃シ葬儀ニ関係セサルモノトス」とされた[45]。すなわち、神官が葬儀執行を望む場合、神社から離れて教派神道を開き、その教導職とならねばならなくなったのである[46]。ただし、府県社以下の神官に関しては、従前の通りとされ、神官が葬儀を執行する余地も残された。さらに、明治一六年に山県有朋内務卿が井上毅に起草させた「山県参議宗教処分意見」では、教導職廃止や自葬解禁などが提案されており[47]、実際に明治一七年八月には神仏教導職が廃止され[48]、一〇月には自葬の解禁が明らかとなった[49]。

以上の経緯を踏まえ、明治二〇年代以前の皇室喪儀における儀式を司った人物についてまとめた表2―1を見ていくと、分岐点となるのが明治一五年の神官教導職分離であることがわかる。すなわち分離以前は主に宮内省員や神官教導職が担っているが、分離後は大半を大社教関係者、特に本居豊穎[50]が担っているのである。

そもそも大社教は前身の出雲大社教会の頃から神葬祭の普及活動に積極的であり[51]、かつ本居は、属する神田神社の社格が府社であるため、大社教大教正でありながら葬儀執行が可能な身分であった。なかでも神宮祭主であった久邇宮朝彦親王の喪儀(明治二四年)における斎主は、土方久元宮内大臣に対して神宮教の田中頼庸から「神宮教派神官ニ於テ仮令自費ニテモ奉仕シ度」との働きかけがあり、土方宮相もこれに同意していた。それにもかかわらず、喪儀が宮内省でなく宮家による自葬とされたことや、小松宮彰仁親王や北白川宮能久親王の意向もあり、本居が任じられることとなったのである[52]。さらに、明治二八年の有栖川宮熾仁親王の国葬に際しても、宮家側は本居を斎主にとの意向を示していた。ただしこの時本居は女子高等師範学校教諭であり、教導職を辞しており祭式に与り難いとされたため、最終的には大社

表２－１　明治20年代以前の皇室喪儀中の儀式を司る役職名と受任者

死　去　日	名	出　　自	数え	①祭主／②斎主／ ③祭官長／④司祭長
M１.11.12	伏見宮日尊女王 （瑞龍寺門跡）	伏見宮貞敬親王３女	62	《仏葬》
M５.１.２	北白川宮智成親王	伏見宮邦家親王13男	17	《不明》
M５.１.９	有栖川宮熾仁親王妃貞子	徳川斉昭11女	23	①松浦辰男 有栖川宮家士
M５.８.５	伏見宮邦家親王	伏見宮貞敬親王１男	71	①木村信嗣 神田神社祠掌
M６.９.18	稚瑞照彦尊	明治天皇１男	1	①坊城俊政 式部頭
M６.11.13	稚高依姫尊	明治天皇１女	1	①橋本実梁 大掌典
M８.７.９	有栖川宮幟仁親王妃広子	二条斉信５女	57	②浦田長民 神宮少宮司
M９.５.24	華頂宮博経親王	伏見宮邦家親王12男	26	②稲葉正邦 大教正
M９.６.８	梅宮薫子内親王	明治天皇２女	1	②稲葉正邦 大教正
M10.８.７	久邇宮暢王	久邇宮朝彦親王６男	2	《不明》
M11.７.26	建宮敬仁親王	明治天皇２男	2	②本居豊穎 権大教正
M11.８.22	伏見宮貞教王妃明子	鷹司輔熙７女	34	《仏葬》
M12.７.16	久邇宮懐子女王	久邇宮朝彦親王７女	2	①三輪田高房 少教正
M14.９.１	梨本宮守脩親王	伏見宮貞敬親王10男	63	②田中頼庸 神宮大宮司 ／大教正
M14.９.24	（久邇宮）一言足彦命	久邇宮朝彦親王７男	1	《不明》
M14.10.３	桂宮淑子内親王	仁孝天皇３女	53	①田中頼庸 神宮大宮司 ／大教正
M16.２.６	伏見宮昭徳王	伏見宮貞愛親王３男	3	②本居豊穎 権大教正
M16.２.15	華頂宮博厚親王	華頂宮博経親王１男	9	②本居豊穎 権大教正
M16.９.６	滋宮韶子内親王	明治天皇３女	3	②田中頼庸 神宮教管長
M16.９.８	増宮章子内親王	明治天皇４女	1	②千家尊福 大社教管長
M19.１.24	有栖川宮幟仁親王	有栖川宮韶仁親王１男	75	②本居豊穎 大社教副管長
M19.６.28	北白川宮延久王	北白川宮能久親王２男	2	《不明》
M19.９.30	有栖川宮績子女王	有栖川宮威仁親王１女	2	②本居豊穎 大社教副管長
M20.４.４	久宮静子内親王	明治天皇５女	2	《不明》
M21.11.12	昭宮猷仁親王	明治天皇４男	2	②本居豊穎 大社教副管長
M22.11.22	久邇宮飛呂子女王	久邇宮朝彦親王４女	19	《不明》
M24.１.24	伏見宮宗醇女王 （霊鑑寺門跡）	伏見宮貞敬親王９女	76	《仏葬》
M24.10.25	久邇宮朝彦親王	伏見宮邦家親王４男	68	②本居豊穎 大社教副管長
M25.８.８	伏見宮邦家親王妃景子	鷹司政熙19女	80	②本居豊穎 大社教副管長
M27.７.10	閑院宮篤仁王	閑院宮載仁親王１男	1	《不明》
M27.８.17	満宮輝仁親王	明治天皇５男	2	②稲葉正邦 神道本局管長
M28.１.15	有栖川宮熾仁親王	有栖川宮幟仁親王１男	61	②千家尊愛 大社教管長
M28.10.28	北白川宮能久親王	伏見宮邦彦親王９男	49	②千家尊愛 大社教管長

出典：宮内庁書陵部宮内公文書館所蔵史料（識別番号75301／40794／77680／77960／75325／72530／597／72529／598／75452／600／32793／599／602／603／77604／607／606／605／609／75304／611-１，２／77804／9051／9052），『朝日新聞』（M12．７．23／M14.10.13，20，11.16／M21.11.13／M25．８．８），小田部雄次『皇族』446～458頁。

教管長の千家尊愛が任じられる。[53] これらからは、本居や大社教に対する宮家側の信頼の厚さとともに、教派神道という「宗教」が皇族喪儀に関わることに対する違和感を、宮内省内や宮家側では抱いていないことが明らかとなる。

ただし前章でも示したように、明治一六年に作成された「山県参議宗教処分意見」では、「神事ハ宗教ニ非サルノ旨ヲ示」すため、「皇家ノ葬殮ハ、葬テ礼典ニ依リ、葬儀使ノ司ル所ト為シ、田中、千家ノ両氏ニ任スルコトヲ廃ス」べきだと主張されているように、[54] 皇室喪儀から「宗教」を排除すべきとの意見が、すでに明治一六年の段階で挙がっていることは注目に値する。なぜなら、英照皇太后の大喪儀においてこの論点が繰り返され、実際の人事に影響を及ぼしたからである。

明治三〇年一月一一日に英照皇太后が死去すると、枢密顧問官の佐佐木高行が土方宮相に対して一三日に、斎主に関する次のような申し入れを行った。[55]

> 神葬祭と申す時は昔より固有の神祭と相心得候へ共、今日の神祭は一種の宗教なれば、今般の処は掌典長にて可然、又他に可然人へ特別ニ被仰付、各皇族方有栖川宮北白川宮の如く神宮教とか大社教とかの教職に被仰付候ては不都合ならん〔後略〕

すなわち、これまでの皇族喪儀のように「一種の宗教」である教派神道から斎主を出すのではなく、宮中祭祀を担当する掌典長が適任との認識を示したのである。これに対し土方宮相も理解を示しており、実際に一六日に宮内省より仰せつけられた斎主・斎官は、久我建通をはじめ基本的に公家華族から構成されている。[56] また「久我老年〔数え八三歳〕ニて御断なれば嵯峨実愛、嵯峨差問候ハヾ廣幡〔忠礼〕被仰付思召」だったと、宮内省式部官の桜井能監が佐佐木に語っていることからは、[57] 斎主の代案も公家華族であり、かつ選定には明治天皇の意向が働いていることもわかる。

なお、英照皇太后の大喪儀をめぐっては、仏教側からの働きかけもあった。[58] 一月二〇日には、泉涌寺長老の鼎龍暁より大喪使長官の有栖川宮威仁親王に対し、次のような上申書が提出された。[59] すなわち、皇太后大喪儀は「古式」「古典」

に則ったものとすると聞く。そもそも「古式」の葬祭は式部官が主宰していたが、近年の皇族葬儀は「近年創設セル神道教ト称スルモノ、葬儀ノ如キ感」がある。また、仏式の葬儀であった孝明天皇に準じ、「仏教御尊信」の篤かった皇太后も「国朝ノ御慣例」として仏式とすべきである。あるいは孝明天皇の大喪に準じる形で、式後に「仏教ノ御法儀」の執行を認めてほしい、というものである。これに対しては、二二日に大喪使事務官の斎藤桃太郎より「会議ニ提出致候処、何分御中立之通リ詮議難相成候」と返答されたものの[60]、密教の引導作法を行うことは許可されている[61]。また「神道教」、つまり教派神道に祭式を委ねることへの反対論は、佐佐木の主張とも共通するものだといえる。

皇室喪儀を仏式で行うか神式で行うか、神式ならば斎主を教派神道から出させるか否かという問題は、翌三一年にも生じている。二月一七日、山階宮晃親王の死を受けた山階宮菊麿王は、「死後仏葬祭ニ致スヘク様」との晃親王の遺言を田中光顕宮相へ伝えた[62]。しかしこれに対して田中宮相や枢密顧問官等は、孝明天皇三周年祭の祭儀をはじめとする維新期の諸祭儀を基準とし、英照皇太后の大喪儀により大成した「神祇式」あるいは「古式」による葬祭を採用する[63]。

そして斎主についても、当初は神宮教管長の藤岡好古に依頼する予定だったが、田中宮相が山階宮別当の真木長義に「斎主・副斎主ヲ宗教臭味ノモノヲ以テ充テラル、ハ神祇式ノ精神ニ悖レリ、故ニ別当等ヲ以テ斎主・副斎主トスルコトニ引戻スコトハ出来ヌカ」と再考を促している[64]。真木は、「神祇式」とは「神葬」のことだと判断して藤岡等に委託済みであり、かつすでに新聞紙上にも記載されたなかでこれを取り消すと物議を醸すと懸念を示したが、田中が「物議云々ノ心配ニ及ハス、宮方へ申上ケ引戻ス方ニ尽力スベシ」と返電したことで、最終的には菊麿王の人選により、斎主を真木が務めることに落ち着いたのである[65]。一方で「如何ニモ御気ノ毒」な結果となった神宮教に対しては、斎藤桃太郎宮内省内事課長の配慮もあり、小教正の孝学友明に「地鎮祭御祓」の斎主祓主を委嘱することとなった[66]。喪儀の一部については教派神道の関与があっても問題ないという認識が、同時に示されたのである。とはいえ、その後も明治末までに執り行われた皇室喪儀における斎主の多くは宮家の別当が務めており、「宗教」から距離をとっていることが表2

表2－2　明治30～40年代の皇室喪儀中の儀式を司る役職名と受任者

死去日	名	出自	数え	①祭主／②斎主／③祭官長／④司祭長	
M30．1．11	英照皇太后	九条尚忠3女	65	②久我建通	
M31．2．17	山階宮晃親王	伏見宮邦家親王1男	83	②真木長義	山階宮別当／男爵
M32．1．11	貞宮多喜子内親王	明治天皇10女	3	②真木長義	伏見宮別当／男爵
M34．11．1	山階宮菊麿王妃範子	九条道孝2女(摂家)	24	②真木長義	伏見宮別当／男爵
M36．2．18	小松宮彰仁親王	伏見宮邦家親王8男	58	②花房義質	小松宮別当／男爵
M41．4．7	有栖川宮栽仁王	有栖川宮威仁親王1男	22	②山尾庸三	前有栖川宮別当／子爵
M41．5．2	山階宮菊麿王	山階宮晃親王1男	36	①股野琢	元山階宮別当
M41．11．14	華頂宮博経親王妃郁子	南部(盛岡)利剛1女	56	②藤岡好古	神宮奉賛会長
M42．12．8	賀陽宮邦憲王	久邇宮朝彦親王2男	43	②篠田時化雄	神宮奉賛会理事主礼

出典：宮内庁書陵部宮内公文書館所蔵史料(識別番号581－5／615－1，2／616／617／9053／619／620)，小田部雄次『皇族』446～458頁。

―2から見て取れる。それは、晃親王の喪儀に際して斎主・副斎主を取り消された藤岡好古と篠田時化雄が、明治四〇年代には斎主を務めていることからも明らかである。この背景には、明治三二年に神宮教は解散して財団法人神宮奉賛会に移行したことで、「宗教」ではなくなっていたことがある。もはや「宗教臭味」が消えた彼らにとって、斎主を務めることに何ら障害はなかったのである。

さて、以上のように斎主が宗教者でなくなったことは、一連の儀式の構成にも変化を生じさせた。大社教関係者が斎主を務めた皇室喪儀の多くで行われていた「帰幽奏上式」が、式次第から姿を消したのである。「帰幽奏上式」とは「幽冥大神および産土神に帰幽の旨を奏上して神護を祈る」大社教独自の儀式であり、「「最モ大切ナル祭事」として葬祭の中核」と位置づけられたものである[67]。類似の儀式としては、明治一六年二月に本居豊穎が斎主を務めた伏見宮昭徳王と華頂宮博厚親王の喪儀において行われた「土産《ママ》神社奉告式」「産土神社遙拝奉告式」が挙げられ、同年九月の増宮章子内親王の喪儀以降、複数の事例において「帰幽奏上式」は執行されている(表2―3)。千家尊福が斎主を務めた岩倉の国葬において、国家は「葬儀の形式をはじめとする宗教的な側

表2－3　明治期の皇室喪儀中の儀式を司る者の属性と「帰幽奏上式」の有無

死去年	名	祭主／斎主／祭官長／司祭長の属性	帰幽奏上式
M 1	伏見宮日尊女王	《仏葬》	
M 5	北白川宮智成親王	《不明》	
M 5	有栖川宮熾仁親王妃貞子	有栖川宮家士	
M 5	伏見宮邦家親王	神田神社祠掌	
M 6	稚瑞照彦尊	式部頭	
M 6	稚高依姫尊	大掌典	
M 8	有栖川宮幟仁親王妃広子	神宮少宮司	
M 9	華頂宮博経親王	大教正	
M 9	梅宮薫子内親王	大教正	
M10	久邇宮暢王	《不明》	
M11	建宮敬仁親王	権大教正	
M11	伏見宮貞教王妃明子	《仏葬》	
M12	久邇宮懐子女王	少教正	
M14	梨本宮守脩親王	神宮大宮司	
M14	（久邇宮）一言足彦命	《不明》	
M14	桂宮淑子内親王	神宮大宮司	
M16	伏見宮昭徳王	権大教正	△
M16	華頂宮博厚親王	権大教正	△
M16	滋宮韶子内親王	神宮教管長	
M16	増宮章子内親王	大社教管長	○
M19	有栖川宮幟仁親王	大社教副管長	
M19	北白川宮延久王	《不明》	
M19	有栖川宮績子女王	大社教副管長	○
M20	久宮静子内親王	《不明》	
M21	昭宮猷仁親王	大社教副管長	
M22	久邇宮飛呂子女王	《不明》	
M24	伏見宮宗醇女王	《仏葬》	
M24	久邇宮朝彦親王	大社教副管長	○
M25	伏見宮邦家親王妃景子	大社教副管長	
M27	閑院宮篤仁王	《不明》	
M27	満宮輝仁親王	神道本局管長	
M28	有栖川宮熾仁親王	大社教管長	○
M28	北白川宮能久親王	大社教管長	○
M30	英照皇太后	元公爵	
M31	山階宮晃親王	山階宮別当	
M32	貞宮多喜子内親王	伏見宮別当	
M34	山階宮菊麿王妃範子	伏見宮別当	
M36	小松宮彰仁親王	小松宮別当	
M41	有栖川宮栽仁王	前有栖川宮別当	
M41	山階宮菊麿王	元山階宮別当	
M41	華頂宮博経親王妃郁子	神宮奉賛会長	
M42	賀陽宮邦憲王	神宮奉賛会理事主礼	

※「帰幽奏上式」の有無については，式次第等で確認できたものに限り○を，また類似の儀式に△を記している。

出典：宮内庁書陵部宮内公文書館所蔵史料（識別番号75301／40794／77680／77960／75325／72530／597／72529／598／75452／600／32793／599／602／603／77604／607／606／605／609／75304／611-1，2／77804／9051／9052／581-5／615-1，2／616／617／9053／619／620），『朝日新聞』（M12.7.23／M14.10.13，20，11.16／M21.11.13／M25.8.8），小田部雄次『皇族』446～458頁。

面には介入」せず、斎主に一任されたことからも、[68]この儀式の有無に差異が生じた理由を推し量ることができる。ところが英照皇太后の大喪儀では、「一連の儀式は政府が検討し、祭詞のみ斎主が作成する」こととなった。[69]儀式面からも宗教色を排除するなかで、政府は儀式の決定権を回収したのである。そしてこれにより、誰が斎主を務めようとも儀式次第の揺れはなくなり、後述する帝室制度調査局作成の「皇室喪儀令案」附式において儀式の構成が明示されることへとつながるのである。

おわりに

岩倉具視の主導により皇室制度に関する調査が進められるなかで、明治一六年(一八八三)に「国喪内規」が作成される。これを宮内省側は岩倉の葬儀に適用せんとしたものの、外務省の意見を問い合わせている間に岩倉がこの世を去ったことで、葬儀前に規定することは叶わなかった。だがその後欧州駐在の公使、特に上野駐墺公使からは詳細な調査内容が届けられ、またモールの協力による欧州制度調査が行われた結果、明治二二年には「喪紀令案」が作成される。これは上述の調査結果をふんだんに生かしたものであり、「国喪内規」とは異なり臣下に対する国喪規定は削除されている。功臣の国喪(国葬)規定が再び登場するのは、帝室制度調査局作成の「国葬令案」まで待たねばならない。

さらに帝室制度の調査が下火になりつつあるなかでも、喪礼規定については制定作業が進められており、明治二〇年代終盤には「国喪令草案」「喪紀令草案」の作成に至る。両者を合わせて概観すると「喪紀令案」と大きく異なるものではないものの、「国喪」を独立させ、文武官等の規則遵守を徹底させんとするなどの改定が行われた点に特異性が見られる。そしてこの宮中による制度形成への継続的な努力が、制定には至らなかったものの、最終的には英照皇太后の大喪儀に際して生かされることでひとまずの結実を見せたといえる。以上からは「国喪内規」の作成と駐欧公使の調査が「国喪」制度形成の基礎を築くとともに、その進展を大きく促したことは疑いない。岩倉の国葬に生かされた、すなわち国葬儀礼の形成という面だけでなく、皇室喪礼の法令整備の面においても、「国喪内規」の作成は一つの大きな画期であった。

また「国喪内規」後の草案では、儀式に関する条項が削られて服喪に関する規定に限定されるという、大きな変化が生じている。これにより、形のうえでは皇室喪儀が神式で行われるとは限らない状態が継続していた。とはいうものの、実際には明治二〇年代までの大半が神式で執行されており、その儀式次第も、名称は多少異なれども基本的には「国喪内規」同様のものであった。儀式を司る斎主は教派神道、なかでも大社教の本居豊穎が務めることが多く、その際には大社教が「最モ大切ナル祭事」とする「帰幽奏上式」が幾度も採用されており、皇室喪儀に宗教が関与することへの違和感を抱く声を聞くことも少なかった。

ところが英照皇太后の大喪儀以降、皇室喪儀の斎主を宗教者に担わせることは「神祇式ノ精神ニ悖」り「不都合」との考えから、そのほとんどを非宗教者が担う形へと変化している。神式であれば問題なかった時期は終わり、宗教の一つである教派神道が排除されたことにともない、儀式次第から「帰幽奏上式」が姿を消したのである。その後に帝室制度調査局で作成された「皇室喪儀令案」には「国喪内規」以来の喪儀規定が含まれ、附式で各種儀式を神式で行うこととされていたが、そこにも「宗教的」な要素が登場することはなかった。以上からは、儀式次第については「国喪内規」から「皇室喪儀令案」まで大きな変化はなく、ともすれば単線的に見える。しかし実際にはその間に、皇室喪儀と密接な関係にあった宗教が、英照皇太后の大喪儀と山階宮晃親王の喪儀において取り除かれることにより儀式の構成が固まったのであり、皇室喪礼法制化の過程においても、この二つの事例が大きな影響を及ぼした[70]。またこれは結果的に、「国喪内規」と同時期に作成された「山県参議宗教処分意見」が時を経て採用されたともいえよう。実際の皇族喪儀から宗教が完全に排除されるのは、仏門に入っていた最後の皇族である文秀女王が死去し、かつ皇室喪儀令が制定された、大正一五年(一九二六)以降のことであった。

1 稲田正次『明治憲法成立史』上・下(有斐閣、一九六〇・一九六二年)、小嶋和司『明治典憲体制の成立』(木鐸社、一九八八年)、鈴木正幸『皇室制度』(岩波書店、一九九三年)、島善高「明治皇室典範の制定過程」(小林宏・島善高編著『日本立法資料全集』一六、信山社出版、一九九六年、以下島の解説を「島解説」、本書を「小林・島資料集」と記す)、坂本一登『伊藤博文と明治国家形成』(講談社、二〇一二年、初出は吉川弘文館、一九九一年)等を参照。

2 「国喪内規」については、宮間純一『国葬の成立―明治国家と「功臣」の死―』(勉誠出版、二〇一五年)第五章において、言及がなされている。

3 笹川紀勝『天皇の葬儀』(新教出版社、一九八八年)、田中伸尚『大正天皇の「大葬」―「国家行事」の周辺で―』(第三書館、一九八八年)、中島三千男『天皇の代替りと国民』(青木書店、一九九〇年)、同「明治天皇の大喪と帝国の形成」(網野善彦ほか編『岩波講座　天皇と王権を考える　第五巻　王権と儀礼』岩波書店、二〇〇二年)、小園優子・中島三千男「近代の皇室儀式における英照皇太后大喪の位置と国民統合」(『人文研究』一五七、二〇〇五年)、井上亮『天皇と葬儀―日本人の死生観―』(新潮社、二〇一三年)等を参照。

4 例えば前掲注3笹川『天皇の葬儀』七二頁。

5 前掲注3小園・中島「近代の皇室儀式における英照皇太后大喪の位置と国民統合」九三頁、高木博志「皇室の神仏分離・再考」(明治維新史学会編『明治維新史研究の今を問う―新たな歴史像を求めて―』有志舎、二〇一一年)一一八～一二五頁、小倉慈司・山口輝臣『天皇と宗教』(講談社、二〇一八年、初出は二〇一一年)二四六～二五〇頁。

6 前掲注3小園・中島「近代の皇室儀式における英照皇太后大喪の位置と国民統合」六六頁。

7 大番彩香「近代の大喪儀における「御拝」―英照皇太后の大喪儀を中心に―」(『國學院大學校史・学術資産研究』一二、二〇二〇年)八七頁。

8 前掲注1「島解説」二六頁、前掲注1「小林・島資料集」二九一～二九二頁。

9 前掲注1「島解説」二七頁、前掲注1「小林・島資料集」二九二～二九三頁。

10 前掲注1「小林・島資料集」二九三～二九七頁。

11　明治一二年九月二一日付伊藤博文宛岩倉具視書翰（伊藤博文関係文書研究会編『伊藤博文関係文書』三、塙書房、一九七五年、八八頁）。

12　島善高「岩倉具視の奉儀局開設建議と宮内省諸規取調所―近代日本の所謂典憲二元体制の淵源―」（『早稲田人文自然科学研究』四二、一九九二年）一六五～一六六頁。

13　前掲注12島「岩倉具視の奉儀局開設建議と宮内省諸規取調所」一六九頁。

14　前掲注1「島解説」三六頁。

15　前掲注1坂本『伊藤博文と明治国家形成』一四二～一四三頁。

16　多田好問編『岩倉公実記』下（原書房、一九六八年）九五八～九六八頁。

17　前掲注1坂本『伊藤博文と明治国家形成』一七五頁。

18　前掲注1「島解説」四五頁。

19　明治（一六）年七月一九日付井上毅宛山県有朋書翰（井上毅伝記編纂委員会編『井上毅伝』史料編第五、国学院大学図書館、一九七五年、二五四頁）。

20　伊藤隆・尾崎春盛編『尾崎三良日記』上（中央公論社、一九九一年）明治一六年七月一九日条。

21　本節では特記しない限り、外務省外交史料館所蔵「国喪内規設定一件」（門六―類四―項七）に拠る。

22　前掲注1「島解説」六三～六九頁。

23　前掲注1「小林・島資料集」三七九～三八〇頁。

24　前掲注1「小林・島資料集」三八六頁。

25　前掲注1「小林・島資料集」四四五～四四六頁。

26　金森誠也訳『ドイツ貴族の明治宮廷記』（講談社、二〇一一年、初出は新人物往来社、一九八八年）八五～八六頁。

27　伊藤博文文書研究会監修『伊藤博文文書　第八六巻　秘書類纂　帝室三』（ゆまに書房、二〇一三年、以下『秘類帝三』）三七～一一二頁。

28　例えば第二・三等の箇所には「旧服九十日茲ニ二等ヲ進ム」との書込がある。

29　国立公文書館所蔵「故熾仁親王葬儀書類・明治二十八年」（請求番号：葬00037100）、同「故能久親王葬儀書類・明治二十八年」

（請求番号：葬00038100）。

30 刑部芳則『洋服・散髪・脱刀―服制の明治維新―』（講談社、二〇一〇年）一六八頁。

31 『秘類帝三』一二・一三頁。なおこの修正案中には、皇族死去時の手続きに関する規定も存在する。「皇族ノ誕生命名婚姻薨去離縁ハ直ニ最近親ノ皇族ヨリ其事件ヲ録シ手署上奏ス上奏書ニハ他ノ皇族一名以上連署スヘシ」（第一六条）、「皇族誕生又ハ薨去ノトキハ勅使及侍医ヲシテ臨検セシメ其現況ヲ録シ連署復命セシム」（第一七条）がそれである。

32 宮内庁編『明治天皇紀』七（吉川弘文館、一九七二年）四六三頁。

33 同右。

34 安在邦夫・望月雅士編『佐佐木高行日記　かざしの桜』（北泉社、二〇〇三年）明治三二年八月三一日条。

35 宮内庁書陵部宮内公文書館所蔵「臨時帝室制度取調局書類」（識別番号37403）。

36 宮内庁書陵部宮内公文書館所蔵「服喪ニ関スル参考書」（識別番号93362）。なお目録では「服装」とあるが、史料を確認したところ、これは「服喪」が正確である。

37 史料自体の成立は、その名称の通り、後述する明治三四年一二月二八日に上奏された「皇室服紀令」「同附則服喪規程」の「参考書」として纏められたうえで、この時期に使用された可能性が考えられる。

38 国立公文書館所蔵「大喪儀関係文書・英照皇太后一・明治三十年大喪法令・明治三十年」（請求番号：喪00001100）。

39 前掲注5小倉・山口『天皇と宗教』二三九頁。

40 内閣記録局『法規分類大全第一編　社寺門一　神社一』（内閣記録局、一八九一年）七八頁。

41 阪本是丸「近代の神葬祭の歴史と墓地の問題」（禮典研究会編『神葬祭総合大事典』雄山閣、二〇〇〇年）二一〇～一一一頁。

42 西田廣義「明治以後神社法制史の一断面」（現代神道研究集成編集委員会編『現代神道研究集成』三、神社新報社、一九九八年）四九三頁。

43 国立公文書館所蔵「太政類典・第二編・明治四年～明治十年・第二百六十八巻・教法二十・葬儀」（請求番号：太00492100）。

44 同右。なお教導職は明治五年四月に設置され、八月には「神官総テ教導職」とされた（安丸良夫、宮地正人校注『宗教と国家』岩波書店、一九八八年、四四八頁）。

45 国立公文書館所蔵「公文類聚・第六編・明治十五年・第六十一巻・社寺三・神官・寺院・僧尼・教職・葬祭・陵墓・雑載」（請

求番号：類00061100）。

46　結果として、教派神道の半数以上が、この年に成立することとなる（前掲注44安丸・宮地『宗教と国家』四八〇頁）。各教派神道の成立年については次の通り。黒住教・神道修成派（明治九年）、神宮教・出雲大社教・扶桑教・実行教・神道大成教・神習教・御嶽教（明治一五年）、神道（本局）（明治一九年）、神理教・禊教（明治二七年）、金光教（明治三三年）、天理教（明治四一年）。なお、神宮教は明治三二年に解散して財団法人神宮奉斎会となる。

47　井上毅伝記編纂委員会編『井上毅伝』史料編第六（国学院大学図書館、一九六六年）一六二～一七一頁。なお、この文書が作成された背景や目的については、山口輝臣『明治国家と宗教』（東京大学出版会、一九九九年）八五～八八頁を参照。

48　国立公文書館所蔵「公文類聚・第八編・明治十七年・第四十六巻・土地・郡区町村区画～雑載、社寺・神社～陵墓」（請求番号：類00211100）。

49　梅田義彦『改訂増補・日本宗教制度史』近代編（東宣出版、一九七一年）四〇六頁。なお、教導職制（階級）は、教導職の廃止後も大社教などでそのまま使用されていく。

50　「明治六年（一八七三）、東京の神田神社の祠官に任ぜられ、同二十七年まで在任、この間、神道界に重きをなした。〔中略〕同二十九年には東宮侍講に任ぜられ、皇太子（大正天皇）の教育にあたった」（「本居豊穎」『国史大辞典』日野竜夫執筆項）。

51　半田竜介「岩倉具視の国葬と神葬祭」（『國學院大學研究開発推進センター研究紀要』一三、二〇一九年）八四～八五頁。

52　宮内庁書陵部宮内公文書館所蔵「久邇宮朝彦親王御葬儀録一」（識別番号611-1）。なおこの時期、熱田神宮改造問題を通じて久邇宮家内では、宮内省に対する不信感が高まっていたという（伊藤陽平「皇室典範成立期皇族と宮内省―久邇宮家にみる皇族監督の定着過程―」上山和雄ほか編『久邇宮家関係書簡集―近代皇族と家令の世界―』吉川弘文館、二〇二四年、一八六～一八九頁）。

53　宮内庁書陵部宮内公文書館所蔵「有栖川宮熾仁親王御葬儀録二」（識別番号613-2）。

54　前掲注47『井上毅伝』史料編第六、一六二～一七一頁。

55　宮内庁書陵部宮内公文書館所蔵「佐々木高行日記四」（識別番号35118）明治三〇年一月一四日条。

56　宮内庁書陵部宮内公文書館所蔵「英照皇太后大喪録六」（識別番号581-6）。なお斎官の児玉愛二郎のみ、公家華族でなく元萩藩士である。

57 前掲注55「佐々木高行日記四」明治三〇年一月一七日条。
58 詳しくは、前掲注5高木「皇室の神仏分離・再考」一一八～一二二頁を参照。
59 宮内庁書陵部宮内公文書館所蔵「英照皇太后大喪録八」(識別番号581-8)。
60 同右。
61 前掲注5高木「皇室の神仏分離・再考」一二一～一二二頁。
62 宮内庁書陵部宮内公文書館所蔵「山階宮晃親王御葬儀録一」(識別番号615-1)。
63 宮内庁編『明治天皇紀』九(吉川弘文館、一九七三年)明治三一年二月一九日条。
64 宮内庁書陵部宮内公文書館所蔵「山階宮晃親王御葬儀録二」(識別番号615-2)。
65 前掲注62「山階宮晃親王御葬儀録一」。なお、これまでは宮家側が人選を行い、特に表立って任命することはなかったが、この事例からは、体裁の問題から表立って仰せつけるよう、方針が変更されている。
66 前掲注64「山階宮晃親王御葬儀録二」。
67 前掲注51半田「岩倉具視の国葬と神葬祭」八八～八九頁。
68 前掲注51半田「岩倉具視の国葬と神葬祭」九〇頁。
69 前掲注7大番「近代の大喪儀における「御拝」」八九頁。
70 山階宮晃親王の死去直前(明治三一年二月九日)に、伊藤博文より奉呈された皇室に関する一〇箇条の意見書のうちの「神社及寺院ニ関スル事」には、「維新国是ノ方針ニ依リ、帝室ハ宗教的ノ外ニ立チ、〔中略〕成ルヘク之ニ関係スルコトヲ避ケ」るべきとある(春畝公追頌会編『伊藤博文伝』下、原書房、一九七〇年、三三九～三四〇頁)。英照皇太后の大喪儀における議論の影響を、ここからも読み取れよう。

第三章　帝室制度調査局による皇室喪礼法制化の進展

はじめに

本章では、帝室制度調査局（以下、調査局）の活動を通観するなかで、皇室喪礼の法制化をめぐる議論を明らかにする。

皇室法令の整備は明治三〇年代に二度目の大きな波を迎えた。[1]この進展に主導的な役割を果したのが、明治三二年（一八九九）に伊藤博文を総裁として設置された調査局である。これまで調査局は概して以下のように語られてきた。すなわち、調査局は伊藤が主体となり設置されたが、伊藤が立憲政友会総裁となったことで調査局総裁を辞任し、土方久元が総裁心得となるも活動は「休眠状態」に陥る。その後、明治三六年の伊藤の調査局総裁復帰と伊東巳代治の同副総裁就任、有賀長雄の参加により本格的な活動が開始され、皇室制度整備が飛躍的に進展した、というものである。[2]

このように調査局は、一度目の伊藤総裁期、土方総裁心得期、二度目の伊藤総裁期の大きく三期（以下、前・中・後期）に区分されるが、その功績としてこれまで注目されてきたのが、後期にあたる明治四〇年の公式令制定と皇室典範増補である。これらは「宮中・府中の別」を明確化すべく、皇室の「家法」として位置づけられていた皇室典範を、「国法」として国家の法体制の中に組み込むことで、皇室に法制度を本格的に導入させることとなった。また公式令の制定は、首相の権限を強化する試みであったため、これに対抗すべく陸軍側による軍令の成立を招いた。[3]伊藤総裁や伊東副総裁、そして有賀御用掛を中心とした後期調査局が、明治憲法体制における一大画期を主導したのである。近代天皇制研究の観点から、さらには明治憲法体制下の政軍関係の点から、これらが重要な要素であることは言を俟たないが、それゆえに後期に注目が集まる結果となった。

その一方で、顕然たる成果が僅少であることや史料的な制約のため、後期に比して前・中期調査局への関心は薄かった。[4]ところが、その成果として皇室婚嫁令と皇室誕生令が挙げられることからも、前・中期における主要な論点の一つが婚儀葬祭にあったことが看取される。なかでも特に喪礼については、全期を通して審議され続けた議題である。前章で確認したように、「国喪内規」では服喪と葬儀に関する事項を規定しているのに対して、「喪紀令案」以降は服喪に関係する事項に限定されるという変化が見られたが、調査局で作成された法令案はそれ以前のものと比べてどのような変化が見られるのであろうか。

またその際に調査局では、国家偉勲者を対象とした国葬についても法令整備を企図している。偉勲者たる臣僚の国葬規定は「国喪内規」以降、調査局による立案まで作成されていない。国葬はこの間にも先例をもとに複数回執行されていたにもかかわらず、何故この時期に法制化が図られたのか。この点にも留意しつつ、当該期の喪礼制度化に向けた動きに如何なる意義があったのかを明らかにしたい。これにより新たな調査局像を描き出すと同時に、国葬の解像度を上げることにつながるだろう。

1 前期調査局の設置とその動向

伊藤博文が三度目の組閣を行った直後の明治三一年(一八九八)一月九日、伊藤は皇室に関する一〇箇条の意見書を上奏し、[5]現行の皇室制度の不備を指摘したうえで、その補正による制度の確立を唱えた。なかでも本論の趣旨から注目されるのが「皇室及皇族ノ冠婚葬祭ノ事」と「皇族及勲功アル臣僚ヲ賞与シ又ハ国葬ニ関スル事」である。

伊藤は前者において、「祖宗及皇族ノ祭事ヲ厳正ニシ、濫祀ヲ容レサルハ是又帝家ノ遺法ナリ」として、喪儀を含めた皇室「祭事」を民間とは切り離したところに定置する必要を説く。また後者では、皇族臣僚を問わず偉勲者がその死に際して「国葬ノ殊典ニ与カル」ことは当然であり、「宮廷ノ関与スル所ニアラスシテ、国家ノ負担タルヘシ〔中略〕其権域分担ヲ明劃スル事、将来ノ為メ争議ヲ杜絶スル必要ノ事件タリ」と論じている。これらの意見は、皇室・宮中を特立したものとして定置し直すとともに、その責任主体を明確化することを企図しており、後述する議論の根底に位置づけられる。

さらに、帝室制度調査機関の設置の必要性を伊藤が内奏したこともあってか、[6]翌三二年七月一六日には伊藤を「制度局総裁」に任じる動きが見られる。[7]そして八月二四日、「帝室ノ制度ハ典範及憲法ニ於テ其大綱ヲ掲クト雖、其条章ニ基キ永遠ノ基準ヲ定ムルヲ要スルモノ少カラス、是レ朕カ卿ノ啓沃ニ倚リ完成ヲ期セント欲スル所ナリ」[8]として、伊藤を調査局総裁とする御沙汰が明治天皇から直接伝えられるに至った。[9]ただこれに対し枢密顧問官の佐佐木高行は、「他日宮中の事も他に洩れ或は困る事なき哉。〔中略〕宮中の事にても場合に寄り書生にても新聞屋にても少しも憚らず放言すれば、其流派の者も豪傑気取にて謹慎なき時は他日毒を流すの憂はなきかと密に憂慮せり」[10]と、懸念を示している。

さて、伊藤の積極姿勢もさることながら、この時期に調査局設置に至ったのには理由がある。「田中〔光顕〕宮内大臣の考には、伊藤博文を遊ばし置く時は無事に苦しみ、色々と騒ぎ立ち何となく不面白に付、同人に任し候はゞとの考案に出で、実は山県有朋も伊藤には困る事情もありし、旁右の運に成りたる」と土方久元は語る。[11]つまり調査局は、前年に首相を辞した伊藤の処遇先として浮上したものであった。

委員に関しては八月一日、宮内省にて「官制ヲ設ケス総裁以下御用掛等被仰付事ニ議決[12]」され、二六日には伊藤の同意を得ている。[13] 人選は伊藤に一任され、副総裁に土方久元（前宮相）、御用掛に細川潤次郎・高崎正風・伊東巳代治（枢密顧問官）、三宮義胤（式部長）、梅謙次郎・一木喜徳郎・岡野敬次郎（東京帝大教授）、広橋賢光（文事秘書官）、花房直三郎（内閣統計局長）、多田好問（内閣書記官）とする人事案が二九日に内奏された。[14]

他方、三〇日に太田峰三郎貴族院書記官長が伊藤のもとを訪ね、貴族院副議長の黒田長成が副総裁就任を「内々大に希望」している旨を伝える。[15] 伊藤は副総裁に予定していた「土方へは小生自一言も未申通」ため、天皇の異存がなければ「大家之俊秀を引立候事は小子に於ては差支無之」、また「土方先生は澹泊の性質且随分煩敷考候事とも存候」と述べたうえで、「聖慮と老閣（田中宮相）之高見次第」と、判断を委ねている。さらに三一日に黒田自らの働きかけを受けた伊東は、同日制定の「帝室制度調査局職務章程」[16]第五条にて、御用掛は高等官から兼任と定められていることを理由に、もし黒田を調査局員に加える場合は、貴族院副議長に御用掛は不相応であり「副総裁之地位を除き他に相当之職務無之」と伊藤に進言する。[17] しかし斎藤桃太郎宮内書記官は「矢張土方伯ノ方穏当」と考えており、かつ「陛下ニモ土方ノ方可然トノ思食」だという。ただ、同時に明治天皇は「黒田侯ハ余リ年若故却テ華族奨励ノ為ニモ却テ如何」との意向も示したという。[18] 結局、九月二日に田中宮相が「帝室制度取調事件に付て」土方邸を訪問する。[19] 土方に副総裁就任を打診したのはこの時であろう。またこの日、調査局主事と秘書の人事を上奏、裁可を得て[20]四日に任命され、五日には副総裁以下が任じられる。一木・岡野に代わり穂積八束（東京帝大教授）が就任した他は、内奏同様である。そして九日に霊南坂に調査局が設置され、具体的な活動が始まる。

最初の総会は一一日に開かれ、宮中の礼典の不備や宮中制度の未確定は将来にわたり不都合であり、「我国旧来の典礼に考へて、古今を斟酌し、益々皇室の隆昌を図るの途と毫も相戻らざることを力めねばならぬ」との訓諭が伊藤総裁よりなされる。[21] 続いて、①即位式の件を細川・多田、②皇族令及び財産納税の件を伊東・広橋・穂積・花房、③財産民事訴訟の件を広橋・梅、④婚儀及び葬祭喪紀の件を高崎・三宮・多田が調査を担当することに決した。③に民法・商法が専門の梅を起用したことからも、各人の専門性を踏まえた人選といえる。特に④の三名は皇族喪儀や国葬の掛長・掛等の経験も有しており、まさに近代化が進められてきた宮中儀礼の調査にうってつけであった[22]。成果を挙げようとする伊藤の意気込みが窺えよう。だが調査期限が定められなかったがゆえに、当初から「東宮御慶事」を除く多くが「遅延勝ち」[23]だったようである。

「東宮御慶事」とは、皇太子嘉仁親王の婚礼を指す。同年八月一九日には皇太子妃に公爵九条道孝四女節子が新たに内定し[24]、三一日には結婚礼式掛に公爵岩倉具定が命ぜられるなど[25]、婚礼への動きが活発化していた。よって皇族婚礼の調査審議が優先的に進められた結果、一二月一八日に伊藤より「皇室婚嫁令」と同「附式案」が[26]、翌三三年一月二〇日には「東宮御婚儀略式」が上奏される[27]。その後は伊藤への諮詢、調査局による協議・再上奏、枢密院による修正案上奏[28]を経て、四月二五日に皇室婚嫁令として制定のうえ、成婚式が五月一〇日に挙行された[29]。なおその他にも、「御誕辰の件[30]」(三月二三日)や皇族令・世伝御料(四月二七日)、「皇族令中増補之件[31]」(五月四日)等が、毎週金曜日を基本に議論されている。

かかるなか、伊藤の総裁辞任問題が浮上する。八月二五日の政友会創立委員会における宣言・綱領の発表を受け、斎藤宮内書記官は三〇日、田中宮相から「調査局総裁継続問題ニ付相談」される[32]。「熟考スヘキ事」と考えた斎藤は九月一日、伊藤勇吉と内談し、「伊侯帝室制度調査局総裁御辞退セラレ、合セテ同局ハ伊侯優遇ノ為メ設ケシモノ故、辞退ト共ニ同局ヲ廃スル方可然」、つまり調査局は伊藤ありきとの見方を示す[33]。三日には土方が伊藤と「帝室制度取調ノ事ニ付致協議[34]」し、結局九日に「宮中の臣僚は政事に干与するを避けさるへからす」として、宮中要職の辞表呈出に至る[35]。ところが調査局は廃されず、土方が総裁心得となる[36]。調査未了に加え、天皇の期待の表れゆえかとも考えられるが[37]、一方で土方はあくまで「心得」、つまり一時的な代行者に過ぎなかった。伊藤ありきの調査局という性質上、当年中の廃止も視野に入れられていたのである[38]。とはいえ、伊藤が完全に手を引いたわけではない。土方は伊藤に「爾後色々御相

表3　帝室制度調査局前・中期の活動

年	月	皇室婚嫁令	皇室誕生令	皇室服喪令	皇室喪儀令	心喪内規
M32	11	調査局審議				
	12	上奏				
M33	1					
	2	復奏／枢密院				
	3	宮相に下付	「御誕辰の件」審議			
	4	制定		調査局審議		
	5	（成婚式）				
《中略》						
	12		草案上奏／下問			
M34	1		言上			
	2		下問／調査局審議			
	3					
	4		（迪宮誕生）			
	5		枢相に「見セ置」く			
《中略》						
	12			上奏		
M35		《中略》				
	4			伊藤に諮詢		
	5		枢密院審議／制定	修正審議／上奏		
	6			掌典長に下問	調査局審議	
	7			宮内省に修正報告		
《中略》						
	10				調査局審議（義解）	
	11					
	12			枢密院審議		調査局審議
M36	1					
	2					
	3			調査局審議		
	4					
	5					
	6			枢密院審議		
	7			差戻し		差戻し

出典：「土方日記」，「徳大寺日記」，「斎藤日記」，「調査局会議議事録」，「岡本文書」第1部〔1〕19，『伊藤関係文書』2・6，『枢密院会議議事録』9，『東京朝日新聞』，『読売新聞』。

談中上度、且御存付之件は時々無御遠慮御教示被成下度願上候」[39]と伝えており、実際に伊藤に相談する動きも見られるのである。[40]

また同時期に、伊東巳代治と広橋賢光も御用掛辞任を願い出ており、伊東は病気療養を理由に慰留を拒絶し、一〇月三日に辞任する。[41]土方はこの補充として、岡野敬次郎と一木喜徳郎を御用掛に推薦する旨を伊藤に相談しており、[42]菊池大麓東京帝大総長や松田正久文相に交渉した後、[43]一一月七日に両名が御用掛を拝命するに至る。[44]専門が行政法や国法学の一木と商法の岡野という両法学博士に、伊藤や伊東の代役として、調査の推進を期待していることは言を俟たない。

その後、調査局の活動は活発化する。これは「伊藤侯総裁辞職の際、諸般の残務を片付け本年〔明治三三年〕中に閉会の見込なりしが、如何せん皇室制度に関し猶他に重要なる問題多々ある為め中々廃局すること能はず、明年度まで継続せらる、に決したり」[45]と報じられているように、調査局が活動を終える予定の明治三四年度中に調査・審議を進める必要があったのである。特に明治三四年六月以降、金曜日に加え水曜日も定会日とされ、[46]会議が増加していることが確認できる。[47]また前・中期調査局による婚儀葬祭に関する活動の概略（表3）からは、一議題の上奏、もしくは枢密院の審議入りを一区切りとして、次の議題に本格的に着手していることがわかる。また、真っ先に「東宮御慶事」に備えて活動したように、調査局は緊急性・重要性の高いものから順に制定を目指したのである。[48]

2　中期調査局における皇室喪礼法制化の議論

(1) 皇室服喪令

皇室婚嫁令を復奏した調査局は、明治三三年四月より皇室服紀令の審議を開始した。[49]調査は細川・広橋が主任、穂積・一木・岡野が輔助に就く[50]。翌年六月には「皇室服紀令」や「皇室服紀令附則服装規程」の修正が第二読会で施された[51]。また九月一六日配布の「皇室服紀令義解草案」についても、上奏に向けた審議が進む[52]。そして一二月二七日に「服〔紀〕忌令の調査ハ一先づ完了を告げ[53]」、翌二八日に土方より「皇室服紀令」と同「附則服装規程」が上奏された[54]。

前者は六章三六箇条からなる。第一章は総則である。第一条で、対象者は天皇以下皇族と明記した。第二〜九条では喪期を定める。前章で確認した「喪紀令草案」との差異は、対象者と喪期に多少の変更がなされ、等級が明記されなくなるなどの程度にとどまる。ただし七歳未満や規定外の非皇族の親族に対しても心喪とされた（第八・九条）。

第二章は大喪について。対象は天皇・大行天皇・太皇太后・皇太后・皇后とし（第一三条）、天皇の服喪期間（第一四条）や諒闇定義（第一五条）を明示した。また大喪は「国家ノ凶礼」であり、神祇奉仕職員を除き「皇族其ノ他臣民喪ヲ服ス」とする（第一六条）。皇室全般を対象とした前述の「国喪」の範囲が限定されて「大喪」とされたのである。さらに第一八条では、大喪に関する事項は宮相が、かつ一般臣民にも関わるものは首相が公告するとした。ここからは、大喪は主に宮務との認識が読み取れる。

第三章は宮中喪を定める。まず宮中喪を、大喪を除き天皇が喪に服するものと定義する（第一九条）。「宮中」ではなく「天皇」とした点が以前との差異である。ただし「皇族及宮中又ハ皇族ノ殿邸ニ奉仕スル者」も天皇に従い服喪（第二三条）・心喪（第二六条）とされたため、実際における変更は生じていないといえよう。また第二〇〜二二条にてその喪期を規定し、宮中喪関連は宮相が公告（第二四条）、さらに外国帝室に対しては臨時の勅定による（第二七条）とした。

その他、第四章では皇族喪を、皇族がその親族に対し服する喪と定義し（第二八条）、これには皇族殿邸奉仕者も従うと定める（第二九・三〇条）。また第五章では第一章で定めた喪期をさらに一〜三期に細分する。「喪紀令草案」と比較すると、一年喪・一五〇日喪の第一・二期が倍増し、九〇日喪の第一・二期が統合された点が異なる。第六章は服装についてだが、詳細は「皇室服紀令附則服装規程」に譲ることとなった[55]（第三六条）。

さて、これらは明治三五年四月一一日、伊藤前総裁に対して諮詢とともに調書が廻附されている[56]。そして六回にわたる「宮内省修正意見」等の検討を経て、六月二五日に「皇室服紀令」・同「註解」・同「附則服装規程」が確定に至る[57]。その間にも土方が「服忌令に関し参内上奏」を行ったほか[58]、徳大寺実則侍従長から岩倉具綱掌典長に対し、服紀令に関する御下問が伝宣されてもいる[59]。さらに九月二七日に服紀令案が枢密院に諮詢されると、五回の委員会を経て、一一月二七日に審査結果が西園寺公望枢密院議長に報告された[60]。全体に関わる修正は、①心喪条項を削除し別に定める、②皇族喪はこれまで事例がないため削除する、の二点である。特に①はその後の「心喪内規」作成につながる修正であった。

ところがこれに不満を抱く副島種臣・野村靖両委員は一二月一日、「副島野村両顧問官修正意見」(全三〇箇条)を提出する。彼らは「天皇服喪ノ場合ト皇族服喪ノ場合トヲ厳格ニ区別」すべきであり、この区別が厳然でないのは「古来ノ法制上未曽テ取」らず、かつ「天皇カ此ノ如キ多クノ喪ヲ服セラルルニ当リ或ハ宮中喪ト名ケ、一般臣民ハ曽テ預カリ知ラサルモノノ如キ制度ヲ為スコト、恐クハ我カ立国ノ精神ニ副ハサルヘシ」と述べる。ゆえに天皇が喪に服する場合をすべて大喪とし、臣民も天皇に従うとする。また七歳未満の殤をすべて心喪とはせず、身位を重視して皇太子・皇太孫は正式の喪とした。さらに、第一章で喪期区分や喪服規定を総則に含め、第二章で天皇服喪、第三章で皇族服喪とすることで、その画然たる差異を視覚的に示す体裁をとっている。

これを受けて枢密院では、三度にわたる再審査委員会を開き、一〇日に再び西園寺議長に結果を報告する。しかしここに先の「修正意見」は反映されず、最初の委員修正案に一部字句の修正を施した程度であった。なおこの時、条文中に頻出の「喪ヲ服ス」や「服喪」といった字句を反映させ、題号を「皇室服喪令」とした。

また明治三六年三月一一日には、「皇室服紀令第九条ニ因ル特別服喪ノ規程」が枢密院に諮詢される。これは原案第九条「皇族ニ非サル親族ノ為ニハ喪ヲ服セス別ニ定ムルモノノ外規定ノ期間心喪スルモノトス」に従い作成されたものであり、臣籍降下(嫁)者(第一条)や縁戚関係の華族(第二条)、生母(第三条)への服喪期間を規定する。総委員会は、第三条を第四条に移し、代わる第三条を「第一条第二条ニ依リ喪ヲ服スヘキ者華族ノ養女ナルトキハ養方及実方ノ親族ノ為前二条ニ定メタル喪ヲ服ス」とした修正案を作成する。そして六月二四日の本会議で「皇室服紀令」と「皇室服紀令第九条ニ因ル特別服喪ノ規程」を審議し、先の修正により両題号の「服紀」を「服喪」と改称、また後者も修正案を採用するなどを経て確定、上奏となる。[61]

(2) 皇室喪儀令

続いて皇室喪儀令をめぐる議論を追う。[62] 議論が開始されるのは明治三五年六月一一日のことである。この日の第一読会では、「皇族喪儀令案」を通読のうえで起稿者の多田が答弁し、続く一三日には、天皇と大行天皇に関する条文（第一～二四条）が議了された。まず「服忌令〔ママ〕」と合わせて一令とすべき、つまり調査局成立前の案の形に戻すべきとの議論が生じたが、この二令は規定する要素が異なるため、混同を避けるべく別令とすることに決する。この方針に従い「服紀令」第一六条を削除して「喪儀令」に、逆に諒闇の解釈や第四・八条を「服紀令」に譲るとともに、「喪儀令」第二章の「天皇大喪儀」を第一章と改めると修正された。

また天皇大喪儀は夜間に実施するとした第二二条を、「今日開明ノ世ニ在リテ尚古制ニ則リ天皇ノ御葬ヲ夜陰ニ於テ行フヘキヤ否ヤハ慎重ナル審議ヲ遂ケテ決スヘキモノナリ、仮令ヒ局議ニシテ夜陰ヲ可トスルモ附則中ニ規定シテ可ナリ」として削除した。明治・大正両天皇の大喪儀は結局夜間に行われるが、「開明ノ世」に「古制ニ則」ることへの疑義が生じていたことは、調査局の性格の一端を表すものといえよう。[63]

その他、字句の修正がなされた第二三条も同様の観点から注目される。すなわち「大行天皇ノ大喪ニ天皇ノ喪主ト為ルハ、本令ニ依リ始メテ行ハントスル新制ナレトモ今日ノ時勢ニ於テハ頗ル妥当ナリト信ス、然ルニ本令ニハ其ノ明文ナシ」として、「大行天皇ノ大喪ニハ天皇喪主ト為ル／但シ事故アルトキハ皇太子皇太孫若ハ親王ヲシテ喪主ノ事ヲ行ハシム」と修正し、その明瞭化を図ったのである。英照皇太后の大喪儀では、当初喪主は「天皇ナルニ依リ別ニ之ヲ置カ」ない方針とされたが、結局は大喪使長官の威仁親王が任じられ[64]、また明治天皇や昭憲皇太后の大喪儀でも大正天皇は喪主を務めていない[65]。そのため、調査局の意見がどれほど「時勢」を反映したものであったかについては留保が必要であろうが[66]、後期調査局や大正期の帝室制度審議会作成の皇室喪儀令案に、本方針が一貫して引き継がれており、無視し得ない点である。

一八日には第三章以下が審議され、第五章(第四二条以下)を削除している。その内容は不明だが、次回から修正案を審議していることに鑑みれば、原案は全五章五二箇条構成であったことが明らかとなる。さらに第一章も削除された結果、修正案は全三章構成となる。なおこの日の内容は太皇太后以下皇族の喪儀に関するものであった。

二五日は修正案第一章全一八条が、二七日には第三二条までの条文が審議され、「天皇崩スルトキハ官庁休務ノ日数ヲ勅定シ内閣総理大臣及ビ宮内大臣ヲシテ之ヲ公告セシム」との条文から公告大臣規定を削除し(第三条)、同様に「天皇崩スルトキハ半旗吊礼ノ日数ヲ勅定ス」と修正(第六条)、斎主・副斎主・斎官の任命は大喪使官制で規定可能として、第九・二八条を削除するなどの修正が施された。また第一章を「大喪儀」と改めて「通則」「天皇大喪儀」「三后大喪儀」の三節を設けるとともに、諒闇には天皇が喪主となり、かつ倚廬に御する原則を採用したうえで、次回までに第一～二五条の諸条取捨配置を主事秘書に委任することとなった。その際、原案第二章中「太皇太后皇太后皇后」と列記する場合は「三后」と修正することが決議されている。

七月二日、決議に従い主事秘書が起案した再修正案が会議に提出される。しかしこれは体裁上不穏当との理由から廃棄され、前会で審議した修正案を逐条再審議することとなった。この日は第一八条までが審議され、原案第一四～一六・一八条中の「天皇」を「大行天皇」に修正したほか、条文の順序を大幅に入れ替えるなどした。

四日には第二章以下第三二条までが審議された。冒頭で、煩雑さを避けるため新たに「第四章　儀式」を立てて「天皇大喪儀三后大喪儀及皇族喪儀ノ式ハ別ニ定ムル所ニ依ル」の一条を加え、原案第一四(二日に第一七条に修正)・二四・三〇条を削除した。また条文を荘重にすべく、「太皇太后皇太后皇后」を「三后」と纏めず列記する方針を採った。天皇の喪主規定にも変更が加えられる。原案第二二条を、「皇妣タル太皇太后ノ大喪及皇太后ノ大喪」には天皇が喪主となる一方、「皇妣ニ非サル太皇太后ノ大喪及皇后ノ大喪ニハ勅命ヲ以テ皇太子皇太孫又ハ親王ヲ喪主トス」と区別したのである(第一九条)。これは六月一三日の会議で、天皇が大行天皇の大喪の喪主となることを明記したものと同様の趣旨による。さらに新たに「皇妣タル太皇太后ノ大喪及皇太后ノ大喪ニハ天皇倚廬ニ御ス」(第二〇条)と規定した。ただしこれらは九月二六日、常則と変則の区別を明確化し、かつ法文を簡潔化させる趣旨から「皇太后ノ大喪ハ天皇喪主ト為ル但シ事故アルトキハ皇太子皇太孫又ハ親王ヲシテ喪主ノ事ヲ行ハシム／太皇太后皇后ノ大喪ニハ勅命ヲ以テ皇太子皇太孫又ハ親王ヲ喪主トス但シ太皇太后皇妣タルトキハ前項ノ規定ヲ准用ス」(第八条)、「皇太后ノ大喪ニハ天皇倚廬ニ御ス皇妣タル太皇太后ノ大喪亦同シ」(第一九条)と修正されている。

七月九日には修正別案が審議され、一度は削除された公告大臣規定が復活した。具体的には、天皇追号は首相(第二条)、太皇太后・皇太后・皇后追号は宮相(第一八条)とし、さらに九月一九日には天皇崩御時の廃朝は宮相が(第三条)、官庁休務・歌舞音曲停止は首相が公告する(第四・六条)こととなった。また半旗弔礼規定(第七条)は、陸海軍及び外務省令に譲るべきとして該官庁に照会となり、仮案としてこれを削除した。その後この規定は復活せず、第八条以下を繰り上げたうえで新七条と新八条を入れ替えている。上記のほか、将来の紛議を防ぐべく、喪主となる男子は「嫡庶長幼ノ順序ニ依」る(第二四条)等の修正を施して、二六日に一応の成案に至った[67]。そして一〇月三日からは義解の作成に移っている。この成案と思われるものが宮内公文書館に所蔵されており[68]、中期に作成された皇室喪儀令案の全条文が明らかとなる。

以上よりこれは、調査局以前に作成された「国喪令草案」と「喪紀令草案」から、廃朝、官庁休務、死刑執行停止・

囚人服役特免、歌舞音曲停止の要素を引き継いだ他は、新たに規定されたものであり、また「国喪令草案」と「喪紀令草案」に規定されていたその他の要素は、皇室服喪令に譲っている。[69]なお皇室喪儀令の審議は翌年も継続しており、中期の調査局はその果実を実らせつつあった。しかし皇室喪儀令は上奏には至らず、上奏された皇室服喪令も成立することはなかった。その最大の要因こそが、伊藤・伊東の調査局復帰と、それにともなう調査局の方針転換である。

3　後期調査局と喪礼関係法令案の再審議

調査局を辞したものの、自身の党運営に対する政友会内の不満への対応に苦慮していた伊藤は、明治三六年(一九〇三)三月中旬、調査局総裁に復任する意向を示す。ところが明治天皇が枢密顧問官の意向を徴したところ、「諮詢に預かる者、皆其の不可なるを奏」している。[70]また伊藤の動きを受けてか、六月六日に土方総裁心得が辞表提出に及ぶと、[71]伊藤は政友会総裁のまま「制度調嘱托自宅調被命、帝室制度調査局廃ラル事」を田中宮相に奏上させている。[72]この奏上は聞き入れられなかったが、一方で土方は、辞表が田中宮相の預かりとなり叙勲を待つ状態であり、[73]辞任は確定的であった。そして七月一三日に伊藤が政友会総裁を辞して枢密院議長に就任すると、一六日には土方の辞任が聴許され、伊藤が三年ぶりに調査局総裁に復任する。[74]

すると伊藤は一七日、田中宮相に「過日及御内話置候通り、制度調査局副総裁に伊東男爵を被任候様御奏聞相願度候」との書翰を送る。[75]これにより翌一八日には、早速伊東巳代治に対し副総裁の御沙汰が下る。すると伊東は即日、法学博士の有賀長雄を御用掛とするよう伊藤に強く進言し、[76]伊藤も有賀の採用に「御異存無之候得ば御取計可被下候也」と返答した。[77]

また伊東は二三日、①徳大寺侍従長に皇室服喪令を含む「上奏中之文書一先御下戻之義願上置」いたこと、②調査局事務章程を改正すべき旨の理由書と成案を送付すること、③御用掛・事務員の淘汰・整理のこと、④調査局で取調中の書類写本を通覧のうえで、調査方針・順序等の指揮を仰ぐことの四点を伊藤に伝える。[78]伊東はそのなかで「暑中休暇も全廃之積に而早速着手可致と存居候」と述べており、調査に対する強い意欲が看取されよう。なお①については三〇日、「皇族会議令」「五世已下皇族男子臣籍ニ列ス〔ルノ制〕」「心喪内則」が伊藤に下付されるとともに、これらの返上後に服忌令が宮相に下付される手筈であることが確認できる。[79]伊東は皇室令を国家法に位置づけることを企図しており、の変化との整合性を見据えた措置であったと考えられる。だがこれは、前・中期調査局の成果が皇室婚嫁令と皇室誕生令にとどまる結果を招いた。伊東に前・中期の成果を矮小化する意図はなかったであろう。とはいえ、土方総裁心得期の活動が等閑視されてきた一因は、まさにここにあるといえる。

八月五日には伊東が「調査著手ノ方針　一」を伊藤に提示している。[80]これは調査事項やその方針の他、御用掛の増員すなわち奥田義人・有賀両法学博士や、比較法制に精通する現職大学教授、そして古制に精通した者を採用することなどからなる。[81]続いて一七日にも伊東は「皇室典範ヲ以テ帝国憲法ト共ニ国家ノ根本トシテ対等ノ効力ヲ有スルモノトシ、特ニ明文ヲ設クル場合ノ外ハ、皇族ニ国家ノ法令ヲ適用セザルノ主義ヲ取ル事」を主とする、「調査著手ノ方針　二」を作成し伊藤に提示する。[82]このなかで伊東は「従来の『皇室典範』を皇室の「家法」とすることを否定し、皇室を国家の一要素と位置づけ、皇室関係法令を国家法として調査・起草する方針を示した[83]」のである。さらに九月一七日の「調査著手ノ方針　四」では、公文式の改正を主張しており、これが明治四〇年の公式令の制定と皇室典範の増補へとつながることとなる。

以上、伊藤の総裁復帰前後の調査局周辺の動向を簡単に確認してきた。その後の公式令制定や皇室典範改正に対する伊東・有賀を中心とした働きについては先学に倣うこととし、ここからは後期調査局における皇室服喪令と皇室喪儀令、そして国葬令の制定に向けた動きを見ていくこととする。

(1)皇室服喪令

明治三七年六月一三日、心喪内規に関する協議会の席で、奥田義人御用掛は「親族ノ範囲及親等ノ程度」等、「服忌令ノ各条ニ動揺ヲ来スノ虞」がある事項を予め議定したうえで、「服忌ノ事ニ論及」すべきと陳述する。その結果、皇室親族令案がひとまず作成されて伊藤に報告された明治三八年四月まで、「服忌令」の議論は持ち越される[84]。一〇月二四日に奥田から本問題に関する先決問題が提出されると、これが「皇室服喪令修正先決問題」(議第一二六号)となり、ようやく本格的な議論が開始される。その後も奥田を中心に、「皇室服喪令修正案」(議第一三一号)が明治三九年一月一五日に作成され、三一日には総会議に諮られた[85]。

これは四章と附則の三三箇条からなる。三六年上奏案と比較すると、「天皇及皇族ハ本令ノ定ムル所ニ依リ喪ヲ服ス」(三六年上奏案第一条)が、「天皇ハ皇族ニ非サル親族ノ為ニハ喪ヲ服セス」(修正案第一条)と、「皇族ハ同族又ハ華族ニ非サル親族ノ為ニハ喪ヲ服セス」(同第二条)に分割された。天皇を独立して規定し、身位差をより厳然化しようとしたのであろう。また後述の国葬令との関連から、新たに「親王親王妃内親王王王妃女王国葬ノ場合ニハ葬儀ヲ行フ当日臣民喪ヲ服ス」(修正案第一六条)と規定、総会議ではその冒頭に「皇太子皇太子妃皇太孫皇太孫妃薨去ノ場合ニハ薨去ノ日ヨリ三日間及喪儀ヲ行フ当日臣民喪ヲ服ス」が追加された。喪服規程についても、「別ニ勅定シ宮内大臣之ヲ告示ス」(修正案第三三条)と修正された。

その後も修正を経て、三月二日に総会議で本案が確定し、五日に定本(議第一三五号)を作成のうえ、六月一三日に再度上奏された。「皇室服喪令(再査)儀注[86]」からその内容を確認すると、三六年上奏案には存在したものの「修正案」(議第一三一号)で一度削除された、大喪関係事項の公告担当大臣が再度規定された[87](第二一条)ほかは、条文の順序と字句の微細な修正にとどまる。それは徳大寺侍従長が山県有朋枢密院議長に対し、後期調査局による修正は「格別重要ナル点ニ関スルモノニアラサル」ため、枢密院への再度の諮詢は不要と伝えたほどであった[88]。結局は山県の意見で枢密院に下付されたのだが、この徳大寺の意見からは、皇室服喪令の骨子は中期の段階で定まっていたとの認識が読み取れる。さらに明治四二年五月二六日の枢密院[89]でも、加除部分は「他ノ皇室令全般ノ字例文例ニ照シテ取捨折衷シタルモノ」と、審査委員長の細川潤次郎枢密顧問官が説明する。また奥田委員も第一六条の追加以外は形式や字句を多少修正した程度で、大体の主意は変わらないと述べる。結果、これは全会一致で可決され、六月一一日に皇室令第一二号として公布された。

⑵ 皇室喪儀令[90]

「皇室喪儀令草案」(議第一〇八号)が作成されたのは、明治三八年六月のことである。中期作成の原案をもとに奥田御用掛が起草し、八日に調査局に提出、七月一四日には総会に附された。八月には「皇室喪儀令義解草案[91]」(議第一一五号)も作成され、一〇月六日の総会議を経て一一日に「皇室喪儀令定本[92]」(議第一二四号)となる。その後は附式の作成へと移り、多田御用掛より明治三九年五月四日に提出された「附式」をもとに、六月一五日までに「皇室喪儀令附式第一編」から同「第十編上下」までが相次いで作成され、総会議に諮られた。また並行して「皇室喪儀令定本」にも修正が加えられており、一三日に本令のみが先に上奏される[93]。

先述の中期作成「義解」(以下、中期案)との差異を確認すると、中期案では区分されていた「天皇大喪儀」(第一章)と「三后大喪儀」(第二章)が、一章中に一括された。これにより天皇・大行天皇と三后の大喪に関する同種の規程(公告大臣、追号、廃朝など)は一条中に併記となる。

また「義解草案」や「定本」において、公告は原則、天皇・大行天皇に関する事項には首相と宮相が連署し、太皇太后以下皇族の場合は宮相がこの任に当たるとされた。これは同時期に議論されていた公式令の精神に沿うものである。公式令は皇室典範増補とともに後期調査局の主眼事項であり、宮・府両面に関係する皇室令には宮相に加え国務大臣が副署することで、責任の所在を明確化させる意図があった。然らば調査局は、天皇・大行天皇の大喪は国務である一方、太皇太后以下皇族の場合は宮務にとどまるとの解釈を示したことが見て取れる。ただし親王以下の死に際した歌舞音曲停止が首相の公告（第一五条）とされているように、この解釈が中期案と根本的に異なるわけではない。明治三一年の伊藤意見書を思い起こせば、単に公式令に対応したのではなく、むしろ調査局創設当初の方針が貫徹されたものであったのである。

加えて廃朝や死刑執行停止及び囚人服役特免、歌舞音曲停止の日数も明確化された。中期案では「日数ヲ勅定ス」のみであったが、「義解草案」以後、天皇崩御には五日間と大喪儀当日、三后には三日間と当日を廃朝とし、その間はいずれも「囚人ノ服役ヲ特免シ死刑ノ執行及歌舞音曲ヲ停止ス」と定められた（義解草案第四条）。親王以下に対しても、三日以内の廃朝の場合があるとした（義解草案第一四条）うえで、「定本」ではさらに「国葬ノ場合ニ於テハ（中略）喪儀ヲ行フ当日」も廃朝（定本第一六条）と定めている。一方で官庁休務については、「今時ニ於テ（中略）著シテ条章トスヘキニ非ス、宜ク臨時ノ勅定ニ従フヘキ」（義解草案第四条註解）として規定されなかった。明確化の文脈では、大喪使は宮中に設置となった（第五条）ことも挙げられる。これは明治三〇年の英照皇太后大喪儀に拠ったものであろう。

さて「定本」上奏後も、条文・附式の修正・作成は続けられる。また明治四〇年二月一〇日、皇室典範増補の公布と同時に調査局が廃止された後も、「残務取扱」という形で審議は継続し、[94] 議了に至ったのは五月一五日のことであった。さらに伊藤・伊東等が「残務取扱」を免じられた明治四一年一月二一日には、宮相のもとに皇室令整理委員が置かれ、岡野敬次郎法制局長官以下四名が任じられると、[95] 委員の仕事を指導主宰する立場となった伊東の邸宅で早速、[96]「皇室喪儀令整理案」（議第二六号）が起案されている。[97] ここでの修正は、例えば連署する大臣の順番を宮相・首相に改めるといった、形式上は微細なものであった。整理案は法制局に回され、「法制局妥協修正案」の作成に至るが、[98] 親王以下の国葬の場合の廃朝が宮相と首相の連署から宮相単独となったほかは、内容面に差異はほぼない。これらの変更も、前述のように、皇室の特立を徹底させる意図からであろう。

その後は明治四二年七月一二日に、関係の国務大臣とともに岩倉具定宮相より桂太郎首相に対し、上奏に向けた照会がなされる。ここでは陸海軍から修正点が複数出たものの、明治四四年五月三〇日に「法制局妥協修正案」のまま閣議決定の旨が回答される。[99] しかしこれは枢密院諮詢前に明治が終わりを迎えたこともあり、公布には至らなかった。[100] とはいえ、これが全く役に立たなかったわけではない。英照皇太后大喪儀に際した「国喪令草案」や「喪紀令草案」同様に、明治天皇そして昭憲皇太后の大喪儀の際にも、大枠としてはこれに準拠した形で行われていること、[101] さらには大正期の大礼使官制をめぐる議論にも影響を及ぼしていることを附言しておきたい。[102]

(3)国葬令

皇室服喪令や皇室喪儀令と異なり、国葬令が前・中期調査局で審議された様子は見受けられない。国葬令の草案が調査局に提出されたのは、前述の「皇室喪儀令定本」が作成された二日後の、明治三八年一〇月一三日のことであり、起草者は他二令と同じく奥田御用掛であった。[103] 皇室喪儀令案が整備される前に方針が転換されたため、前・中期では審議には至らなかったと考えられよう。

さて宮内公文書館には、大正期作成とされる簿冊、「国葬令関係」が所蔵されているが、[104] その内容は明治期のものであることがわかる。というのもこれは、①「国葬令義解草案」(議第一二七号)、②「国葬令草案(勅令)」、③「国葬令定本」(議第一二八号)で構成され、①が明治三八年一〇月二五日、③が同年一一月九日に作成されているのである。[105] また②における修正が①に反映されており(後述)、②が奥田御用掛起草案であると思われる。そこでまずは②の内容を確認しておきたい。

②は全六条。第一条では国葬を、大喪及び皇太子・皇太子妃・皇太孫・皇太孫妃と摂政たる皇族の喪儀と定義する

（七歳未満は除く）。一方、「国家ニ顕著ノ勲功アル者」を勅旨で国葬とする場合は、勅書により公布する（第二条）。また第三条では、国葬公布翌日から二日間と国葬当日を廃朝とし、この間歌舞音曲を停止して「一般国民」は喪に服すとされた。以下、内閣に「国葬司」を設置し、官制は別に定める（第四条）、非皇族の国葬の式は王・王妃の喪儀に準じる（第五条）、費用は国庫支弁（第六条）としている。

この草案への修正意見は、一〇月二〇日の総会議に出されている。主なものとしては、第二条中「国家ニ顕著ノ功績アル者」を「国家ニ偉勲アル者」とし、「勅書ヲ以テ之ヲ公布ス」を「勅書ヲ以テシ内閣総理大臣之ヲ公告ス」と改めた点が挙げられる。後者の修正が、責任を明確化する調査局の方針に沿うものであることは言を俟たない。そしてこれらをもとに作成されたものが①であり、二七日の総会議にかけられている。

①の義解では制定の理由を次の如く説明する。すなわち、「天皇三后皇嗣及皇嗣妃ノ喪儀ハ固ヨリ国家ノ凶礼」であり、また「国家ニ偉勲アル者」に「国葬ヲ賜フコトアルハ、其ノ偉蹟ヲ追想シ之ヲ表章スルニ国家ノ凶礼ヲ以テスルノ特典タルニ外ナラ」ない。だが現在、この本旨は不明瞭で定準もない。「殊ニ皇室喪儀令及皇室服喪令ノ制定セラルルニ当リテハ国葬ノ定義ヲ明ニシ兼テ其ノ上記ヲ昭著スルモノナクムハ両令ノ運用ヲ円滑ニシ憲章ノ完備ヲ期スルコト能ハス」という。つまり皇室の服喪・喪儀が規定される今、国葬定義をはじめとする定則により、これらの「運用ヲ円滑ニ」することが第一であり、偉勲者への「特典」たる国葬を規定することは副次的なものだったのである。国葬令は皇室喪儀令・皇室服喪令の附属的な位置づけであったといえる。

さて、内容の変化を見ておこう。国民服喪（②第三条）については、大喪及び皇太子・皇太子妃・皇太孫・皇太孫妃には「天皇第一期ノ喪ニ在ル間」（①第三条）、その他は喪儀当日「国民喪ニ服ス」（①第四条）とされ、廃朝と歌舞音曲停止が削除されている。しかしこれに対する疑義も唱えられており、第三条には「若シ本条ヲ置ケハ「国葬令」ヲ改メテ「国喪令」トスヘシ」、第四条には「廃朝、歌舞音曲停止□事ヲ加フ」との意見が附されている。後者は皇室喪儀令と軌を一にするためであろう。また偉勲者への廃朝のみ加えられたのは、偉勲者の国葬に歌舞音曲停止が基本的に行われていないためと考えられる。加えて「国葬司」規定（②第四条）が削除されている。なおその他の字句の加除は、二〇日の総会議における修正を反映したものであった。

以上を経て、全五条からなる③が一一月九日に作成される。①との差異は、まず国家偉勲者に対する国葬が、「行フ」（①第二条）ものから「賜フ」（③第二条）ものとなっており、国葬が天皇から下賜される「異常ノ特典」であることを強調している。次に上述の修正意見に従い、天皇から皇太孫妃までに対する国民服喪（①第三条）が削除されたほか、臣僚の国葬当日の廃朝が再び明示された（③第三条）。

その後は修正もなく、明治三九年六月一三日に伊藤より「国葬令案定本」（国議第壱号）の上奏に至る[106]。しかしこれは皇室喪儀令案と連関するため、喪儀令発布後に内閣へ下付すべきとされた。ゆえに明治四四年二月時点で政府主管法案として内閣に移送されていたものの[107]、皇室喪儀令同様公布には至らなかった。

なお、調査局が作成した皇室喪儀令・国葬令の両案は、大正期の帝室制度審議会における議論の底本として利用された。そのため、大正一五年（一九二六）に成立する両令には、調査局作成案の面影が色濃く残っているのである。

おわりに

皇室制度の完備を期し、かつ伊藤博文の処遇先として設置された帝室制度調査局は、伊藤のもとで皇室婚嫁令を制定させる。さらに、政友会設立にともない伊藤が総裁を辞した後も、土方を総裁心得としてより活発に活動し、服喪と喪儀を区別する形による皇室喪礼の制度化が図られる。前者では「国喪令草案」と「喪紀令草案」に規定されていた要素の多くを引き継ぐなかで、実例に合わせて「国喪」の対象を限定して「大喪」を設けたほか、宮中喪・皇族喪が規定

（その後皇族喪は削除）され、枢密院を経て上奏に至る。一方後者は、「国喪令草案」と「喪紀令草案」から、廃朝、官庁休務、死刑執行停止・囚人服役特免、歌舞音曲停止の要素を引き継いだほかは、新たに設けられたものであり、「古制」に固執せず「開明」化した時代に相応しい喪儀とすべく、かつ皇室服喪令同様に喪儀の実際に合わせる形で、制度化の作業が進められた。

だが伊藤の総裁復帰と伊東の副総裁就任による方針転換が、これらの制定への動きを二年にわたり停滞させる。皇室服喪令案の再審議過程では、天皇と他皇族の身位差を明確にする等の修正が施されたものの、法令案の根本に関わるものではなく、明治四二年に公布となる。皇室喪儀令も、天皇と三后の大喪を一括とすることで、条数を減らして全体を再構成するとともに、廃朝や死刑執行停止等の日数を明記する等の修正がなされ、閣議決定にまで至っている。しかしこれが枢密院に諮詢される前に明治が終焉を迎えたことで、制度化は果たされなかった。

他方、国葬令の審議は後期から開始された。これは前述の二令の円滑な運用に主眼があったためである。ゆえにこれも内閣に移送までされたものの、皇室喪儀令が公布に至らない状況では、その付属的な存在たる国葬令案もやはり日の目を見ることはなかった。とはいえ、曖昧模糊であった偉勲者への国葬が、天皇から下賜される「異常ノ特典」としてこの時明示されたことは、大正期に勃興する国葬をめぐる議論の根底にある、国葬が最高等の栄典という認識の形成を考察するうえで重要な意義を持つ。

なおここで、主務大臣の変化についても再確認しておきたい。皇室服喪令では当初、大喪でかつ一般にも関係する事項を首相が、その他は宮中喪を含め宮相が務めるとされたが、次第に皇室服喪全般が宮相のもとに収斂した。臣民が関与しない宮中の領域に定置されたのである。一方の皇室喪儀令は、中期には天皇の大喪のみならず、三后以下皇族の死去に対する官庁休務と歌舞音曲停止も首相の公告とされたが、後期になると天皇の大喪関連事項は首相・宮相が連署し、その他は宮相の単独となる。さらに終盤には連署も宮相が先となるなど、首相の立ち位置が後退する。つまりこの時、服喪同様に喪儀も基本的に臣民とは無関係の宮中に限定された儀式とされ、唯一、天皇大喪儀のみが国家の行事としての側面を併せ持つ（とはいえ、あくまで主は宮中にある）ものと位置づけられたのである。皇室・宮中を特立させ、かつその責任主体を明確化しようとした伊藤の当初のねらいは、ここに体現されたといえよう。

以上のように見てくると、中期の調査局は決して「休眠状態」ではなく、皇室服喪・喪儀両令の骨子を形成し、大正期の大喪儀や帝室制度審議会での議論にも影響を与える重要な役割を果たした。伊藤の処遇先として設置された調査局は、伊藤不在のなかでも、皇室の特立とその責任主体の明確化という、一貫した方向性のもと活動を続けたのである。むしろ、伊藤・伊東の復帰と有賀の参画による一時的な議論の「停滞」が、中期調査局の「休眠」像を創り出すこととなった。これにより、彼らが手がけた「一九〇七年の憲法改革」[108]の重要性が減じるものではないものの、皇室制度整備に関する評価は相対化されてしかるべきといえよう。

1　西川誠「大正後期皇室制度整備と宮内省」（近代日本研究会編『年報・近代日本研究』二〇、山川出版社、一九九八年）八八～八九頁。

2　髙久嶺之介「大正期皇室法令をめぐる紛争（上）―皇室裁判令案・王公家軌範案・皇室典範増補―」（『社会科学（同志社大学人文科学研究所）』三二、一九八三年）、増田知子「明治立憲制と天皇」（『社会科学研究』四一―四、一九八九年）、鈴木正幸『皇室制度』（岩波書店、一九九三年）、島善高「明治皇室典範の制定過程」（小林宏・島善高編著『日本立法資料全集』一六、信山社出版、一九九六年）、瀧井一博『伊藤博文』（中央公論新社、二〇一〇年）、国分航士「明治立憲制と「宮中」―明治四〇年の公式令制定と大礼使官制問題―」（『史学雑誌』一二四―九、二〇一五年）、西川誠『明治天皇の大日本帝国』（講談社、二〇一八年、初出は二〇一一年）、小倉慈司・山口輝臣『天皇と宗教』（講談社、二〇一八年、初出は二〇一一年）等を参照。

3　前掲注2瀧井『伊藤博文』、小林道彦「児玉源太郎と原敬」（伊藤之雄編著『原敬と政党政治の確立』千倉書房、二〇一四年）等を参照。

4　前・中期を扱ったものとしては、皇室財政逼迫への対策として行われた、典範増補による臣籍降下の制度化の過程を、中期も含め明らかにした川田敬一の研究（川田敬一『近代日本の国家形成と皇室財産』原書房、二〇〇一年、第五章）のほか、調査局の成果である皇室服喪令や皇室喪服規定については、刑部芳則の研究がある（刑部芳則『帝国日本の大礼服―国家権威の表象―』法政大学出版局、二〇一六年、第五章）。

5　春畝公追頌会編『伊藤博文伝』下（原書房、一九七〇年）三三五～三四八頁。

6　前掲注5『伊藤博文伝』下、四一七頁。

7　明治（三一）年七月一六日伊藤博文宛伊東巳代治書翰（伊藤博文関係文書研究会編『伊藤博文関係文書』二、塙書房、一九七四年（以下『伊藤関係文書』）三九二頁）。

8　宮内庁書陵部図書寮文庫所蔵「徳大寺実則日記」（函架番号：C1・149）明治三一年八月二四日条（以下「徳大寺日記」）。

9　宮内庁書陵部宮内公文書館所蔵「斎藤桃太郎日記」明治三一年八月二四日条（識別番号35051、以下「斎藤日記」）。

10　安在邦夫・望月雅士編『佐佐木高行日記―かざしの桜―』（北泉社、二〇〇三年）明治三一年八月三一日条。

11　同右。

12　前掲注9「斎藤日記」明治三一年八月一日条。

13　前掲注9「斎藤日記」明治三一年八月二六日条。

14　前掲注9「斎藤日記」明治三一年八月二九日条。なお伊東巳代治はすでに八月五日時点で、伊藤の推薦により御用掛を引き受ける旨を表明している（明治三一年八月五日伊藤博文宛伊東巳代治書翰『伊藤関係文書』二、三九二～三九三頁）。

15　明治（三一）年八月三〇日田中光顕宛伊藤博文書翰（安岡昭男・長井純市「田中光顕関係文書紹介」一『法政大学文学部紀要』五二、二〇〇六年、二三頁）。

16　第一～九条で総裁以下の職掌を定めたうえで、第一〇条では「帝室制度ニ関スル事項ノ調査立案及評議ハ凡テ機密ヲ厳守スヘシ」、第一一条では「御用掛ハ本官相当ノ待遇ヲ受ケ主事秘書ハ奏任待遇書記ハ判任待遇トス」と規定する（国立公文書館所蔵「単行書・明治職官沿革録（正本）」請求番号：単02196100）。

17　明治（三一）年八月三一日伊藤博文宛伊東巳代治書翰（『伊藤関係文書』二、三九四頁）。

18　前掲注9「斎藤日記」明治三一年八月三一日条。

19　「日記」（東京都立大学図書館所蔵「土方久元関係文書」所収、以下「土方日記」）明治三一年九月二日条。

20 前掲注9「斎藤日記」明治三二年九月二日条。
21 前掲注5『伊藤博文伝』下、四一九〜四二六頁。
22 国葬の掛員については、次章にて取り扱う。
23 『東京朝日新聞』明治三二年一〇月二八日付朝刊。
24 前掲注8「徳大寺日記」明治三二年八月一九日条。
25 前掲注8「徳大寺日記」明治三二年八月三一日条。
26 宮内庁編『明治天皇紀』九(吉川弘文館、一九七三年)七九三頁。
27 前掲注8「徳大寺日記」明治三三年一月二〇日条。
28 前掲注8「徳大寺日記」明治三三年二月二〇日条。
29 前掲注8「徳大寺日記」明治三三年五月一〇日条。
30 『読売新聞』明治三三年三月二四日付朝刊。
31 前掲注19「土方日記」明治三三年四月二七日・五月四日条。
32 前掲注9「斎藤日記」明治三三年八月三〇日条。
33 前掲注9「斎藤日記」明治三三年九月一日条。
34 前掲注19「土方日記」明治三三年九月四日条。
35 前掲注5『伊藤博文伝』下、四五四〜四五七頁。なおこれを伊藤に強く主張したのが伊東巳代治である(「伊藤侯ノ新政党組織ト帝室制度局総裁在職ニ関スル意見(伊東巳代治)」国立国会図書館憲政資料室所蔵「憲政史編纂会収集文書」六四一)。
36 前掲注8「徳大寺日記」明治三三年九月一四日条。
37 前掲注2島「明治皇室典範の制定過程」一五二頁。
38 『東京朝日新聞』明治三三年一二月二日付朝刊。
39 明治(三三)年九月一六日伊藤博文宛土方久元書翰(『伊藤関係文書』六、四七二頁)。
40 前掲注2島「明治皇室典範の制定過程」一五三頁。
41 「伊東巳代治辞任願　宮内大臣田中光顕宛　明治三三年九月七日」(国立国会図書館憲政資料室所蔵「伊東巳代治関係文書」三

九三―一一)、「宮内大臣田中光顕書翰　伊東巳代治宛　明治三三年九月一五日　御沙汰ニ依リ辞任願却下ノコト」(『伊東巳代治関係文書』三九三―三)、晨亭会編『伯爵伊東巳代治』下(晨亭会、一九三八年)六頁。
42　明治(三三)年一〇月一七日伊藤博文宛土方久元書翰(『伊藤関係文書』六、四七三頁)。
43　前掲注19「土方日記」明治三三年一〇月二四日条、前掲注9「斎藤日記」明治三三年一〇月三〇日条。
44　前掲注9「斎藤日記」明治三三年一一月七日条。
45　『東京朝日新聞』明治三三年一二月二日付朝刊。
46　『読売新聞』明治三四年六月二四日付朝刊。
47　「土方日記」や『東京朝日新聞』から確認できる回数は次の通り。三三年一一月：四回／一二月：三回／三四年一月：三回／二月：四回／三月：三回／四月：三回／五月：三回／六月：六回／七月：三回／九月：三回／一〇月：八回／一一月：五回／一二月：五回。
48　前掲注2西川『明治天皇の大日本帝国』三一二頁、森暢平『近代皇室の社会史―側室・育児・恋愛―』(吉川弘文館、二〇二〇年)六三～六七頁。
49　宮内庁書陵部宮内公文書館所蔵「参喪議第五号　参考資料(第一)皇室服喪令制定沿革」(識別番号94508、以下「服喪令制定沿革」)。
50　『東京朝日新聞』明治三四年二月二一日付朝刊。
51　宮内庁書陵部宮内公文書館所蔵「皇室服紀令関係」(識別番号93309)。
52　「皇室服紀令義解草案」は九月二〇日～一〇月二三日に、また「皇室服紀令附則服装規程」は一〇月四～一六日に審議されている(前掲注51「皇室服紀令関係」)。
53　『東京朝日新聞』明治三四年一二月二七日付朝刊。
54　前掲注49「服喪令制定沿革」。
55　喪服規程に関しては、前掲注4刑部『帝国日本の大礼服』第五章第三節を参照。
56　前掲注8「徳大寺日記」明治三五年四月一一・二六日条。
57　宮内庁書陵部宮内公文書館所蔵「自明治三十五年五月至同年十二月　帝室制度調査局会議議事録　第一綴」(識別番号9486、

以下「調査局会議議事録」)。

58 『東京朝日新聞』明治三五年五月九日付朝刊。

59 前掲注8「徳大寺日記」明治三五年六月二七日条。

60 前掲注49「服喪令制定沿革」。

61 『枢密院会議議事録』九(東京大学出版会、一九八四年)二七〇〜二七六頁。

62 ただし当該期の皇室喪儀令に関する史料は管見の限りほとんど見当たらない。そのため本項では特記しない限り、前掲注57「調査局会議議事録」に拠る。原案の条文が不明なため、この議事録から適宜内容を復元しつつ全体像の把握に努めたい。

63 「古制」に必ずしもかかわらない傾向は、大正後期の帝室制度審議会でも見られた(前掲注1西川「大正後期皇室制度整備と宮内省」一〇二〜一〇三頁)。

64 宮内庁書陵部宮内公文書館所蔵「英照皇太后大喪録」七(識別番号581-7)、『官報』明治三〇年一月一九日号外。

65 大正九年(一九二〇)八月二日の帝室制度審議会総会でも、天皇が喪主を務めた事例は古来存在しないと、平沼騏一郎が述べている(「帝室制度審議会ニ於ケル喪儀令案・国葬令案議事要録」東京大学大学院法学政治学研究科附属近代日本法政史料センター原資料部所蔵「岡本愛祐関係文書」(以下「岡本文書」)第一部〈二〉九)。

66 天皇が喪主となるよう調査局が企図した背景については、明治三一年に施行された改正民法典において「戸主」を中心とした「親族」が形成された影響を、大番彩香が指摘している(大番彩香「近代の大喪儀における「御拝」—英照皇太后の大喪儀を中心に—」『國學院大學校史・学術資産研究』一二、二〇二〇年、九四頁)。

67 ただし一一月一四日の会議にて、第二四〜二七条中の「喪」の一字は服紀令の「喪」と混同する嫌いがあるため、「皇族ノ喪」を「皇族薨去ノ場合」に修正している。

68 宮内庁書陵部宮内公文書館所蔵「皇室喪儀令」(識別番号90899)。なお本史料は、帝室制度調査局罫紙に条文を墨書、註解を朱書で記し一綴りとされたものである。

69 『東京朝日新聞』明治三六年二月七日付朝刊。

70 前掲注26『明治天皇紀』一〇、四七二頁。

71 「依願帝室制度調査局総裁心得ヲ免ゼラル」(東京都立大学図書館所蔵「土方久元関係文書」B-152)。

72　前掲注8「徳大寺日記」明治三六年六月六日条。
73　前掲注8「徳大寺日記」明治三六年六月二二日条。
74　前掲注26『明治天皇紀』一〇、四七三頁。
75　明治(三六)年七月一七日田中光顕宛伊藤博文書翰(「田中文書紹介(一)」二一頁)。
76　明治(三六)年七月一八日伊藤博文宛伊東巳代治書翰(『伊藤関係文書』二、四三四頁)。なお伊東は当初、伊藤の総裁復任に強く反対していたという(前掲注26『明治天皇紀』一〇、四七二～四七三頁)。
77　明治(三六)年七月二四日伊東巳代治宛伊藤博文書翰(伊東文書を読む会「「伊東巳代治関係文書」所収伊藤博文書翰翻刻(下)」『参考書誌研究』四八、一九九七年、三七頁)。
78　明治(三六)年七月二三日伊藤博文宛伊東巳代治書翰(『伊藤関係文書』二、四〇〇頁)。なお『伊藤関係文書』では明治(三三)年とあるが、明治(三六)年七月一八日伊藤博文宛伊東巳代治書翰(前掲)や明治(三六)年七月二四日伊東巳代治宛伊藤博文書翰(前掲注77「「伊東巳代治関係文書」所収伊藤博文書翰翻刻(下)」三七頁)等を勘案すると、明治三六年が妥当であろう。
79　前掲注8「徳大寺日記」明治三六年七月三〇日条。
80　前掲注41『伯爵伊東巳代治』下、六～八頁、伊藤博文編『秘書類纂・雑篇』一(原書房、一九七〇年)一五一～一五六頁。
81　人員の増員に関しては、七月三〇日に職務章程が改正され、高等官が兼務するものとされていた御用掛に、「専門ノ学識アル者」が就くことも可能となっている(宮内庁書陵部宮内公文書館所蔵「秘　甲　機密書類(人事関係書類)」識別番号93735)。より幅広い専門的見地の導入のため、さらには有賀採用のための改正ともいえよう。
82　前掲注41『伯爵伊東巳代治』下、一〇～一四頁、前掲注80『秘書類纂・雑篇』一、一五七～一六六頁。
83　前掲注4川田『近代日本の国家形成と皇室財産』一八九頁。
84　宮内庁書陵部宮内公文書館所蔵「明治三十七年以降　議案経過摘要(帝室制度調査局)」(識別番号93422、以下「議案経過摘要」)、宮内庁書陵部宮内公文書館所蔵「明治三十七年六月十三日」(識別番号95191)。
85　前掲注84「議案経過摘要」、宮内庁書陵部宮内公文書館所蔵「秘　議第一三一号　皇室服喪令修正案」(識別番号95765)。後者は表紙に墨書で「卅九年一月卅一日広橋栗原岡野」とある。
86　宮内庁書陵部宮内公文書館所蔵「元帝室制度調査局伊藤総裁上奏諸令案儀注」(識別番号90543)。

87　なお上奏後に、附則を削除して喪服規程を第一八条に移し、また「大喪ニ関スル事項ハ宮内大臣之ヲ公告ス但シ其ノ一般臣民ニ関スルモノハ内閣総理大臣之ヲ公告スル」（再上奏案第二一条）から傍線部（筆者注）が削除されたものが五月一七日に枢密院へ廻附されている（国立公文書館所蔵「皇室服喪令」請求番号：枢A00036100）。

88　国立公文書館所蔵「皇室服喪令御諮詢ノ事ニ就テ」（請求番号：枢00030100）。

89　国立公文書館所蔵「枢密院会議筆記・一、皇室服喪令・一、文官試験規則中改正ノ件・明治四十二年五月二十六日」（請求番号：枢D00286100）。

90　特記しない限り、本項は前掲注84「議案経過摘要」による。

91　宮内庁書陵部宮内公文書館所蔵「皇室喪儀令義解草案（明治三八年一〇月六日、議第一一五号）」（識別番号90895）。

92　宮内庁書陵部宮内公文書館所蔵「皇室喪儀令定本（明治三八年一一月一〇日提出、議第一二四号）」（識別番号90898）。

93　宮内庁書陵部宮内公文書館所蔵「皇室喪儀令定本　明治三十九年六月十三日上奏四」（識別番号93363）。

94　前掲注26『明治天皇紀』一一、六八四～六八五頁、同一二、九～一〇頁。

95　前掲注26『明治天皇紀』一二、九～一〇頁。

96　前掲注2島「明治皇室典範の制定過程」一七二頁。

97　宮内庁書陵部宮内公文書館所蔵「皇室喪儀令整理案」（識別番号93370）。

98　宮内庁書陵部宮内公文書館所蔵「機密　皇室喪儀令案　法制局妥協修正案」（識別番号93546）。なおこの明確な年次は明らかではないが、「皇室喪儀令整理案」の修正が反映された条文をもとに朱書で修正を施しており、かつ明治四二年七月一二日付官房調査秘第一三号に添付された「皇室喪儀令」（国立公文書館所蔵「皇室喪儀令制定ニ付宮内大臣へ回答案」請求番号：類01109100）は「法制局妥協修正案」での修正が反映されていることから、明治四一年一月から翌年七月の間に作成されたものと考えられる。

99　国立公文書館所蔵「皇室喪儀令制定ニ付宮内大臣へ回答案」（請求番号：類01109100）。

100　この理由について山口輝臣は、明治天皇が自らの希望する京都ではなく東京での大喪を嫌い、「草案を店晒しにすることで、自らの遺志を実現しようと試みたのではないか」と述べている（前掲注2小倉・山口『天皇と宗教』二六一頁）。なお大正初期に皇室法令の整備が停滞したのは、明治天皇や昭憲皇太后の大喪、さらには大正天皇の大礼が相次いだことが影響したと考えられる。

101　大正四年の枢密院では「右両案〔皇室喪儀令・国葬令〕ノ主義方針ニ則リ明治天皇及昭憲皇太后ノ大喪儀ヲ行ハセラレタル」（国立公文書館所蔵「枢密院審査報告・大正四年〜大正五年」請求番号：枢C00016100）と、また帝室制度審議会でも「両度ノ大喪ニ際シテハ此ノ成案ニ準拠シテ一切ノ喪儀ヲ挙行」したと説明されている（「帝室制度審議会ニ於ケル喪儀令案・国葬令案再調査議事録」「岡本文書」第一部〔二〕一〇）。

102　前掲注2国分「明治立憲制と「宮中」」二二一〜二二三頁。

103　前掲注84「議案経過摘要」。

104　宮内庁書陵部宮内公文書館所蔵「国葬令関係」（識別番号94524）。以降本項では特記しない限りこれに拠る。

105　前掲注84「議案経過摘要」。

106　「国葬令案定本」（国立国会図書館憲政資料室所蔵「平沼騏一郎文書」二四〇―一四）。

107　宮内庁書陵部宮内公文書館所蔵「皇室令整理事務結了ニ関スル書類　栗原」（識別番号93774）。

108　前掲注2瀧井『伊藤博文』第五章。

第四章

国葬の「民衆化」

はじめに

大正一一年（一九二二）二月九日、山県有朋の国葬が日比谷公園にて営まれた。岡義武は、山県の墓柱に記された「枢密院議長元帥陸軍大将従一位大勲位功一級公爵山県有朋」から山県がその位人臣を極めたことが看取できる一方、不参者が多く国葬は寂寞としたものとなったことから、山県にとって民衆は「支配の単なる客体にすぎず」、ゆえに「彼に見捨てられていた民衆」は、その死に対して「冷ややかであり、無関心であった」と評した[1]。

位人臣を極めた山県の国葬は、全体で一三例目、皇族（朝鮮王公族を含む）を除けば八例目である。偉勲者に対する栄典である以上、国葬に何らかの基準があってもおかしくはないが、他の栄典とは異なり国葬の法制化はいまだ果たされていない状態であった。国葬の礼遇を受けるためには何が必要とされ、またどのような過程で国葬は決定されるのであろうか。

栄典制度については西川誠が、栄典制度の変遷とそれに伴う各栄典の位置づけを行った[2]。伊藤之雄は、高等官に対する栄典授与過程やその決定主体を明らかにするなかで、授与における政治性の影響を指摘している[3]。しかしこれらの研究において、栄典としての国葬は等閑視されてきた。そのようななか、栄典制度と深く関わる国家序列の再編に服制が果たした役割を分析した刑部芳則は、国葬における喪服規定の変遷やその影響を分析している[4]。また荒船俊太郎は、大隈重信の死に際した陞爵・国葬をめぐる各政治主体の動向を検討し、栄典としての国葬実現の困難さを明らかにした[5]。ただしこれらは、国葬を直接の研究対象としていないがゆえに、栄典制度における国葬の位置づけにまでは言及していない。

偉勲者の国葬については、中村武司が、イギリス海軍提督ネルソンの国葬(一八〇六年)と、それに付随する顕彰行為を通じて、彼の「神格化」と、トラファルガルの勝利の記憶に特権的地位の付与が図られたとする[6]。日本の事例においても、宮間純一や新城道彦が、国葬や国葬級の葬儀の実施には、偉勲者の顕彰に加え、政府の統治に益するための積極的施策という、政治的側面が大きいと指摘する[7]。また研谷紀夫は、伊藤博文の国葬における各種媒体による報道が、故人の顕彰に加え、民衆に偉勲者の死を広く認知させる役割を果たしたと論じた[8]。

このように偉勲者の葬儀は、民衆に対象者の死を認識させるだけでなく、顕彰すべき理想としての像を広く示すことにより、社会全体の意識統合を促す役割を国が期待し、実施するとされてきた。だが前述の山県の事例の如く、この期待に反する結果を示す、あるいはそのように語られることもあった。国家と民衆の評価が一致しない事態は、国葬の存在意義に多大な影響を及ぼす虞がある。ならば国葬の特質を考えるうえで、この事態に対する政府の動向を検討する必要があろう。

そこで着目するのが、会葬者服制と葬列である。前述の刑部も論じたように、国葬には喪服規定が設けられたことにより参列者が規制されていたため[9]、民衆が国葬に接する機会は、葬列の見物に限られていた。よってこれらは、国葬と民衆の関係性を考えるうえで、重要な視座であると考える。

葬列に関しては井上章一が、霊柩車の登場を軸に、葬送風俗の変化を考察している[10]。また此経啓助は、明治期の貴顕者の葬列には、文明開化や富国強兵などの「明治文明の〈社会的象徴性〉を内包していた」と論じた[11]。加えて前述の研谷や宮間、新城等も、各事例研究のなかで、葬列の意義について論じている。では、国家と民衆の評価が一致しない人物を国葬とした場合、国家は葬列に関して如何なる対策を講じたのであろうか。

以上より本章では、まず国葬奏請の可否をめぐる議論に着目し、国葬に遇せられる条件や、その決定・運用主体を検討することで、国葬とは如何なる栄典であったのかを明らかにする。また世論の支持を得られなかった事例に着目することで、国葬と民衆の関係性を分析する。これらにより、国家による栄典と民衆の目に触れる国家儀礼の両面を併せ持つ国葬の特質と、それが近代日本において有した意義を明らかにすることを目的とする。

1 国葬礼遇の条件と主務官庁

(1)国葬礼遇の条件

大正二年(一九一三)一〇月六日、桂太郎前首相が危篤に陥ると、内閣や桂の周囲が俄に慌ただしくなる。翌七日の閣議後には、山本権兵衛首相と原敬内相が、桂の葬儀について相談を行った。原が「国葬は薩長の旧藩主の外は三条、岩倉、伊藤のみなり、其他は皇族に限れり、桂は気の毒ながら適当ならざるが如し」と述べると、山本も「頸飾(大勲位菊花章頸飾)を賜はることに止むる方宜しからん」とこれに同意する[12]。

一方、山県系とされる、茶話会の貴族院議員等にも、葬儀に関する動きが見られる。九日、田健治郎や小松原英太郎等が幸倶楽部で会談し、桂が「若し不起に到」った場合、政府に「元勲優遇の途を明らかにす」るよう求めることとなった[13]。そのため田は翌一〇日、山本首相と会談する。田は山本に、桂の死に際しては「充分優待の法を尽し、以て天勲優遇の聖旨を発揚」することを要求した。これに対し山本は、二ヵ月前から国葬の調査を行ってきたと前置きをしたうえで、次のように述べる[14]。

すなわち、大久保利通や木戸孝允という維新の元勲は「優賜の準国葬」にとどまった。国葬とされたのは、三条実美、岩倉具視、毛利元徳、島津久光・忠義であることから、これらを「藩士出身者」たる桂の「准則と為す」ことはできない。一方、藩士出身者で国葬とされた伊藤博文は、悲劇的な死への同情から「国葬を賜はるに、亦疑ひを挿む者一人も無」かったとして、これを特殊事例とする。またこの年の七月に死去した有栖川宮威仁親王は、大正天皇が「東宮に在る時輔導の重任を尽」くしたために国葬となった。だが桂は大正政変の影響で、「許多の政敵有るを恨む」とする。国葬は国費支出のため議会の協賛が必要だが、会期前のため「他日事後承認を求むるに当り、反対論の勃発を見るが如くは、啻に公の面目を害するのみならず、実に国家の体面に関する」として国葬に反対し、「我邦最高等ノ勲章[15]」たる大勲位菊花章頸飾の加授と位階昇授を閣議に諮る旨を表明したのである。

これについて田は「元勲優遇の礼を失する」と不満だったが[16]、山本首相の合意は得られなかった。その後の閣議では、斎藤実海相が「功績の上よりすれば国葬の説も起らざるに非らざるも一般の感情は如何あらん」と意見するも、「国葬は国民の異論なき人」に限るとする山本の主張通り、国葬提議を行わないことに決する[17]。

以上より山本は、桂が「維新の元勲」ではなく、また議会の反対論を懸念し、国葬奏請を拒否した。原も国葬に反対したが、それは政治的理由ではなく、先例にそぐわないためと述べている。一方、田等は、国葬こそ「元勲」桂の礼遇に相応しいと認識していた。ゆえに内閣の方針に大きな不満を抱く。田はこれを、第一次山本内閣が薩派・政友会を中心として構成されていたがゆえの「情弊[18]」と捉えていた。内閣側と田等には、認識に大きな差が生じていたのである。

では栄典授与の主導権を握っていた元老は、この件をどのように認識していたのか。

山本は一〇日、田との会談に先立ち桂邸を弔問していた。そこに居合わせたのが、元老井上馨である。井上は山本に対し、桂の実弟である桂二郎が国葬実施を求めてきたが、「国葬は運動などすべきものに非らず」として拒絶したと語った。そもそも井上は、国葬自体に消極的だったようで、井上の主家であった毛利元徳が明治二九年(一八九六)に死去した際にも、国葬とすることに反対していた。その理由を山本は、「自己の費用ならば如何なる事をなすも可ならんも国民の租税に依るは好まし」くなく[19]、さらには議会における異議の勃興を懸念したためと見ていた[20]。

なお井上は桂二郎との会談後、山県のもとを訪れたところ、「此事は御同様沈黙すべし、松方〔正義〕が何とか発言するならん」と山県が述べたとも語る。山本はこれを「薩長権衡論の為めか」と捉えていた[21]。これに関する松方の意見は不明だが、内閣側が松方の意見に言及していないことからも、大方井上等と同意見であったと思われる。すなわち山本が財部彪海軍次官に語った、「井上公モ山県公モ国葬ト申出デザル方可ナリトノ意見ナリキ[22]」との認識が、元老の共通意見であり、かつこれは内閣の方針とも一致していたのである。

そもそも、それ以前に国葬とされた元老は、前述の伊藤のみである。元老かつ元帥海軍大将であった西郷従道が、明治三五年に死去した際には、国葬奏請が元老間で評議されるも、奏請は彼らにより否定され、西郷は従一位に陞叙のうえ、海軍葬とされた[23]。この先例からも、田等の主張する「元勲優遇の途」として、国葬が常に採用されるわけではないといえる。

また大山巌の国葬に際しても、議会の反対論を懸念する動きが見られる。大正五年一二月一〇日、大島健一陸相が山県の意向を受け、立憲政友会総裁の原のもとを訪れる。大山を国葬とするつもりだが、「政党に於て異議ありては面白からざるに付」、事前に了解を得んとする趣旨であった。これに対して原は、「伊藤公などとの権衡如何あらんと思ひたれども反対すべき問題とも思はざるに付賛成」している[24]。こうして翌一一日の閣議において、大山の国葬奏請が決定された。なお原の対応が桂の時と異なるのは、大山が「維新の元勲」だからであろう。「維新の元勲」の国葬は、伊藤の先例があるため、「権衡」の点で疑問はあれども、国葬に賛同したといえる。

以上、桂や大山の国葬奏請をめぐる議論からは、皇族を除けば、国葬は「維新の元勲」にのみ与えられている栄典であることに加え、国家の体面に大きく関わる性質上、実施には世論の支持が必要不可欠であることが看取される。そしてその支持は主に議会における全会一致の賛成により表される、とされていた。すなわち、国葬の是非をめぐる議論からは、基準が規定されていないがゆえに、国葬が故人の勲功だけではなく、当時の評価や政情に大きく左右される栄典との特性が浮き彫りとなる。世論は国葬実施の際に無視できない要素となったのである。

⑵国葬の主管

ここでは、国葬に関する主管の変遷について、①奏請決定過程、②国葬の執行主体、から確認する。

先述の西郷の事例においては、「元老」のみが国葬如何を評議した。首相の桂はこの評議に参加しておらず、弔問のため西郷邸を訪れた際に、葬儀について加藤定吉(西郷元帥副官)と協議を行うにとどまっている。[25] だが桂の死の際には、元老の同意を得ているとはいえ、前述の通り当初から内閣の意向が強く反映されていた。

また、大正八年の李太王の国葬の決定過程も注目に値する。一月二一日に李太王の訃報を受け、翌二二日、長谷川好道朝鮮総督が原首相を訪問し、李太王の国葬を提案する。原もこれに同意し、早速閣議でこれを決定する。その後、高橋光威内閣書記官長に宮内省と国葬の件について協議させたところ、宮内省側は国葬ではなく、宮中喪とすることを主張した。しかし準皇族たる李王家は宮中喪に該当しないと、原が同意せず、「国葬前例通になす事に決定」した。[26] 二三日には、原が波多野敬直宮相と内議し、波多野も国葬の方針に同意したため、原は大正天皇に国葬の件を内奏し裁下を得る。その際原は、「一応山県等にも相談する旨言上し」ており、横田千之助内閣法制局長官を小田原にいる山県に派遣する。山県は宮中喪には反対したが、国葬には賛成したという。[27]

以上より、国葬という栄典の奏請可否における、元老から内閣(特に首相)への主管の移行が徐々に進んでいることが看取できる。元老間の協議による決定から、第一次山本内閣期には内閣が主導するようになり、さらに原内閣期には、裁下を得た後に「一応」元老山県に相談する程度になっているのである。国葬奏請過程における元老の関与が、大きく制限されていることはいうまでもない。

なおこの理由は、元老の役割の変化に求めることができよう。元老は日露戦争後に、権力の主体から権力の調整に比重を移していったため[28]、内閣と元老の役割の棲み分けが明確化していく。国葬費は国庫から支出される以上、国葬が栄典かつ国務という位置づけとなるのは当然である。ここからは、国葬が国務として明確化されていく過程が読み取れるのである。

加えて国葬の執行に関しても、次第に内閣が主導するようになる。国葬の際には、葬儀御用掛(名称は葬儀掛や葬儀委員に変化する)が設置される[29]。その名簿の上位三名を示した表4―1からは、掛長／委員長には、故人の同郷・縁故者や関係省庁の高官が任じられている一方、掛／委員の次席には変遷が見られる。すなわち岩倉具視の国葬(明治一六年)以降、基本的に宮内省員が任じられていたものが、彰仁親王の国葬(明治三六年)においては、内閣書記官の多田好問がこれに当たり、さらに伊藤博文(明治四二年)以降は、基本的に内閣書記官長がこの任に当たっているのである。

また表4―2からは、東京における国葬にて[30]、掛／委員に占める宮内省員の割合が、次第に減少していく傾向が見て取れる。特に山県の国葬以降は、内閣の占める割合が宮内省のそれを度々上回っている。実はこの志向は、明治三〇年代には存在していた。

すでに第三章で確認したが、明治三一年、伊藤博文首相は皇室に関する意見書のなかで、「皇族及勲功アル臣僚ヲ賞与シ又ハ国葬ニ関スル事」として、国葬は宮中ではなく府中の管轄であり、祭事儀式のみに関しては、これを専門とする式部職の取り扱いであるとの認識を示している[31]。だが実際には宮内省が国葬全体を主導しており、現実との矛盾が生じていた。西洋の王室儀礼を参考にした皇室制度整備過程において、宮内省が主として国葬の慣行を形成してきた以上、

表４－１　国葬の掛／委員（名簿上位３名）

事例	人名	職	出身	役職
岩倉具視（M16年）	杉孫七郎	宮内大輔	山口	○
	香川敬三	宮内少輔	茨城	
	作間一介	内閣大書記官	山口	
島津久光（M20年）	高崎正風	式部次官男爵	鹿児島	○
	渡辺千秋	鹿児島県知事	長野	
	多賀義行	鹿児島県書記官	福岡	
三条実美（M24年）	杉孫七郎	内蔵頭子爵	山口	○
	三宮義胤	式部次長	東京	
	堤正誼	内匠頭	福井	
有栖川宮熾仁親王（M28年）	杉孫七郎	皇太后宮大夫子爵	山口	○
	三宮義胤	式部次長	東京	
	堤正誼	内匠頭	福井	
北白川宮能久親王（M28年）	三宮義胤	式部長	滋賀	○
	堤正誼	内匠頭	福井	
	多田好問	内閣書記官	京都	
毛利元徳（M29年）	杉孫七郎	皇太后宮大夫子爵	山口	○
	堤正誼	内匠頭	福井	
	股野琢	文事秘書官	東京	
島津忠義（M31年）	川村純義	枢密顧問官伯爵	鹿児島	○
	加納久宜	鹿児島県知事子爵	東京	
	長崎省吾	調度局長	鹿児島	
小松宮彰仁親王（M36年）	三宮義胤	式部長男爵	滋賀	○
	多田好問	内閣書記官	京都	
	田口乾三	内閣書記官	静岡	
伊藤博文（M42年）	杉孫七郎	枢密顧問官子爵	山口	○
	柴田家門	内閣書記官長	山口	
	江木翼	内閣書記官	山口	
有栖川宮威仁親王（T２年）	花房義質	枢密顧問官子爵	岡山	○
	山之内一次	内閣書記官長	鹿児島	
	牛塚虎太郎	内閣書記官	富山	
大山巌（T５年）	黒木為楨	陸軍大将伯爵	鹿児島	○
	児玉秀雄	内閣書記官長伯爵	山口	
	天岡直嘉	内閣書記官	岐阜	
李太王（T８年）	山県伊三郎	朝鮮総督府政務総監	山口	○
	伊藤博邦	式部次長公爵	山口	△
	李完用	朝鮮総督府中枢院副議長伯爵	朝鮮	△
山県有朋（T11年）	清浦奎吾	枢密院副議長子爵	熊本	○
	三土忠造	内閣書記官長	香川	△
	下条康麿	内閣書記官	長野	
伏見宮貞愛親王（T12年）	川村景明	元帥陸軍大将子爵	鹿児島	○
	宮田光雄	内閣書記官長	三重	
	下条康麿	内閣書記官	長野	
松方正義（T13年）	平山成信	枢密顧問官男爵	静岡	○
	江木翼	内閣書記官長	山口	△
	下条康麿	内閣書記官	長野	
李王（T15年）	湯浅倉平	朝鮮総督府政務総監	福島	○
	仙石政敬	宗秩寮総裁子爵	兵庫	△
	朴泳孝	中枢院副議長侯爵	朝鮮	△
東郷平八郎（S９年）	有馬良橘	海軍大将	和歌山	○
	堀切善次郎	内閣書記官長	福島	△
	横溝光暉	内閣書記官	神奈川	
西園寺公望（S15年）	近衛文麿	内閣総理大臣	東京	○
	富田健治	内閣書記官長	京都	△
	稲田周一	内閣書記官	新潟	
山本五十六（S18年）	米内光政	海軍大将	岩手	○
	星野直樹	内閣書記官長	群馬	△
	稲田周一	内閣書記官	新潟	
閑院宮載仁親王（S20年）	杉山元	元帥陸軍大将	福岡	○
	迫水久常	内閣書記官長	鹿児島	△
	白根松介	宮内次官男爵	山口	△

注１：掛長／委員長を○，副委員長を△で示す。注２：途中で交代した委員長・副委員長は省略した。

出典：国立公文書館所蔵史料群「国葬等に関する文書」，「職員録」，秦郁彦編『日本陸海軍総合事典』（東京大学出版会，1991年），同『日本官僚制総合事典』（東京大学出版会，2001年），同『日本近現代人物履歴事典』（東京大学出版会，2002年）。

表4－2　官庁別掛／委員割合

事例	太政官・内閣		宮内省		内大臣府		枢密院		陸海軍		朝鮮総督府・李王職		鹿児島県庁		その他		合計
	数	%	数	%	数	%	数	%	数	%	数	%	数	%	数	%	数
岩倉具視	7	26	18	67											2	7	27
島津久光	4	36	5	45									2	18			11
三条実美	9	36	15	60											1	4	25
有栖川宮熾仁親王	6	26	17	74													23
北白川宮能久親王	6	22	21	78													27
毛利元徳	8	27	22	73													30
島津忠義	8	33	8	33			1	4					4	17	3	13	24
小松宮彰仁親王	7	26	20	74													27
伊藤博文	10	28	19	53			6	17							1	3	36
有栖川宮威仁親王	10	36	17	61			1	4									28
大山巌	8	24	18	53	5	15			3	9							34
李太王	11	18	10	16					2	3	38	61			1	2	62
山県有朋	15	34	12	27			7	16	4	9					6	14	44
伏見宮貞愛親王	15	35	24	56					4	9							43
松方正義	13	46	9	32	3	15	1	4	1	4					1	4	28
李王	12	16	7	10					5	7	49	67					73
東郷平八郎	14	32	17	39					10	23					3	7	44
西園寺公望	20	45	18	41					4	9					2	5	44
山本五十六	24	41	15	26					19	33							58
閑院宮載仁親王	23	46	20	40					7	14							50

出典：国立公文書館所蔵史料群「国葬等に関する文書」。

この矛盾はやむを得ない。しかし事例を積み重ね、先例に準拠して対処することにより、この矛盾の解消も次第に容易となる。祭事儀式以外の葬儀運営を、内閣その他の掛員が担えるようになってきたことが、枢密院や陸海軍といった、故人の関係機関所属の掛員の割合が増加したことからも明らかとなる。

さすれば、議会に実際に対応し、かつ国葬の責任主体たる内閣が、国務として奏請可否を含む国葬全般を、元老や宮内省に代わって主管するようになるのは、当然の帰結といえよう。だがそれゆえに、大正後期に勃興する国葬批判への対処に手を焼くのも、やはり内閣であった。

2 国葬への批判

(1) 山県有朋の国葬への反対論

国葬を行うにあたり、議会における満場一致の賛成は、国家の体面を保つために非常に重要視された。そこで前述の如く、内閣側は議会に対して、事前に国葬実施の了承を得ようとした。だが時にその目論見は失敗する。その初発が山県の国葬である。

国葬に向けた動きは、山県の死の一週間ほど前から始まった。大正一一年(一九二二)一月二一日、田中義一陸軍大将と元老西園寺公望が、山県の「国葬其他の事」について内談を行う。[32] 二五日には、山県や山県系政治家の政治上の連絡係を務めていた松本剛吉[33]が、平田東助と「山公の事に関し種々相談」している。[34] そして二九日に松本が、横田内閣法制局長官に国葬の件を諮ったところ、横田は「国葬は当然のことにして何等異議ある筈なし、〔中略〕此事情を具さに高橋〔是清〕首相へ申置く」と返答した。[35] 高橋首相も倉富勇三郎宗秩寮総裁事務取扱に対し、山県を正一位に叙する運動が陸軍側にあるが、「山県に対しては従一位に叙せられ国葬を行はるることの外、何も考へ居らす」と語っており、[36] 内閣側の山県国葬の方向性は確定的であった。

二月一日、山県の死を受けた内閣は、「経費は議会に提出して協賛を求むる必要があるから、政府では予め各派の諒解を求め置くが便宜である」として各派交渉会を行い、国葬の賛同を満場一致で得る。[37] また貴族院に対しても二日、高橋首相が各派代表者を招致し、衆議院同様に賛同を得た。[38] 同日内閣は、国葬費を八万円とする追加予算案を、衆議院予算委員会に提出し、満場一致で通過する。[39] このように二日時点では、国葬への過程は順調であった。

だが三日の衆議院本会議において、波乱が生じる。庚申倶楽部の南鼎三が、国葬に関する追加予算案への反対演説を行ったのである[40]。すなわち、山県に対する国家の礼遇はすでに十分である。そもそも山県は、「憲法ノ章条ニ何等ノ規定ナキ彼ノ元老職ヲ振廻ハシマシテ、政変毎ニ之ニ深ク喰入ッテ、此民意圧迫ニ非常ニ努メ」てきただけでなく、宮中某重大事件も引き起こした。また世界では、国防や軍備、思想においても「実ニ驚クベキ展開ヲシテ居」るが、「我国ノミ官尊民卑ノ弊風ガ今尚ホ強」い。山県を国葬とすることは、「政府ヲ中心トシタル官僚軍閥ノ輩ノ之ヲ行フベキコトデアッテ、国民全体トハ殆ド没交渉」なものとなる。加えて、大隈重信と山県は「維新ノ元勲」として「何等ノ径庭区別」ないはずだが、下野した大隈が国葬にならず、かたや死ぬまで「未練タラシク其官職ニ握リ附イテ居ッタ」山県を国葬とすることは、「政府ノ官尊民卑ノ弊風ヲ益々増長セシムル」ことになる。よって山県の国葬に反対する、というのである。

また同じ庚申倶楽部の森下亀太郎も、これに賛同し、予算案に賛成する憲政会や立憲国民党を批判する[41]。これに際し、寺田栄衆議院書記官長や、憲政会の下岡忠治が彼らの説得に当たったが、失敗に終わっている[42]。結果、南・森下を除く賛成により、追加予算案は衆議院を通過した。満場一致の賛意を得られず「国家の体面」を汚すこととなったのである。

なお彼らの主張は孤立したものではなかった。例えば『読売新聞』は「成否は問題でないが此種議事の一新例[43]」と評価した。また『東京朝日新聞』には、国葬とされなかった原敬や大隈を念頭に置いた意見が載せられた。すなわち、現在の国葬とは名ばかりであり、実際は「官葬」「軍葬」「族葬」といったように、国民感情と乖離したものである。国葬というからには、身分や役職に関係なく、国民感情に合致する人物を国葬とすべきだ、というものである[44]。

この意見が、国民感情を意識し山県の国葬を「官葬」と評した、南の意見に同調していることは明白である。ここに、桂の事例において山本権兵衛が懸念した「国民の異論」が、現実のものとなってしまったのである。

(2) 繰り返される反対論――松方正義の国葬

山県の国葬に際しては、「今日の国葬儀を見落すまいとの数知れぬ群衆が」会場の日比谷公園周辺に詰めかけた。[45] しかし会場内は、会葬者を縁故者に限定したこともあり、「入場券は二千枚出したといふが地方にも亙つて居る故もあらう、約七百人に過ぎ」なかった。[46] 議会での反対論に加え、直近の大隈の国民葬の盛況ぶりとは対照的な閑散とした葬儀となったと報じられたことで、山県への民衆の芳しくない評価が露呈したという印象を残してしまう。偉勲者の顕彰のために国葬を行ったにもかかわらず、かえって故人の、また国家の面目を失することとなったのである。「朝鮮統治を視野に入れて朝鮮人向けに」行ったにもかかわらず、かえって三・一独立運動を引き起こしてしまった李太王の国葬[47]に続き、山県の国葬でも好ましくない結果となった政府が、国葬の実施に慎重となるのは、当然のことといえる。そして大正一三年に元老松方正義が死去した際に、その姿勢は顕著となる。

それまでの国葬では李太王の事例を除き、基本的に偉勲者の死から早ければ当日、遅くとも二日以内に、国葬が決定しているが、松方の場合はこれに三日を要した。[48] 松方は、七月二日にその危篤が宮中に伝えられると、特旨をもって従一位に叙され、また死の直後に、すでにその「眠るが如き安らけき大臨終」が発表されていた。[49] 加えて「今春公〔松方〕が危篤に陥つた時に、既にほゞ確定してゐたから、用意はしてある、死去が公表されると直に、総理大臣から奏請することに内定して居る、老公は明治の元勲であつた、大山公も山県公も国葬になつてゐるから、公の国葬問題は論議する余地はない、今日の閣議で決定すると思ふ」と某内閣書記官が語るほど、松方が国葬とされる可能性は高かった。[50] つまり、松方の国葬が早々に発表されてもよい状況にもかかわらず、公告まで三日を要したのは不自然といえる。この間内閣は如何なる動きをしていたのか。

それは「全院一致円満なる諒解」を得るための、政党への働きかけである。すなわち、山県の時のような事態になると、「国家元勲の霊位に対し甚だしく礼を欠く」ため、内閣は議会の合意を得たうえで、予算案を提出しようとしたのである。[51] そのため四日には、衆議院各派交渉会が開かれ、一応の合意を得ている。[52] だが与党憲政会内から異論が出ていたように、これに至る過程は容易ではなく、それも「幹部に拝み倒されて、諾し〳〵とは云つたもの丶、震災後の今日、成る可く諸事倹約にと、金四万円也に大まけと廊下角で囁」かれるような有様であった。[53]

ここからは、松方の国葬決定の遅れに、震災後という特殊な事情が関わっていることがわかる。江木翼内閣書記官長は、「大震災の後を承け出費多端の際であれば、なるべく経費の少なからん事を希望」したため、国葬予算を四万円としたと語る。[54] 山県の国葬の八万円と比較すると、同じ「明治の元勲」たる松方がその半額であることは、不自然といえる。だが内閣は、大震災後の非常事態を口実に、予算の減額によって、国葬への批判をかわそうと試みたのである。このように、政府側は三日という時間をかけて、議会での「全院一致」を経た、「民衆に支持された」国葬を演出しようとした。それは何よりも、国葬が「国家の体面」に関わるものであったからである。

だがその努力も虚しく、五日の衆議院本会議にて、山県の際の二名を上回る、三名の反対者が出た。猪野毛利栄(無所属)は、①松方に対する授与栄典はすでに十分なものである、②官尊民卑の風潮を助長し、国民思想に悪影響を及ぼす、として反対した。[55] これは、山県の際と同様の議論である。また田淵豊吉(無所属)は、震災直後にもかかわらず多額の出費を要することが不適当とし、予算を一万円程度に抑えることを提案した。[56] 政府提案の四万円自体、震災後の状況に配慮したものであることは右に見た通りであるが、これでも批判をかわすことはできなかったのである。

また五日の『読売新聞』には、次のような興味深い意見が掲載されている。[57]

イギリスではグラッドストンの死んだ時、国葬を行ふに先きだち霊柩を議院の一室に安置して、数日間、自由に一般の参拝を許したことがある。国葬も此のくらゐにして始めて意義がある。先年〔大正一一年〕日比谷に於て行はれた大隈侯の葬儀は、固より国葬ではなかつたが、稍やこれと行き方を同うしてゐた。式場に参列することの出来ないもの、ために、せめては斯う云ふ方法でも取つたならばと思ふが、恐らく今度の国葬も従前の通りに行はれることであらう。誰か国葬の民衆化に想ひを致すものはないか。

すなわち、イギリスの元首相グラッドストンの国葬や、大隈の国民葬を引き合いに、「国葬の民衆化」を求めているのである。これは山県の事例以来の、「官尊民卑」の風潮への懸念を念頭に、上級官吏のための「官葬」から脱却し、民衆が参加できる「国葬」となることを意味する。

このように、政府は事前に政党の同意を得ようと奔走したが、議会における反対論を抑えることはできなかった。これは元老の地位の低下や、それを背景とした、故人に対する評価からだけでなく、国民感情と乖離した国葬そのものへの批判でもあった。またこの批判は、グラッドストンや大隈の、民衆参加型の葬儀事例の存在が、少なからず影響していた。以後、国葬と民衆の関係を見直す必要から、「国葬の民衆化」が、国葬反対論への対策として進められていくこととなる。その象徴的な動きが、次節で検討する会葬者服制の改定であった。

3　国葬と民衆

(1)国葬会葬者の喪服規定

国葬に参加するためには、相応の服装が必要であった。だが明治以来の服制改革により、公式の場における正しい喪服について、混乱が生じていた。ゆえに国葬やそれに準ずる葬儀では、その都度会葬者の喪服を規定せざるを得なかった。

山本権兵衛が「優賜の準国葬[58]」と評した、明治一一年(一八七八)の大久保利通の葬儀においては、第一章で見たように、伊藤博文が国葬の形式を整える目的のもと、会葬者喪服に関して露・伊・英各公使に問い合わせを行い、国葬における喪服規定を確認したうえで、その旨を葬儀掛の西郷従道や大山巌に伝えている。[59] これを受けてか、太政官書記官より各省の書記官へ、「大礼服着用襟紐手袋黒色ヲ用」い、大礼服不所持者は「上下黒色礼服着用不苦」との通達がなされた。[60] 結果、「判任官以下ハ其服も一定せさりしか、奏任以上の人々ハ皆大礼服を着」用したという。[61]

その後も国葬会葬者の喪服規定は変遷をたどる（表4―3）。ここからは、喪服は大礼服を基本とし、通常礼服は換用にすぎないことが看取できる。また彰仁親王の国葬にてフロックコートが換用不可とされたことは、服制の厳格化が図られたことを示している。そもそも大礼服は、高価かつ着用の用途・頻度が限られるため、所有者は判任官以上の中央官吏や帝国議会議員等が中心であった。[62] つまり大礼服の代用として、通常礼服を認めた理由は、「大礼服の調製に苦慮する地方奏任官や、薄給者である判任官を考慮した」ためであった。[63]

そのため、大喪等で急遽必要な場合には、古着や貸服を求めて店に殺到する姿も見られた。[64] つまり、規定された喪服の所持如何により、参列者の制限が可能であった。会葬者の資格が明記されなかったのは、これが理由であろう。だがこれは、「官葬」批判の一因でもあった。

また喪服規定は厳格に運用された。伊藤の国葬では、規定に反した者は、たとえ代議士や親族でさえも、参列を認めなかったのである。[65] ただしこの厳格性は、閑散とした式を招き、国葬の体裁を損ねる危険性をも併せ持つ。例えば李太王の国葬について、李王職事務官であった権藤四郎介は、「極端に参列の資格衣冠服装を強制」したことが失敗の一因と分析した。[66] また山県の国葬は、民衆一般に開放された大隈の国民葬が直近にあったことも影響し、式の厳粛性が目立ってしまい、かえって批判を招くこととなる。[67] そこで民衆に国葬の門戸を広げる試みが、服制の緩和という形でなされていくこととなる。[68]

表4－3　会葬者喪服

事例	会葬者服装	細則
岩倉具視	大礼服	〈帽子飾章・佩刀柄・左腕〉黒色裂地〈襟飾・手袋〉黒色
	通常礼服	〈帽帯・左腕〉黒色裂地〈襟飾・手袋〉黒色
	フロックコート(換用可)	
島津久光	大礼服	〈帽子飾章・佩刀柄・左腕〉黒色裂地〈襟飾・手袋〉黒色
	通常礼服	〈帽帯・左腕〉黒色裂地〈襟飾・手袋〉黒色
	フロックコート(換用可)	黒または紺色，其他通常礼服同様
	洋服・羽織袴(列外会葬者は可)	
三条実美	大礼服	〈帽子飾章・佩刀柄・左腕〉黒紗〈襟飾・手套〉白／大綬章佩用
	通常礼服	〈帽帯〉黒色裂地〈手袋〉黒色／大綬章佩用
	フロックコート	上下黒羅紗〈帽子〉黒色・黒羅紗〈手袋〉黒色
有栖川宮熾仁親王	文官・有爵有位者：大礼服	〈帽子飾章・佩刀柄・左腕〉黒紗〈襟飾・手套〉白／大綬章佩用
	警察官：正装	〃
	陸軍将校：正装	〈左腕〉黒紗
	海軍将校：大礼服	〃
	通常礼服(燕尾)	〈襟飾・手套〉白
	通常服(フロックコート)	上下黒〈帽子〉黒色黒羅紗
	婦人服	〈服地〉無紋黒色〈帽子・飾・手套・扇子・諸飾品〉黒色
北白川宮能久親王	文官・有爵有位者：大礼服	〈帽子飾章・佩刀柄・左腕〉黒紗〈襟飾・手套〉白／大綬章佩用
	警察官：正装	〃
	陸軍将校：正装	〈左腕〉黒紗
	海軍将校：大礼服	〃
	通常礼服(燕尾)	
	婦人服	〈服地〉無紋黒色〈帽子・飾・手套・扇子・諸飾品〉黒色
毛利元徳	文官・有爵有位者：大礼服	〈帽子飾章・佩刀柄・左腕〉黒紗〈襟飾・手套〉白／勲章本綬佩用
	警察官：正装	〃
	陸軍将校：正装	〈左腕〉黒紗
	海軍将校：正服	〃
	通常礼服(燕尾)	〈帽子〉黒羅紗〈襟飾・手套〉白
	婦人服(洋服)	〈服地〉無紋黒色〈帽子・飾・手套・扇子・諸飾品〉黒色
	婦人服(和服)	〈掛〉白〈袴〉緋
島津忠義	文官・有爵有位者：大礼服	〈帽子飾章・佩刀柄・左腕〉黒紗〈襟飾・手套〉白／勲章本綬佩用
	警察官：正装	〃
	陸軍将校：正装	〈左腕〉黒紗
	海軍将校：正服	〃
	通常礼服(燕尾)	〈帽子〉黒羅紗〈襟飾・手套〉白
	通常服(フロックコート)	〃

事例	会葬者服装	細則
	婦人服(洋服)	〈服地〉無紋黒色〈帽子・飾・手套・扇子・諸飾品〉黒色
	婦人服(和服)	〈褂〉白〈袴〉緋
	羽織袴(男子)	(換用可)
	白襟紋付(女子)	〃
小松宮彰仁親王	文官・有爵有位者：大礼服	〈帽子飾章・佩刀柄・左腕〉黒紗〈襟飾・手套〉白／勲章本綬佩用
	陸軍将校・警察官：正装	〈左腕・肩章・佩刀柄〉黒紗／勲章本授佩用
	海軍将校：大礼服	〃
	其他諸員：通常礼服(燕尾)	〈帽子・左腕〉黒紗または黒羅紗〈襟飾・手套〉白
	婦人	〈服地〉無紋黒色〈帽子・飾・手套・扇子・諸飾品〉黒色
伊藤博文	文官・有爵有位者：大礼服	〈佩刀柄・左腕〉黒紗〈襟飾・手套〉白／勲章本綬佩用
	陸軍将校・警察官：正装	〈左腕〉黒紗／勲章本綬佩用
	海軍将校：正服	〃
	其他諸員：通常礼服(燕尾)	〈帽子・左腕〉黒羅紗〈襟飾・手套〉白／勲章本綬佩用
	婦人(和服)	〈袿〉白〈袴〉緋
	婦人(洋装)	〈服・帽・手套・扇子・諸飾品〉黒色
有栖川宮威仁親王	男子：大礼服・正装・正服・通常礼服(燕尾)	〈左腕〉黒紗〈襟飾・手套〉白／勲章本授佩用
	神仏各宗派の管長・住職：相当服	
	女子(和服)：袿袴	〈袿〉鈍色生絹〈袴〉萱草色生絹(皇室喪服規程女子喪服第二号第三期の喪服)
	女子(洋装)：通常服(〈衣〉黒〈飾〉色適宜／〈衣〉灰色・白色〈飾〉黒)	〈帽〉黒〈帽飾・髪飾〉色適宜〈覆面〉黒または白の類(皇室喪服規程女子喪服第一号第三期の喪服)
大山巌	男子：大礼服・正装・正服・通常礼服(燕尾)	〈左腕〉黒紗〈襟飾・手套〉白／勲章本授佩用
	神仏各宗派の管長・住職：相当服	
	女子(和服)：袿袴	〈袿〉鈍色生絹〈袴〉萱草色生絹(皇室喪服規程女子喪服第二号第三期の喪服)
	女子(洋装)：通常服(〈衣〉黒〈飾〉色適宜／〈衣〉灰色・白色〈飾〉黒)	〈帽〉黒〈帽飾・髪飾〉色適宜〈覆面〉黒または白の類(皇室喪服規程女子喪服第一号第三期の喪服)
李太王	男子：大礼服・正装・正服・通常礼服(燕尾)	
	参列資格のある朝鮮人：朝鮮固有の祭服も可	
山県有朋	男子：大礼服・正装・正服・通常礼服(燕尾)	〈左腕〉黒紗〈襟飾・手套〉白／勲章本授佩用
	神仏各宗派の管長・住職：相当服	
	女子(和服)：袿袴	〈袿〉鈍色生絹〈袴〉萱草色生絹(皇室喪服規程女子喪服第二号第三期の喪服)
	女子(洋装)：通常服(〈衣〉黒〈飾〉色適宜／〈衣〉灰色・白色〈飾〉黒)	〈帽〉黒〈帽飾・髪飾〉色適宜〈覆面〉黒または白の類(皇室喪服規程女子喪服第一号第三期の喪服)

事例	会葬者服装	細　　則
伏見宮 貞愛親王	男子：大礼服・正装・正服・通常礼服（燕尾） 神仏各宗派の管長・住職：相当服 女子（和服）：袿袴 女子（洋装）：通常服（〈衣〉黒〈飾〉色適宜／〈衣〉灰色・白色〈飾〉黒）	〈左腕〉黒紗〈襟飾・手套〉白／勲章本授佩用 〈袿〉鈍色生絹〈袴〉萱草色生絹（皇室喪服規程女子喪服第二号第三期の喪服） 〈帽〉黒〈帽飾・髪飾〉色適宜〈覆面〉黒または白の類（皇室喪服規程女子喪服第一号第三期の喪服）
松方正義	男子：大礼服・正装・通常礼服（燕尾） 神仏各宗派の管長・住職：相当服 女子（和服）：袿袴 女子（洋装）：通常服（〈衣〉黒〈飾〉色適宜／〈衣〉灰色・白色〈飾〉黒） 女子（換用）	〈左腕〉黒紗〈襟飾・手套〉白／勲章本授佩用 〈袿〉鈍色生絹〈袴〉萱草色生絹（皇室喪服規程女子喪服第二号第三期の喪服） 〈帽〉黒〈帽飾・髪飾〉色適宜〈覆面〉黒または白の類（皇室喪服規程女子喪服第一号第三期の喪服） 白襟黒無地紋付
李王	男子：大礼服・正装・通常礼服（燕尾）・相当服 朝鮮人：固有の祭服も可 式外参列員：通常服（フロックコート）モーニングコートも可	
東郷平八郎	男子：大礼服・正装・通常礼服（燕尾） 神仏各宗派の管長・住職：相当服 女子（和服）：袿袴 女子（洋装）：通常服（〈衣〉黒〈飾〉色適宜／〈衣〉灰色・白色〈飾〉黒） 拝礼諸員：適宜も見苦しくない服	左腕に黒布または左胸に蝶形結の黒布 〃 〃 〃
西園寺公望	男子：通常服（フロックコート・モーニングコート）・軍装・国民服礼装 女子：通常服（ローブモンタント）・白襟紋付 宗教団体の管長・門跡寺院住職：通常服に相当の服 拝礼諸員：適宜も見苦しくない服	左腕に黒布または左胸に蝶形結の黒布 〃 〃
山本五十六	男子：通常服（フロックコート・モーニングコート）・軍装・国民服礼装 女子：通常服（ローブモンタント）・白襟紋付 宗教団体の管長・門跡寺院住職：通常服に相当の服 拝礼諸員：適宜も見苦しくない服	左腕に黒布または左胸に蝶形結の黒布 〃 〃
閑院宮 載仁親王	男子：通常服・軍装・国民服礼装 女子：通常服・袿袴・白襟紋付	

出典：「官報」，国立公文書館所蔵史料群「国葬等に関する文書」。

⑵会葬者規制の緩和と民衆参加

山県の国葬は厳粛性を重視した一方で、式終了後に「稍簡略なフロックコート紋付袴などで会葬を許」していた。[69] だがこれは縁故者に限定したがゆえに、次のような寂寞とした印象を残してしまう。[70]

式後、大官や其他の参列員が帰つてからは、特別の人々の参拝が許されたが、喪主や親戚、葬儀委員の他は殆ど場内に人影がない、儀仗兵や巡査は音楽堂の附近で日向ぼつこをし、中には梅見としやれて居る者もある、小田原から来た青年達は、葬場殿の後で手持無沙汰で立つたりしやがんだり、ヨボ〱の爺や電車の車掌、在郷軍人等がポツリ〱参拝する、西洋人は皆居合はせた様に襟巻もとらずおじぎもしない、榊棚の前から中を珍しさうに□〔覗カ〕くだけ、甚ひのになると、夫婦連れで腕を組み合はしたまゝで、ベチヤグチヤ〱喋り立て、買物の包やバスケットを下げた儘笑つて行く〔後略〕

そこで松方の国葬では、式終了後の午前一〇時三〇分から正午にかけて、「男子は大礼服（燕尾服の着用にて代ふることを得）、其他は燕尾服着用襟飾と手袋は白色左腕に黒紗を纏ふ、婦人は袿袴にして白襟黒地紋服」の者に、また正午から午後一時にかけては、「見苦しからざる和服装の者」に拝礼を許可している。[71] これは「国葬の故を以て、燕尾服若しくは大礼装を着用する外の者は、入場謝絶の状態に陥るを恐れ」たためである。[72] そしてこの変更は、国葬という国家儀礼の位置づけを考えるうえで重要な意味を持つ。

明治維新以来の服制改革は、国家の序列体系を再構成する過程で行われてきた。[73] また「国家の服制はその国の役職を示す制服であり」、かつ儀式への参加資格を視覚的に示すものである。ゆえに服制の変更には余程の理由が必要となる。[74] 特に儀式における服装の簡略化は、儀式の格という点で大きな問題をはらんでいる。

例えば大正一二年（一九二三）九月の関東大震災後に行われた、秋季皇霊祭・同神殿祭・神嘗祭・天長節祭では、参列員の範囲を制限するとともに、その「服装も本来は「大礼服正装」であるところが、「通常服通常礼装」であった」[75]。儀式に際して服装は、その儀式の格を担保する役割を果たす。特に天長節祭を除くこれらの祭祀は、宮中祭祀のなかでも大祭とされ、その格はいうまでもない。しかも同年一一月二三日の新嘗祭からは、これらの規定は通常に復している[76]。儀式における服制の簡略化は、震災直後という非常事態、それも二ヵ月という短期間にのみ行われた「異例の事態であ」ったのである[77]。

そしてこれは、「大礼服正服」の着用が原則の、国葬においても同様であった。特に皇室喪服規程の制定(明治四四年)や明治天皇の大喪を経験したこともあり、大正期に入ると、国葬の服制は基本的に一定していた。すなわち松方の国葬委員による、大礼服や通常礼服を持たない民衆の国葬参加を認める決断からは、喪服規定を定めず、民衆の参加を可能とした大隈の国民葬に少なからず影響された「国葬の民衆化」が、いかに重要な課題であったかが看取できるのである。加えて次の記事からは、国葬を成功させんとする当局側の姿が見えてくる[78]。

〔前略〕暑い日盛り最中にも拘らず、参拝者は後から〳〵と続いて、一時までには六七千人にも達した、此の間平山〔成信〕男爵、江木〔翼〕書記官長の正副委員長始め、各委員や遺族の人達が、葬場左右の幄舎に控へ、平民嫌ひの牧野〔伸顕〕宮相までが額の汗を拭き〳〵民衆に迎接してゐた、それにも増して、金ピカで固めた宮内省式部官の面々が、印半纏や子守小僧などのお参拝行列に副ふて世話を焼いてゐる図は、涙ぐましい対照であった

この、民衆との距離を縮める取り組みからは、「官葬」から脱却し、国民に寄り添う「国葬」たらんとする、当局側の意思が看取される。つまりこれらの改革は、デモクラシーの潮流と合致し、かつその影響により進められた、皇室・宮内省の「平民」化の動きと[79]、同じ志向性を持っていたことが指摘できる。ただし国葬の服制改革は、偉勲者や国家の体面を保つために、必要に迫られて行わざるを得なかった、官僚的ともいえる施策であったことには留意すべきだろう。

以後、東郷平八郎から山本五十六の国葬においても、拝礼者の服装は、松方の時同様、適宜(「見苦しくない服」)となり、

官報にて告示されるようになる（前掲表4―3）。また西園寺以降は、国民被服の合理化の観点から制定された国民服[80]の登場による礼服の簡略化もともない、喪服から大礼服が除かれるという、大きな変化も見られる。服制の簡略化路線は、昭和期にも継続されたのである。

このようにして、民衆に開かれた国葬、すなわち「国葬の民衆化」への接近が図られた。しかし、国葬としての格を失してはならない。大隈の国民葬が、「人気大ニ湧キ民衆的ニシテ厳粛ニ欠クル所アリ[81]」と評されたように、規定を緩和しすぎると、厳粛性との均衡が難しくなる。そこで対策として、適宜の服装の者は、式への参列とは区別し、拝礼という形式による参加とすることにより、その両立を図った。この方式は、松方から山本の国葬まで、民衆を参加させる条件として、継続して採用されたのである。

(3) 葬列と民衆

服装規定により国葬参加を制限された民衆が、国葬を身近に体験できる場は、葬列であった。貴顕なる人物の葬儀においては、長大かつ荘厳な葬列が形成され、民衆は葬列を見ようと沿道に殺到した。大久保の葬儀を分析した宮間は、偉勲者の葬儀は「故人の供養というだけではなく、みせる葬儀としての意味があった[82]」と論じるが、これは国葬一般に、ある程度共通するものであったといえる。だが一方で、儀礼の面を重視したため、民衆に見せることが後回しとなることもあった。

大正一五年に行われた李王の国葬では、葬列に加わる儀仗兵の数が非常に多数なため、「道のほとんどが行列で埋め尽くされてしまい、民衆が拝観できない可能性」が問題となった[83]。葬儀委員による葬列道順の議論で重視されたのは、距離を延長して多数の民衆に奉送の機会を与えることではなく、「奉訣式の儀」における勅使の拝礼時間に、棺が到着することであった[84]。

また大隈の国民葬でも、類似の問題が生じていた。葬儀委員長を務めた市島謙吉は、大正一一年一月一一日、「棺の大きさ意外に大きく、之れを舁く時は、日比谷まで予定の時刻に達し兼ぬる虞」があるため、「自動貸車を応用」することを委員に提案する。しかし一二日の葬儀委員会では、「自動車(棺車)を徐行して、徒歩の学生団と歩調を保つことの困難なること、徐行自動車にては、到底定刻式場に達し難」いとの議論が勃興し、「一時決する所を知らざる程の紛乱に陥」る。だが最終的には、徒歩による学生の随伴をやめ、「柩を載せたる自動車に随伴するものは皆な自動車に乗り、普通速力を以て、早く式場に達すること」に決した。[85] このように市島は、葬列を「見せる」ことよりも、定刻通りに棺が式場に到着すること、すなわち円滑な式運営を重視した。ただしこれは、学生をはじめ民衆が式場に入場し拝礼できたように、傍観者(客体)から参加者(主体)となり得たからこそ、できた決断であろう。

一方、松方の国葬にも霊柩車が使用されたが、その事情は大隈のそれとは異なっていた。そもそも国葬では、故人の邸宅において「出棺の儀」を行った後、葬列をなして葬場に移り葬場祭を執行、その後墓地へという流れが一般的であった。しかし松方の国葬においては、震災の影響で「多くの広場はバラック村と化して」おり、「一万二千坪の大庭園」を有する三田松方邸[86]が葬儀会場と定められた。そのため葬列をなす場合には、三田松方邸から青山墓地までの道程となる。

だが葬儀委員は当初から、全般的に「質素節約ヲ旨」として、「葬儀ハ葬列ヲ廃シ告別式制ヲ参酌」すると申し合わせていた。[87] そのため、時間に加え経費を節約できる霊柩車[88]が使用されたのである。その後霊柩車が使用された事例は、日中戦争真っ只中の西園寺公望と、敗戦直前の載仁親王の国葬であることからも、その特殊性が看取できよう。

また、あえて長大な葬列を「行わない」ことからは、経費面以外にも、「国葬の民衆化」への当局側の志向が見て取れる。大正期には、路面電車や自動車の普及に代表される交通機関の近代化により、明治期に盛んだった長大な葬列のみならず、葬儀自体の簡略化が進んだ。[89] しかし葬列には多分にスペクタクルの要素が含まれるため、[90] 勲功として行われる国葬に、葬列は不可欠なはずである。実際、その他のほぼすべての事例で長大な葬列が形成されている。市井における葬列の衰退に、国葬は無関係であった。それにもかかわらず、松方の国葬で震災を口実に、大衆社会形成の象徴たる霊柩車を用い[91]、葬列を廃したことからは、服制の緩和と同様に、「国葬の民衆化」の側面があったといえる。勿論、これによる民衆の支持獲得が、松方の、そして国家の体面を保つために、有効だと判断したからこその選択といえる。換言すると、「民衆化」しなければ支持を得られないという、元老松方の、そして大正後期における国葬自体への評価を表しているともいえよう。

おわりに

国葬とは、故人のみならず、国家の威信に大きく関わる、重要な国家儀礼である。そのため、大正政変直後に死去した桂に対しては、国葬ではなく「我邦最高等ノ勲章」たる大勲位菊花章頸飾が加授された。閉鎖的な空間で行われる叙勲とは対照的に、多数の民衆が視覚的に認識・体験しやすいがゆえの、国葬礼遇とされるハードルの高さを示す事例といえる。

また国葬は、「我邦最高等ノ勲章」に勝るとも劣らない「最高等」の栄典として、かつそれは元老から内閣へと、奏請可否の主導権が移行するように、内閣の重要な国務として位置づけられていった。伊藤博文の死後、元老(特に山県)が栄典の推薦を主導しており、「原内閣末期になると首相の実質的決定権がかなり強くなる」と、伊藤之雄は指摘している[92]。国葬に関しても、元老の機能変化や慣例の形成と関連して、伊藤の国葬以後、奏請の可否から葬儀運営までの全体を、徐々に内閣が主導していくようになる。山県の死後は、その傾向が特に顕著となるのである。

このように国葬が、国務としての本来の形に近づくなか、大正後期には、国葬の実情は「官葬」であり、「多数国民とは殆ど没交渉に行はれ」ているとの批判が、議会や新聞投書などで示される。国葬は「国民感情の合致」が必要にもかかわらず、かえって「官尊民卑」の風潮を助長するというのである。その背景には、大隈の国民葬という成功例があった。そこで内閣を中心とする委員側は、山県や松方の国葬において、喪服規定を緩和する一方、規定外の服装の者は式終了後の拝礼にとどめることにより、国家儀礼としての厳粛性を保ちつつ、民衆が参加可能な国葬へ転換を図った。加えて松方の国葬では、震災を口実に葬列を廃し、霊柩車を使用した。これらは「国家の体面」を損なう国葬批判への対応策であり、やむを得ず採用したものではあった。しかし一方で、同時期に進められていた、皇室や宮内省の「平民化」と同様の方向性を、国葬を主導する内閣が共有していたと捉えられる。

昭和九年(一九三四)、海軍元帥東郷平八郎の国葬が行われた。葬列にて東郷の「棺側ニ侍スルノ光栄ヲ荷」った真崎甚三郎は、東郷の国葬について、厳粛性を重んじた山県の国葬と、民衆的であった大隈の国民葬の長所を組み合わせたものであったとする。また「今回ハ一般ニ敬虔ノ念ニ充チ満」ちており、大正天皇の大喪儀に比しても、「当時ノ国民ノ気風トハ云ヒナガラ、今回ノ方ガ余程敬虔ノ念溢レ」ていた結果、「本日ノ葬儀ハ臣下中予ノ遭遇シタル最モ盛大ナルモノ」であったと評した[93]。

このように、厳粛性を保ちつつ民衆化された国葬は、東郷個人の人気も相まって、非常に盛況なものとなった。栄典のなかでも、国家のみならず、民衆における偉勲者への評価に、その成功如何が左右される国葬の特質が看取される。神格化の動きが進んでいた東郷に対する民衆の評価を、「民衆化」された国葬は明快に映し出した。「官葬」ではなし得なかった、すなわち「民衆化」された国葬こそが、その演出を可能たらしめたといえよう。

1 岡義武『山県有朋』(岩波書店、一九五八年)一九四頁。
2 西川誠「明治期の位階制度」(『日本歴史』五七七、一九九六年)、同「大正期の宮中席次」(『日本歴史』六四八、二〇〇二年)。

3　伊藤之雄『昭和天皇と立憲君主制の崩壊―睦仁・嘉仁から裕仁へ―』（名古屋大学出版会、二〇〇五年）。
4　刑部芳則『洋服・散髪・脱刀―服制の明治維新―』（講談社、二〇一〇年）、同『明治国家の服制と華族』（吉川弘文館、二〇一二年）、同『帝国日本の大礼服―国家権威の象徴―』（法政大学出版局、二〇一六年）。
5　荒船俊太郎「大隈重信陞爵・国葬問題をめぐる政治過程」（『早稲田大学史記要』三八、二〇〇七年）。
6　中村武司「ネルソンの国葬―セント・ポール大聖堂における軍人のコメモレイション―」（『史林』九一―一、二〇〇八年）。またイギリスの国葬の変遷を概観したものとして、同「近現代イギリスにおける国葬」（『歴史評論』八八八、二〇二四年）がある。
7　宮間純一『国葬の成立―明治国家と「功臣」の死―』（勉誠出版、二〇一五年）、新城道彦『天皇の韓国併合―王公族の創設と帝国の葛藤―』（法政大学出版局、二〇一一年）。
8　研谷紀夫「公葬のメディア表象の形成と共同体におけるその受容と継承―伊藤博文の国葬における新聞・雑誌・絵葉書・写真帖を中心に―」（『共立女子大学文芸学部紀要』五八、二〇一二年）。
9　前掲注4刑部『帝国日本の大礼服』第五・六章。
10　井上章一『増補新版　霊柩車の誕生』（朝日新聞出版、二〇一三年、初出は一九九〇年）。
11　此経啓助「明治時代の葬列とその社会的象徴性」（『日本大学芸術学部紀要』四〇、二〇〇四年）。
12　原奎一郎編『原敬日記』三（福村出版、一九八一年）大正二年一〇月七日条。
13　尚友倶楽部・桜井良樹編『田健治郎日記』二（芙蓉書房出版、二〇〇九年）大正二年一〇月九日条。出席者は、田（男爵、茶話会）、小松原（勅選）、有地品之允（男爵）、江木〔翼（第三次桂内閣時の内閣書記官長）ヵ〕、目賀田種太郎（勅選）、原保太郎（勅選、同和会）、関〔清英（勅選、茶話会）ヵ〕、馬屋原〔二郎（勅選）ヵ〕である。
14　前掲注13『田健治郎日記』二、大正二年一〇月一〇日条。
15　総理府賞勲局編『賞勲局百年資料集』上（大蔵省印刷局、一九七八年）八六頁。
16　前掲注13『田健治郎日記』二、大正二年一〇月一一日条、尚友倶楽部・内藤一成編『田健治郎日記』三（芙蓉書房出版、二〇一二年）大正五年一二月一一日条。
17　前掲注12『原敬日記』三、大正二年一〇月一〇日条。
18　前掲注13『田健治郎日記』二、大正二年一〇月一一日条。

19 前掲注12『原敬日記』三、大正二年一〇月一〇日条。
20 坂野潤治ほか編『財部彪日記　海軍次官時代』下(山川出版社、一九八三年)大正二年一〇月一二日条。
21 前掲注12『原敬日記』三、大正二年一〇月一〇日条。
22 前掲注20『財部彪日記』下、大正二年一〇月一二日条。
23 宮内庁書陵部図書寮文庫所蔵「徳大寺実則日記」(函架番号：C1・149)明治三五年七月一八日条、同二二日条。
24 原圭一郎編『原敬日記』四(福村出版、一九八一年)大正五年一二月一〇日条。この時大島は、加藤高明憲政会総裁の同意も事前に得ようとしている。
25 『国民新聞』明治三五年七月一九日。
26 原圭一郎編『原敬日記』五(福村出版、一九八一年)大正八年一月二二日条。
27 前掲注26『原敬日記』五、大正八年一月二三日条。
28 伊藤之雄「元老の形成と変遷に関する若干の考察―後継首相推薦機能を中心として―」(『史林』六〇―二、一九七七年)八〇頁。
29 掛／委員の任命は、高等官は勅旨、判任官以下は掛長／委員長により行われた。
30 東京以外で行われた国葬は、島津久光・忠義(鹿児島)、李太王・李王(京城)のみである。
31 春畝公追頌会編『伊藤博文伝』下(原書房、一九七〇年)三四一～三四二頁。
32 岡義武、林茂校訂『大正デモクラシー期の政治―松本剛吉政治日誌―』(岩波書店、一九五九年、以下『松本剛吉政治日誌』)大正一一年一月二九日条。
33 岡義武「解題」(前掲注32『松本剛吉政治日誌』)七頁。
34 前掲注32『松本剛吉政治日誌』大正一一年一月二五日条。
35 前掲注32『松本剛吉政治日誌』大正一一年一月二九日条。
36 倉富勇三郎日記研究会編『倉富勇三郎日記』二(国書刊行会、二〇一二年)大正一一年一月三一日条。
37 『東京朝日新聞』大正一一年二月二日付朝刊。
38 『東京朝日新聞』大正一一年二月三日付夕刊。
39 「第四十五回帝国議会衆議院予算委員会議録(速記)第八号」大正一一年二月二日。

40 「第四十五回帝国議会衆議院議事速記録第十号」大正一一年二月四日。
41 前掲注40「第四十五回帝国議会衆議院議事速記録第十号」。
42 前掲注32『松本剛吉政治日誌』大正一一年二月三日条。
43 『読売新聞』大正一一年二月四日付朝刊。
44 『東京朝日新聞』大正一一年二月五日付朝刊。
45 『東京朝日新聞』大正一一年二月一〇日付夕刊。
46 同右。
47 前掲注7新城『天皇の韓国併合』一五七頁。
48 国立公文書館所蔵「故元帥海軍大将山本五十六葬儀書類一・昭和十八年」(請求番号:葬00167100)。
49 『国民新聞』大正一三年七月三日。
50 『報知新聞』大正一三年七月三日(大久保達正監修『松方正義関係文書』一五、東洋研究所、一九九四年、三五〇~三五一頁)。
51 『東京毎夕新聞』大正一三年七月四日(前掲注50『松方正義関係文書』一五、三八五頁)。
52 『時事新報』大正一三年七月五日(前掲注50『松方正義関係文書』一五、四一六~四一七頁)。
53 『やまと新聞』大正一三年七月五日(前掲注50『松方正義関係文書』一五、四二九~四三〇頁)。
54 『読売新聞』大正一三年七月五日付朝刊。
55 「第四十九回帝国議会衆議院議事速記録第六号」大正一三年七月六日。
56 前掲注55「第四十九回帝国議会衆議院議事速記録第六号」。
57 『読売新聞』大正一三年七月五日付朝刊。
58 前掲注13『田健治郎日記』二、大正二年一〇月一〇日条。
59 明治一一年五月一五日付西郷従道・大山巌宛伊藤博文書簡(日本史籍協会編『大久保利通文書』復刻版九、東京大学出版会、一九六九年、三六四~三六五頁)。
60 国立公文書館所蔵「贈右大臣正二位大久保利通送葬略記　乾・明治十一年五月」(請求番号:葬00001100)。
61 「葬儀之記(望月誠編・大久保利通公伝)」(前掲注59『大久保利通文書』復刻版九、三六九~三七九頁)。

62 ただし衆議院議長(鳩山和夫)ですら有位大礼服を持たなかったように(宮内庁書陵部宮内公文書館所蔵「斎藤桃太郎日記三」識別番号35046、明治二九年一二月二六日条)、大礼服所持者は限られていた。

63 前掲注4刑部『明治国家の服制と華族』一七七頁。

64 『東京朝日新聞』大正元年八月二八日付朝刊。

65 『東京朝日新聞』明治四二年一一月五日付朝刊。

66 権藤四郎介『李王宮秘史』(朝鮮新聞社、一九二六年)一九五~一九六頁。

67 「元来国葬なるものは国家の元勲に対する最後の敬意を表する次第とて〔中略〕甚だ厳粛を極むるのが通例で、故山県元帥の際の如きは、実に其の最たるものであつた為め、却て一般の間に兎角の批難をさへ醸した程であつた」(『やまと新聞』大正一三年七月一一日、前掲注50『松方正義関係文書』一五、四七八頁)。

68 ただし、第一章で確認したように、同様の試みは、すでに島津久光・忠義の国葬にて、列外会葬者に限り和装を認めるという形で行われていた。これは鹿児島開催のため、規定を緩和せねば会葬者が非常に限定され、かえって体面を損ねるばかりか、会葬できない者の不満を煽る結果となることを危惧したからであろう。またその地理的距離のために、外国公使を招かなかったことも、服制緩和の大きな要因と考えられる。

69 『東京朝日新聞』大正一一年二月七日付朝刊。

70 『読売新聞』大正一一年二月一〇日付朝刊。

71 『東京日日新聞』大正一三年七月一一日付朝刊。なお前者は官報にて公告された。

72 『やまと新聞』大正一三年七月一一日(前掲注50『松方正義関係文書』一五、四七八頁)。

73 前掲注4刑部『明治国家の服制と華族』第一部。

74 前掲注4刑部『明治国家の服制と華族』八頁。

75 宮内庁書陵部図書課宮内公文書館編『摂政宮と関東大震災―宮内庁の記録から―昭和天皇記念館・宮内庁宮内公文書館共催典図録』(宮内庁書陵部図書課宮内公文書館、二〇一四年)三六頁。

76 同右。

77 同右。

78 『都新聞』大正一三年七月一三日(前掲注50『松方正義関係文書』一五、五〇三頁)。
79 前掲注3伊藤『昭和天皇と立憲君主制の崩壊』七頁。
80 国立公文書館所蔵「公文類聚・第六十四編・昭和十五年・第六十四巻・族爵・勲等・記章、儀典一・儀礼・服制徽章・旗章・国葬」(請求番号：類02344100)。
81 伊藤隆ほか編『真崎甚三郎日記　昭和七・八・九年一月〜昭和十年二月』(山川出版社、一九八一年)昭和九年六月五日条。
82 前掲注7宮間『国葬の成立』九八頁。
83 前掲注7新城『天皇の韓国併合』二二九頁。
84 前掲注7新城『天皇の韓国併合』二三〇〜二三一頁。
85 「老侯葬儀録一」(早稲田大学大学史資料センター所蔵「大隈重信関係文書」一四(イ)三一一)。
86 『東京朝日新聞』大正一三年七月五日。
87 国立公文書館所蔵「故松方公国葬書類(故従一位大勲位公爵松方正義)・大正十三年七月」(請求番号：葬00057100)。
88 前掲注10井上『霊柩車の誕生』一七四頁。
89 前掲注10井上『霊柩車の誕生』第三章。
90 前掲注10井上『霊柩車の誕生』一四二頁。
91 前掲注10井上『霊柩車の誕生』二〇一頁。
92 前掲注3伊藤『昭和天皇と立憲君主制の崩壊』五六八頁。
93 前掲注81『真崎甚三郎日記』昭和九年六月五日条。

第五章　法制下の国葬

はじめに

帝室制度調査局（以下、調査局）による皇室喪礼制度整備は、皇室服喪令が明治四二年（一九〇九）に成立する一方、皇室喪儀令と国葬令については明治の終焉に間に合わなかった。そのため、後期の調査局を主導した伊東巳代治が、大正期に再度皇室制度の完備を主張すると、これが帝室制度審議会（以下、審議会）の設置へとつながり、以後一〇年の歳月をかけ、制度整備を果たした。

この大正期の整備過程について詳細な検討を行ったのが、西川誠である[1]。西川は審議会と宮内省の動向から、この時成立した諸法令は、宮内省側が新帝（後の昭和天皇）の即位に備え、時代の変遷や社会情勢の変化に対応し得る制度とすべく設計してできた産物であると論じた。勿論、皇室喪儀令や国葬令も例外ではない。

だが調査局と審議会による活動により、制度整備は完成したといえるだろうか。特に国葬令は、あくまで国葬の定義を中心とした大綱にすぎない。後述するが、事実、国葬を主管する内閣は、葬儀運営にあたり、不足部分を規定しようと活動するのである。これまでの国葬研究は、法的根拠もなしに行われた時期の事例がほとんどであったが[2]、本章では、皇室喪儀令と国葬令の成立過程を踏まえたうえで、その後に行われた国葬事例を俎上に載せるなかで、制度と実際の葬儀の連関性について検討する。法令の整備が国葬に及ぼした影響を検討することは、国葬の全体像を把握するうえでも、また皇室喪儀令や国葬令が存在した意義を検討するうえでも不可欠な作業であろう。

ただしここでは、国民統合の観点に留意したい。これまでの大喪儀の分析を踏まえると、日本が戦争へと突き進む時期に実施された国葬について、メディアの発達が著しいなか、ともすれば政府による国民統合の一手段と捉えられるのは想像に難くない。[3]だが政府がどこまでこれを意識していたのかについては、検討する余地があろう。

国葬令制定後の初発事例は、昭和九年(一九三四)の東郷平八郎の国葬である。ここでは、政府側が法制下での初の国葬に、如何に対処したのかを中心に考察する。続いて昭和一八年の山本五十六の国葬では、戦時下における偉勲者の死を政府がどのような形で扱ったかを検討する。最後に昭和二〇年の閑院宮載仁親王の国葬から、戦局悪化のなか、国葬は如何なる変容を遂げ、またそれが如何なる規定に拠り執行されたのかを考察する。極限状態での姿を明らかにすることで、昭和前期における国葬の存在意義を確認することができるのではなかろうか。

1 皇室喪儀令・国葬令の成立

大正期の皇室制度整備は、大正五年(一九一六)九月に伊東巳代治が「皇室制度再査議」[4]を提出したことに始まる。伊東はこのなかで皇室喪儀令や国葬令について、両案が各主管大臣に下付されて以来の事例から「該案実行上ノ適否ハ既ニ明証」されており、「今日ハ本令制定ノ絶好時期」だと主張する。こうして、一一月四日に総裁に伊東を据え、司法官・法制局官僚と宮内官からなる審議会が、宮内大臣のもとに設置される。[5]

さて皇室喪儀令の再調査は、大正八年には始まっている。四月二五日に審議会御用掛の小原駩吉が同委員の倉富勇三郎に語るには、小原と栗原広太の両御用掛が調査を担当しているという。だが石原健三宮内次官等もこれを承知していたにもかかわらず、同月二三日に死去した竹田宮恒久王の喪儀準備に際しては、「葬〔喪〕儀令案か如何になり居るや等には少しも頓着せす、どしヽヽ取極め」ており、「如何に葬〔喪〕儀令を作りても、実行は常に之に伴は」ず「全く無益」だと、小原は不満を述べている。[6]

審議はまず主査委員会で、大正九年五月一日から皇室喪儀令附式の修正を中心に行われた。[7] 国葬令に関しては、第一条が「ゴタゴタ書キ過キタル嫌アルヲ以テ大喪儀ト大喪儀ニ非サルモノトヲ分」けた程度である。この修正案には八月二日の総会で、国の事務執行の費用は当然国庫負担であるため、国葬費を国庫負担と定める第六条は必要ないと、二上兵治が意見する。伊東はこれに対し、国葬の根本義は「国費ヲ以テ葬ルコト」であるがゆえに調査局時代に挿入したが、明記せずともわかるならば削除してもよいと答えた。二上はまた、国葬の公告は国家機関としての天皇の意思を示す勅書ではなく、天皇個人の意思を明示する詔書では問題か、とも尋ねる。これに岡野敬次郎は、国葬を賜る文書は偉勲者に対するものであるため勅書が適当と答弁した。皇室喪儀令に関しては、国葬令に合わせる形で大行天皇と三后の大喪を大喪儀に合一したうえで宮相・首相の連署により公告、また他の皇族の国葬も宮相・首相の連署となる。

さて、この日の議論の中心は、天皇の喪主規定（皇室喪儀令案第八条）である。平沼騏一郎は、「天皇太皇太后皇太后ノ御喪儀ニ付喪主ヲ定メラレタル事例ハ古来ナ」く、「主権者タル天皇カ喪儀ヲ主ルコトハ義ニ違フ」ため、先例に従うべきと主張した。これに岡野は、大抵の場合は他の皇族の代行を想定しており、「皇室ニ於テ民間ニ範ヲ示サレント云フ意味合ニ外ナラ」ないと答弁した。重ねて岡野は、すでに成立している皇室服喪令中の皇太后への天皇服喪規定は「果シテ古例ニアリシヤ」と、古例にこだわる委員を牽制する。

喪主規定は一二月二日の総会で再度議題に挙がる。まず岡野が、喪主とは「喪ヲ主ル意」と「喪家ノ主ト云フ意」の「両様ニ解セラレ又両方ノ意味ニ用ヒタル例多シ」と述べる。またこれは国学者間でも意見が分かれているとしたうえで、「附式中ノ各儀式殊ニ皇族喪儀ニ於テハ喪主ヲ削リテハ規定ニ困難ナル事情アル」として規定の存置を求めた。さらに岡野は、古例にないことを理由にこれを削除すると、附式中の天皇の葬列参加規定も同様の理由から不可になると主張した。最終的には伊東もこれに同意し、「天子ニ親ナシト云フハ国家的観念ナリ、又服喪ト云フコトハ今日穢レニハ非ス」と述べ、規定を存置することとした。

また大正一〇年六月七日の第二回特別委員主査会では、廃朝中の囚人服役の免除・死刑執行及び歌舞音曲の停止への修正が施される。すなわち明治天皇の死に際し出された大正元年七月三〇日勅令第二号がこれを規定し、今もなお有効であるとして、廃朝中のことは両令案から削除されたうえで、二七日の総会で可決となる。

この両案は七月一六日に宮相に提出されたが、その後審議会の活動自体が停滞してしまう。しかも委員間でも意見の齟齬が見られた。例えば大正一二年の伏見宮貞愛親王の国葬に際して小原は、国葬事務の混乱から「大体の方針は之を定め置かされは不可なり」という。ただ同時に、「只今の如き様にては何とも致方な」く、「又何事も運はす、困りたるものなり」と倉富に嘆いている。[8] しかし一方の倉富は、現状の皇室令の規定は「兎角仰山なること多く、時勢に適せさるものある様」で、「今後、現在の規定に準して新なる規定を設くることは、十分に考慮すべき」と考えており、[9] さらに牧野伸顕宮相に対して、皇室喪儀令などは不必要とさえ語っている。[10]

制定に向け再始動したのは、大正一五年のことである。再調査のため五月三日に宮内省が両案を取り下げ、六月四日の特別委員会で議論された。[11] ここで皇室喪儀令に施された修正は、①廃朝は死去当日から、②やむを得ない場合は、附式に定める儀式の一部を省略できる（儀注節略）、③喪主は皇族に限定しない、の三点である。

また国葬令については、法制局長官の山川瑞夫委員が、①臣下の国葬規定である第三条以下は臨時の勅定でよく、②皇族外の国葬を王・王妃の喪儀に準ずるとする第五条は、「臣民ヲ皇族ニ準スル」もので「面白カラス」、さらに、③経費を国庫支弁とした第六条は「議会ノ権限ニモ関渉スルコトトナル虞アリ」として、国葬令不用論を唱えている。[12] これに対して、宮内次官である関屋貞三郎委員が、①については第三条こそが本令の基礎たる規定であると意見し、平沼も「一般思想ノ変化ニ伴ヒ、将来ハ成法ナケレハ必スシモ当然トハナラス、故ニ可成早ク法文トシテ制定シ置クヲ適当」と反論する。③についても、第六条は国葬の定義たる規定であると述べている。一方で②については、「神式ノミニ依リ得サル場合」を考慮して修正する意向が大谷正男委員より示され、八月一七日に大谷から第五条について、前回の山川の意見を取り入れ、首相勅裁を経て定めると修正、これが可決するに至った。

以後五回の再査を経て、八月二七日に総会が開かれた。まず冒頭で伊東総裁が、再査とされた理由を、二度の大喪儀を「実際ニ挙行シタル実験上ノ結果ト又爾来時勢ノ推移トニ顧ミ多少変通ノ道ヲ講スルノ必要ヲ生シ」たためと説明している。審議では山川が政府内の反対意見を挙げつつ、国葬令第六条の削除を再び主張したため、伊東や平沼も妥協して第六条を削除、結果として全五条となる。

こうして確定した両案は上奏され、枢密院に諮詢される。そして一〇月一三日の本会議において全会一致で原案通り可決し[13]、二一日に公布となる。「国喪内規」の登場から、実に半世紀ほどを経てのことであった。

2 法制下初の国葬——東郷平八郎の国葬

(1)国葬令第三条第二項の手続き規定

前節で見たように、国葬令はその大要を示したにすぎず、また皇室喪儀令のような附式もなかった。なかでも問題となったのは、非皇族の国葬に際し「特旨ハ勅書ヲ以テシ内閣総理大臣之ヲ公告ス」と規定した、第三条第二項である。従来はその都度勅令で公布されており、「諸般ノ手続自ラ従来ト之ヲ異ニスベク、而モ国葬令ノ規定ハ字句極メテ簡ニシテ解釈上相当ノ疑義モ存スル」ため、手続きに関し調査が必要となる。[14]
そこで、これを担ったのが横溝光暉内閣書記官である。昭和五年（一九三〇）頃に開始された調査は一時中断もあったが、「爾来元勲ノ重患屢々伝ヘラレタル」ため、昭和八年秋に佐野小門太（内閣属）立案の「国葬令第三条第二項ノ手続案」第一案、及び横溝（当時総務課長）の同第二案が脱稿に至る。これらは内閣官房総務課で研究され、一二月に両案を横溝が堀切善次郎内閣書記官長と黒崎定三法制局長官に示し、関係諸方と協議すべきと論じた。また横溝は、金森徳次郎法制局参事官や下条康麿賞勲局総裁、さらには大金益次郎・酒巻芳男両宮内事務官と浅田恵一宮内省参事官にも意見を求めている。
その後、昭和九年五月二七日の東郷平八郎の重態発表をきっかけに、翌日には横溝が金森・下条と、続いて浅田・酒巻・大金とも本件を協議、内閣書記官・理事官会議で手続上奏案が決定される。これは、①閣議決定と上奏の辞令式、②国葬を賜う際の手順と形式、からなる。②の手順は、まず国葬奏請の廟議を内部的に決定、皇族・王公族の場合は廟議決定前に首相より宮相に照会し意見を求める。続いてこれを首相が内奏し、勅許後に改めて上奏し勅書を得る。その後は遺族に勅書を伝達するとともに公告する、というものである。なおこの勅書は、前官礼遇や親任官待遇、「元帥府ニ列セラレ特ニ元帥ノ称号ヲ賜フ」の勅書と同様の扱いとされた。そして三〇日、東郷の死去を受けて開かれた閣議に先だち、横溝より斎藤実首相に手続案の決裁を仰いでいる。こうして原案通り、閣議決定のち上奏裁可に至ったのである。

⑵国葬の執行と国民服喪

二九日に侯爵に、三〇日には特旨により従一位に叙せられた東郷は、同日早朝にその生涯を終える。[15] 内閣はこれを受けて臨時閣議を開催、前述の手続きにより国葬を奏請し、裁可を得る。

国葬準備は葬儀委員会が中心となる。三一日に開かれた第一回総会では、委員の分担や国葬予算[16]、葬儀規模等が先例に準拠する形で決している。続く六月一日の第二回総会では、参列者・一般参拝者の服制が定まる。さらに外国軍艦乗組員の参列についても、英・米・仏三ヵ国の軍艦の司令官・幕僚・艦長・士官等の参列は、大礼服着用のうえで差支えのない限りにおいて許可するとされた[17]。その他、支障のない限りでの当日のラジオ中継を、また警視庁は沿道の民衆による指定箇所での自由な写真撮影を許可する方針を決定している。なお、葬儀終了後に国葬の様子が活動写真として公開されており、民衆が国葬に接する機会は確実に増加している[18]。

このように東郷の国葬は、その参画範囲を拡大し、かつ民衆が何らかの形で国葬に触れられるよう、規制も緩和された。だが国葬で重要視されることは、国葬に際し民衆が喪に服し、故人の威徳を偲ぶことである。にもかかわらず、国葬当日に「国民喪ヲ服ス」(国葬令第四条)との規定はあるものの、その服喪様態は不明確であった。

そこで発せられたのが、六月二日付内閣告示第三号である[19]。これに先だち横溝総務課長は、国民の常識に委ねるか、内閣告示により喪服の制式を定めるかを法制局に示していた。法制局が後者を妥当としたことから、金森や浅田と協議のうえで六月一日に告示案を作成、二日に堀切書記官長や斎藤首相の決裁を得て、次の文面で公布される。

故元帥海軍大将侯爵東郷平八郎国葬当日、通常服又ハ之ニ相当スル服以上ノ服ヲ著用スル者ノ喪章ハ、他ニ別段ノ定アル場合ノ外、其ノ服ノ様式ニ従ヒ左腕ニ黒布ヲ纒ヒ、又ハ左胸ニ蝶形結ノ黒布ヲ附ス

ただしこの告示は、「通常服又ハ之ニ相当スル服以上ノ服ヲ著用スル者」にのみ適用されるものであり、喪服を着用すべき範囲を規定したわけではない。明治天皇の大喪に際して、全国民を対象に和装・洋装の喪章を規定した大正元年閣令第二号[20]との差異はここにある。つまり本告示は、横溝が当初提示した二案を折衷したものであり、通常服以上の着用者の範囲が限定される状況を勘案すれば、政府の国民服喪に対する姿勢は、国民の自主性に任せる、いわば消極的なものといえる。

なおこの消極性は、歌舞音曲停止にも共通する。皇族の国葬時、明治期には宮中喪につき歌舞音曲を停止する旨の閣令がその都度出され、大正期には大正元年勅令第二号でこれが規定されていた[21]。だが非皇族の国葬には規定が設けられることも、実施されることもなかった。例外は、岩倉具視の国葬（明治一六年）だが、これは東京市中に限り、かつ警視庁の内諭によるものであった[22]。とはいえ前述の通り、審議会では廃朝中の囚人服役の免除・死刑執行及び歌舞音曲停止に関する条項が、大正元年勅令第二号を理由に皇室喪儀令案・国葬令案から削除されたという経緯があった。つまり審議会内では、この勅令が非皇族の国葬にも有効と認識されていたのである。

それゆえか、大正一一年（一九二二）の山県有朋の国葬に際して葬儀委員側は、この勅令に基づくよう警視庁に通達する。警視庁は内閣法制局や内務省警保局等と協議し、「今回は正式に地方長官に宛て通牒はしないが、当然先の勅令を適用し歌舞音曲を停止する」旨を管内各警察署に通達している[23]。だが一方で警視庁は、「警察権を以て積極的にを〔ママ〕停止命ずるのでなく、成るべく各自、自発的にこれを遠慮せしむる方針」を採った。そして松竹・帝劇・市村の三座に「掛官は更めて差図をしないから随意にしたらよからう」と伝えたため、各座は平常通り営業し、また「浅草公園の諸興業物も、平素と変りなく昼夜とも開演」されている[24]。如上の状況に四竈孝輔侍従武官は、「警視庁側の民衆輿論に諂る様、余り鮮明なるには、聊か呆れざるを得ざる程なり」と、停止の不徹底への強い不満を抱いているのである[25]。

このように、歌舞音曲停止の強制には消極的な流れが存在した。これは取り締まりの繁雑さに加え、先例が岩倉の国葬のみであったためとも考えられる。いずれにせよ結果として、皇族か否かで国民服喪の様態に明確な懸隔が設けられ、この方針は東郷の国葬でも継続して採られた。つまり、大喪が政府に「国民統合の絶好の機会」と位置づけられた一方で[26]、非皇族の国葬は、偉勲者に対する栄典としての意味合いが強かったことが、民衆統制の消極性から看取されるのである。

(3) 国葬と宗教

東郷の訃報を受けた内閣は即日、葬儀委員長に有馬良橘海軍大将、副委員長に堀切書記官長の任命を上奏し、裁可を得る。また六月一日には、司祭長に加藤寛治海軍大将が、司祭副長には東京市郷社牛島神社社司の吉田光長が任じられた。[27] ところがここで、葬儀委員長の人選が問題となる。

そもそも国葬奏請の内議に際し、大角岑生海相は海軍の要望として、葬儀委員長に斎藤実首相が就くことを求めていた。しかし堀切書記官長と横溝総務課長は、前例では首相や国務大臣が葬儀委員長に就いた例が存在しないため、むしろ大角海相自ら葬儀委員長となるのが穏当だと答え、また斎藤首相は、東郷の幕僚であった有馬を大角海相に推薦していた。その結果、海軍部内での協議を経て、葬儀委員長を有馬とするよう上奏する運びとなったのである。ところが、葬儀委員長となった有馬は海軍大将であると同時に現職の明治神宮宮司であったため、神職が葬儀に関与することを禁じた明治一五年の内務省達に抵触するとの意見が、明治神宮側、そして内務省側から上がったのである。そのため内務省より有馬更迭の要望が出されたのであるが、これに対して横溝総務課長は、内務省達は「典儀ヲ掌ル斎主ノ如キモノニ当ルコトヲ禁ズルノ趣旨ニシテ事務ヲ掌ル委員長タルコトヲ禁ズルノ趣旨」とは解せないと反論する。最終的には妥協案として、十日祭の儀終了後に有馬が辞任することを横溝が提案し、堀切書記官長、潮恵之輔内務次官、長谷川清海軍次官による協議を経てこれが採用されたのである。[28]

葬儀委員長とは異なり司祭長の人選は問題とはならなかったが、「典儀ヲ掌ル斎主ノ如キモノ」にあたる職名に、国葬では初めて「司祭長」が採用されるという変化が見られる。この変化には如何なる背景があったのであろうか。時期を遡り、調査局と審議会で作成された皇室喪儀令・国葬令の各案を踏まえつつ確かめていきたい。

まずは各法令(案)の規定を見ておく。明治三五年に調査局例会で審議された皇室喪儀令修正案(以下、中期調査局案)には、「斎主副斎主斎官ノ任命ハ大喪使ノ官制ヲ以テ規定スルモ可ナリ仍テ第九条ヲ削除スルコト」とある[29]。すなわちここでは、天皇・皇太后・皇后の大喪儀に際して、英照皇太后時と同様に「斎主」を想定していたことがわかる。それが後期調査局作成の皇室喪儀令案附式（以下、後期調査局案）になると、天皇・皇太后・皇后・皇太子・皇太子妃・皇太孫・皇太孫妃の喪儀では「祭官長」、親王・王では「司祭長」（ただし、国葬を賜る場合は「祭官長」）、親王妃・内親王・王妃・女王では「親王喪儀全部ヲ準用ス」となる[30]。そして大正期に成立した皇室喪儀令では、天皇以下親王・王までは変わらず、親王妃・内親王・王妃・女王のみ「親王喪儀ニ関スル儀注ニ基キ準度ヲ折衷シテ之ヲ定ム」と解釈の幅を持たせる形に変わった[31]。

続いて、これらの法令（案）と実際の事例を比較する。まず表5―1から皇室喪儀を確認していくと、神官教導職が分離された明治一五年までは「祭主」あるいは「斎主」となっており、共通点は見出せない。その後、山階宮菊麿王の喪儀を除く明治期の事例では「斎主」が採用されており、中期調査局案と併せると「斎主」が一般的であったこと、また後期調査局案の影響は実際の事例には見られないことがわかる。しかし大正期には、後期調査局案の通り「祭官長」と「司祭長」が、その身位に応じて採用され（竹田宮恒久王の事例を除く）、さらに昭和期に入ると例外なく皇室喪儀令に則っている。

次に国葬について表5―2から確認する。明治期には皇室喪儀と同様に、皇族・功臣のどちらの事例とも「斎主」が採用されるが、それに任じられるのは、皇族の場合は英照皇太后の大喪儀以前が教派神道から、以後が宮内官からであり、功臣の場合は教派神道からとなっている。それが大正期になると、皇族の場合は宮内官から「祭官長」、功臣には教派神道から「斎主」が採用された[32]。これは後期調査局案や明治天皇の大喪儀で「祭官長」が採用されたために生じた差異だと考えられる。そして昭和期には皇族の事例では「祭官長」、功臣の事例では「司祭長」が、故人の縁故者から採用されている。皇族事例については皇室喪儀令の通りであるが、功臣の事例については、山階宮晃親王の喪儀以降、

表5－1　皇室喪儀中の儀式を司る役職名

死去日	名	役職名
①M1.11.12	伏見宮日尊女王 （瑞龍寺門跡）	《仏葬》
②M5.1.2	北白川宮智成親王	《不明》
③M5.1.9	有栖川宮熾仁親王妃貞子	祭主
④M5.8.5	伏見宮邦家親王	祭主
⑤M6.9.18	稚瑞照彦尊	祭主
⑥M6.11.13	稚高依姫尊	祭主
⑦M8.7.9	有栖川宮幟仁親王妃広子	斎主
⑧M9.5.24	華頂宮博経親王	斎主
⑨M9.6.8	梅宮薫子内親王	斎主
⑩M10.8.7	久邇宮暢王	《不明》
⑪M11.7.26	建宮敬仁親王	斎主
⑫M11.8.22	伏見宮貞教王妃明子	《仏葬》
⑬M12.7.16	久邇宮懐子女王	祭主
⑭M14.9.1	梨本宮守脩親王	斎主
⑮M14.9.24	（久邇宮）一言足彦命	《不明》
⑯M14.10.3	桂宮淑子内親王	祭主
⑰M16.2.6	伏見宮昭徳王	斎主
⑱M16.2.15	華頂宮博厚親王	斎主
⑲M16.9.6	滋宮韶子内親王	斎主
⑳M16.9.8	増宮章子内親王	斎主
㉑M19.1.24	有栖川宮幟仁親王	斎主
㉒M19.6.28	北白川宮延久王	《不明》
㉓M19.9.30	有栖川宮績子女王	斎主
㉔M20.4.4	久宮静子内親王	《不明》
㉕M21.11.12	昭宮猷仁親王	斎主
㉖M22.11.22	久邇宮飛呂子女王	《不明》
㉗M24.1.24	伏見宮宗醇女王 （霊鑑寺門跡）	《仏葬》
㉘M24.10.25	久邇宮朝彦親王	斎主
㉙M25.8.8	伏見宮邦家親王妃景子	斎主
㉚M27.7.10	閑院宮篤仁王	《不明》
㉛M27.8.17	満宮輝仁親王	斎主
㉜M28.1.15	有栖川宮熾仁親王	斎主
㉝M28.10.28	北白川宮能久親王	斎主
㉞M30.1.11	英照皇太后	斎主
㉟M31.2.17	山階宮晃親王	斎主
㊱M32.1.11	貞宮多喜子内親王	斎主
㊲M34.11.1	山階宮菊麿王妃範子	斎主
㊳M36.2.18	小松宮彰仁親王	斎主
㊴M41.4.7	有栖川宮栽仁王	斎主
㊵M41.5.2	山階宮菊麿王	祭主
㊶M41.11.14	華頂宮博経親王妃郁子	斎主
㊷M42.12.8	賀陽宮邦憲王	斎主
㊸M45.7.30	明治天皇	祭官長
㊹T2.7.10	有栖川宮威仁親王	祭官長
㊺T3.4.11	昭憲皇太后	祭官長
㊻T3.6.26	小松宮彰仁親王妃頼子	司祭長
㊼T3.7.17	閑院宮季子女王	司祭長
㊽T4.6.26	久邇宮発子女王	司祭長
㊾T7.6.18	久邇宮賀彦王	司祭長
㊿T7.6.27	久邇宮珖子女王	司祭長
51 T8.4.23	竹田宮恒久王	祭官長
52 T11.6.27	東伏見宮依仁親王	司祭長
53 T12.2.4	伏見宮貞愛親王	祭官長
54 T12.2.7	有栖川宮熾仁親王妃董子	司祭長
55 T12.4.1	北白川宮成久王	司祭長
56 T12.6.30	有栖川宮威仁親王妃慰子	司祭長
57 T12.9.1	東久邇宮師正王	《不明》
58 T12.9.1	閑院宮寛子女王	《不明》
59 T12.9.1	山階宮武彦王妃佐紀子	《不明》
60 T13.3.24	華頂宮博忠王	司祭長
61 T15.2.15	伏見宮文秀女王 （円照寺門跡）	《仏葬》
62 T15.12.25	大正天皇	祭官長
63 S2.10.24	伏見宮貞愛親王妃利子女王	司祭長
64 S4.1.27	久邇宮邦彦王	司祭長
65 S8.11.3	朝香宮鳩彦王妃允子内親王	司祭長
66 S11.3.20	北白川宮能久親王妃富子	司祭長
67 S13.2.26	山階宮菊麿王妃常子	司祭長
68 S15.3.8	竹田宮恒久王妃昌子内親王	司祭長
69 S15.9.4	北白川宮永久王	司祭長
70 S16.11.26	賀陽宮邦憲王妃好子	司祭長
71 S20.5.20	閑院宮載仁親王	祭官長

出典：国立公文書館所蔵史料群「国葬等に関する文書」，宮内庁書陵部宮内公文書館所蔵史料（識別番号75301／40794／77680／77960／75325／72530／597／72529／598／75452／600／32793／599／602／603／77604／607／606／605／609／75304／611-1，2／77804／9051／9052／581-5／615-1，2／616／617／619／620／9065-1／9062／9066／9070／9071-1／8392／8374／9080-1／8373），『朝日新聞』（M12.7.23／M14.10.13,20,11.16／M21.11.13／M25.8.8／T1.8.3／T3.4.13／T3.6.30／T11.6.29／S1.12.26／S2.11.3／S15.3.16），『読売新聞』（T3.7.21／T4.7.3／T7.6.28／T7.7.4／T8.4.26／T12.2.19／T12.6.8／T12.9.14／T12.9.19），小田部雄次『皇族』446～458頁。

表５－２　国葬中の儀式を司る役職名

死去日	氏名	①斎主／②祭官長／③司祭長	
M16.7.20	岩倉具視	①千家尊福	大社教管長
M20.12.6	島津久光	①田中頼庸	神宮教管長
M24.2.18	三条実美	①本居豊穎	大社教副管長
M28.1.24	有栖川宮熾仁親王	①千家尊愛	大社教管長
M28.11.5	北白川宮能久親王	①千家尊愛	大社教管長
M29.12.25	毛利元徳	①千家尊愛	大社教管長
M30.12.26	島津忠義	①藤岡好古	神宮教管長
M36.2.18	小松宮彰仁親王	①花房義質	小松宮別当
M42.10.26	伊藤博文	①千家尊弘	大社教副管長
T2.7.10	有栖川宮威仁親王	②伊藤博邦	式部次官
T5.12.10	大山巖	①千家尊弘	大社教副管長
T8.1.22	李太王	②伊藤博邦	式部次長
T11.2.1	山県有朋	①大島健一	陸軍中将
T12.2.4	伏見宮貞愛親王	②徳川頼倫	宗秩寮総裁
T13.7.2	松方正義	①千家尊弘	大社教副管長
T15.4.26	李王		―
S9.5.30	東郷平八郎	③加藤寛治	海軍大将
S15.11.24	西園寺公望	③橋本実斐	貴族院議員伯爵
S18.4.18	山本五十六	③塩澤幸一	海軍大将
S20.5.20	閑院宮載仁親王	②多田駿	陸軍大将

出典：国立公文書館所蔵史料群「国葬等に関する文書」。

皇室喪儀が教派神道から距離をとるようになるとともに、大正期には「司祭長」が皇室喪儀において標準的となったため、これを参考とするようになったと考えられる。前述の通り、審議会において法制局長官の山川瑞夫が、国葬令第五条で皇族外の国葬を王・王妃の喪儀に準ずると規定するのは「臣民ヲ皇族ニ準スル」もので「面白カラス」と意見し、最終的に首相勅裁を経て定めると修正されたが、実際には山川の意見とは反対の方向へと動いたのである。

なお、この修正の理由として大谷正男委員が「附式ヲ以テ神式類似ノモノヲ定メントセハ実際上不便ノ場合アル」と説明していることは、国葬が神式以外で執行される可能性を示唆しており、儀礼の構成や宗教との関係からも注目される。実際、国葬を除く公葬では必ずしも神式が採用されているわけではない。例えば、昭和一九年に行われた松平頼寿参議院議長の参議院葬は仏式であった[33]。また昭和一二年には瓜生外吉海軍大将の海軍葬が、故人の信仰に則りキリスト教式で行われている[34]。なかでも軍葬については、軍隊の性格上、他の公葬に比べて頻繁に実施されており、規定の必要性も高いことから、皇室喪儀や国葬とは異なり明治初期から規則も制定されている。

海軍は、明治六年（一八七三）に白金海軍埋葬地を定めるとともに、葬儀師を設置した[35]。その際に遠州出身の神官であった賀茂正作が葬儀師となったため、海軍葬は神式で執行されることとなり[36]、明治八年には海軍葬儀式により「海軍埋葬地有ル所ハ総テ神祭ヲ以テ施行ス可シ」と規定される。[37] しかし明治一二年に制定された海軍会葬式では、「死者、生前帰依・信仰スル宗旨ノ寺僧、或ハ氏神社ノ神宮〔官〕等ノ類」を「祭主タルヘキ者」としており、[38] 神式に限定されなくなっていることがわかる。これは明治一九年の海軍生徒下士卒傭夫死亡者取扱規則でも引き継がれ、「神道教師或ハ僧侶ヲ祭主ト為」すとされた。[39] また同時に、「斂葬ノ法ハ其ノ信奉スル宗旨ニヨリ必スシモ一定ノ式ニ拠リ難キモノアルニ鑑ミ、各人ノ意志ニ任カスヲ便宜トス」との理由から、葬儀師が廃止される。[40] そして明治二一年には海軍葬式にて、「祭主ハ神道教師或ハ僧侶ニ委託スルヲ例トスト雖モ、外国派遣中其他已ムヲ得サル時ハ、死者ノ等級ニ応シ上長官一名ヲシテ祭主トス可シ」となった。[41]

一方の陸軍ではまず、明治六年に定めた陸軍下士官兵卒埋葬法則にて、「陸軍埋葬地ノ葬法ハ総テ旧貫ニ依テ為スヲ法トス」るがゆえに、①「神祭又ハ仏祭」に限定し、②「死者遺言シテ他ノ葬法ヲ請フト雖トモ之ヲ許スコトナシ」とした。[42] 明治一九年の陸軍隊附下士卒埋葬規則でも①・②は変わらなかったが、[43] 明治二三年には②の内容が削除され、[44] さらに明治三〇年の陸軍隊附下士卒埋葬規則からは、「自由信仰ノ主意ニ依リ」、葬法に関する規定自体が削除された。[45] ただし、個別の軍葬ではなく合同葬では、すべての戦没者の信仰が一致するとは限らないため、神式よりも仏式で執行される方が多かった。[46]

以上より、当初はキリスト教式を排除すべく、[47] 海軍では神式のみ、陸軍では神式か仏式の二択から始まった軍葬の形式は、徐々に故人の信仰に配慮する形へと収斂したことが看取される。前述の瓜生海軍大将の海軍葬がキリスト教式で行われた背景には、このような変化があったのである。そして、国葬が法令中で神式と規定されず、また臣下の国葬を皇族喪儀に準じると規定するのは不適切との議論があったことを踏まえると、東郷の国葬やその後の国葬が軍葬同様に、故人の信仰に則り仏式やキリスト教式により行われた可能性も一概には否定できない。国葬の法制化の議論を通して、国葬が神式で執行されることを自明とはしなかったように、あえて種々の可能性を残すことにより、時宜に適した国葬の形を常に模索できるように設計された、換言すれば国葬令は柔軟性を重視した法令であったといえよう。

⑷国葬終了後の委員会

国葬を終えた委員会は、今後の参考とするため各委員・嘱託から意見を徴すべく、第三回総会を六月九日に開く[48]。総会は、①総括的事項、②葬列関連、③葬場の儀関連、④葬場の工営関連、からなる横溝の意見書をもとに進められた。①では、国葬事務や国葬次第などの準則を定めるべきとする。同様の意見は海軍側の阿部勝雄委員からも出された。さらに横溝は国葬を主管する内閣側の意見として、国葬の実を明らかにすべく、葬儀中に首相による特別の所作を入れることを提案した。

また③のなかには、松方正義の国葬(大正一三年)で始まった一般拝礼者服制の改善を求めるものがあった。すなわち一般の拝礼を葬場の儀の一行事とする以上、最低限通常の告別式に参会する程度の礼を求めたのである。同様の意見は、阿部や三島誠也嘱託(警視庁)からも挙がっており、阿部は解決策として服装でグループを分け、そのグループ毎に参拝を許可する方法を提案した。さらに坊城俊良委員(宮内省)は、喪家と特別の関係を有する者を除き、宮中席次を有する大礼服着用者に参列員を制限すべきと主張する。また後日提出の宮内省側委員意見でも、皇族国葬時の参列員は宮中席次を有する燕尾服以上の着用者、一般拝礼者はモーニング・羽織袴・制服着用者に限定すべきとある[49]。一般拝礼者への制限のみならず、先例にない宮中席次による参列員制限は、第四章で確認した「国葬の民衆化」の流れに逆行している。なおこの意見はその後に反映されず、むしろ国民服の登場により礼服はより簡略化された[50]。とはいえ、国民服により喪服が統一されたことで、最低限の礼を求めた委員等の不満も解消されたといえよう。

以上、東郷の国葬では、法制下における初の事例ゆえに、その後の基準とすべく、国葬令の補完が横溝内閣総務課長を中心に目指された。また国葬儀終了後には委員より改善策を聴取するなど、制度運用の円滑化に心を配っていたといえる。結果として、東郷の国葬は「臣下中予ノ遭遇シタル最モ盛大ナルモノ」で、「沿道ハ苟モ場所ガ許ス所ハ立錐余地ナク〔中略〕特ニ英仏米伊支那ノ外国兵ノ参列ハ世界ニモ稀ナル例ナルベシ」と真崎甚三郎が評するように、盛況のうちに幕を下ろした。[51]

では、国葬はその後如何なる展開を見せたのであろうか。次節では、戦時下の国葬事例を検討することで、戦争が制度の運用と葬儀実際に及ぼした影響を明らかにする。

3 戦時下の国葬

⑴山本五十六の国葬

昭和一八年(一九四三)四月一八日、連合艦隊司令長官の山本五十六海軍大将がソロモン諸島上空で戦死する。この報は翌日、永野修身軍令部総長より昭和天皇に伝えられる。本件は海軍で当分の間、関係者以外厳秘とされたため、[52]山本の戦死を知るのは昭和天皇と海軍上層部の他、東条英機首相や木戸幸一内大臣などごく一部であった。[53]海軍省では、規定の叙位のほか、①大勲位、②功一級、③元帥、④授爵、⑤国葬を案として準備しており、五月一一日には嶋田繁太郎海相が東条首相に、まず①〜③を申し入れた。ところが東条首相は、②・③には即座に同意するも、①は考慮するとして保留する。[54]

戦死公表日が嶋田海相から木戸内大臣に伝えられたのは、五月一七日のことである。[55]当初海軍省では、海軍記念日(五月二七日)前後に発表して、「海軍ハ固ヨリ全国民ノ気持ヲ引締メ、敵愾心昂揚、時局認識ノ徹底、決戦態勢ノ強化・充実ニ最モ有効・有意義ナラシ」めんとしていた。しかし連合艦隊司令部が二三日に帰投することにともない、早急な対応が必要となる。そこで発表を二一日一五時、国葬日を六月五日（四九日かつ東郷の国葬と同日）とするなどの案を、一七日の海軍省・軍令部の打ち合わせで決したのである。[56] そして翌一八日、前述の国葬令第三条第二項に拠る形で、東条首相がこれを天皇に奏上するとともに、山本を大勲位功一級に叙し、かつ六月に国葬を行う旨を内奏している。[57] こうして山本の戦死と国葬の実施が二一日、ようやく発表された。そして二二日に米内光政海軍大将が葬儀委員長に、星野直樹内閣書記官長が副委員長に任じられ、二三日には山本の遺骨が水交社に安置された。さらに二四日以降、一般拝礼を水交社で受け付けており、多数の民衆が拝礼に向かう様子を高松宮宣仁親王は目撃している。[58]

葬儀委員会は二四日に始動する。[59] 葬儀規模は「時局ニ鑑ミ簡素ヲ旨」とし、また委員会の事務取り扱いは昭和一五年の西園寺公望の国葬に倣い、斂葬後一日権舎祭・墓所祭までとした。その他、葬儀は東郷と同じく六月五日に日比谷公園で執行し、葬儀の大体は先例（特に東郷）に拠ることなどが決せられた。

一方で山本の国葬には、戦時色が色濃く反映されている。その一つに、葬儀当日に空襲警報が発令された場合の措置がある。[60] すなわち、①霊車発引前の場合、警戒警報ならば支障のある式次第を簡略化したうえで執行、空襲警報ならば一時発引を中止し、警報解除後に支障のある式次第を簡略化したうえで執行する、②霊車発引後葬場到着前に発令された場合、警戒警報ならば葬場到着までは予定通り、葬場の儀では支障ある式次第を簡略化し執行、空襲警報ならば霊柩は自動車で日比谷公会堂に一時奉安し、警報解除を待つ、③葬場の儀開始後の場合は、特別の状況にない限り式次第を簡略化し執行、④葬場・墓所間の場合は、特別の状況にない限り予定通り執行、とされた。

加えて、ラジオの積極的な活用も特徴である。例えば国葬の様子を全国に伝えるために「特に昼間送電のない田舎にもこの日だけは時別送電をする」とされた。[61] また葬儀前日と当日には嶋田海相や米内委員長、後藤文夫国務相等がラジオ演説を行い、山本の偉功を偲びつつ国民の団結を説いたほか、[62] 五日午後七時には作家の吉川英治が「山本元帥の国葬に参列して」と題するラジオ放送を行っている。[63] さらに、東条首相が玉串を捧げる午前一〇時五〇分には、全国民が各地で一斉に遥拝している[64]。葬儀場周辺に限られていた国葬空間[65]が全国へ拡大し、かつ時間をも共有することで、全国民が国葬を同時体験するようになった。すなわち、全国民参画型の国葬へと変容を遂げたのである。喜劇俳優の古川ロッパは、次のような感想を抱いている[66]。

〔前略〕ラヂオをきゝ、国葬のありさまを知る。国民黙祷の時間、端座して礼拝。涙さしぐむを覚ゆ。いさぎよく行け！　ここまで来ちまった戦争だ。カンシャク起したって責任は持たなければならないのだ。国民皆玉砕だ。そんな気持がした。

ここからは、海軍省の当初からのねらいが達成されたことが看取される。戦時下の特殊な状況で、ラジオを通して全国民が国葬体験を同時に共有できるようになり、偉勲者の死を悼む空間が全国に拡大したことで、国民・国家を挙げて偉勲者の死を悼む、その「熱気」が最高潮に達したといえる。山本の国葬は、国民の戦意高揚の役割を十全に果たした。だが戦局のさらなる悪化は、国葬の大幅な縮小をもたらすこととなる。

⑵閑院宮載仁親王の国葬

昭和二〇年三月三一日、宮内省内の宗秩寮と式部職の間で「戦時下皇族喪儀ニ関スル覚書」が作成された[67]。これは、①親族その他参列員を極力減らす、②葬場の儀は宮邸で執行する、③翌日祭、五十日祭の他は省略する、④通夜は身内を主体として議員を僅かに含む程度にとどめる、⑤葬場・墓所間の鹵簿は自動車を使用する、⑥拡穴は従来より浅くする、⑦墓誌銘は、国葬当日は木製の仮のものを納め、後日石刻のものを納める、⑧拝礼時は勅使・御使・皇族のみ玉串を用いる、⑨掛員・参列員の服装を簡素化する、⑩薨去から葬儀までの期間や所要時間を短縮すべく対策を講じる、の一〇項目からなる。以上より、儀式規模の縮小・簡素化の意図が見て取れる。ここに戦時下の皇族喪儀の方針が定められ、また国葬の場合もこれに準じる形で政府と交渉するとされた。なおこれは四月四日に宮内省で内定し、閑院宮載仁親王の国葬における基本指針となる。[68]

さて、載仁親王の重態を知らされた閑院宮春仁王は四月中旬、載仁親王の万一の場合、葬儀は簡素とし火葬も可とするとの意向を、三笠宮崇仁親王・朝香宮鳩彦王・東久邇宮稔彦王に伝え、同意を得ている。さらに武者小路公共宗秩寮総裁ともこれを協議したが、理論上は火葬も可だが、宮内省としては慣例通り土葬としたいと武者小路が述べたため、春仁王も強いて火葬を主張しなかったという。[69] 五月一一日には高松宮宣仁親王も武者小路と会談し、[70] ①国葬の皇族出席者は二人に限定する、②天皇は参列しない、③葬列は皇居前を通り自動車で葬場に向かう、④死後四日ほどで、一旦小田原の別邸から東京の閑院宮邸に遺体を移して安置し、一夜空けて葬儀を行う、の四点で合意した。このようななか、一九日夜に載仁親王が危篤に陥り、翌朝世を去っている。[71]

この一報を受けた鈴木貫太郎首相は昭和天皇に拝謁し国葬を奏請、裁可を得る。[72] 続いて五日間の宮中喪も発せられる。[73] 二一日には葬儀委員長に杉山元元帥陸軍大将、副委員長には迫水久常内閣書記官長と白根松介宮内次官が、さらに二二日には祭官長に多田駿陸軍大将が任じられた。[74] 委員長と祭官長は、事前に武者小路から相談された春仁王が、故人との関係から指名していた。[75] また今回副委員長が二名なのは、皇族の国葬ゆえに皇室喪儀令・国葬令に従い、宮内省と内閣が共同して事に当たるためであろう。

さて、二一日の第一回委員会では、葬儀は五月二八日、斎場は閑院宮邸内、墓所は豊島岡とした。[76] また近年の非皇族国葬は翌日祭で打ち切るが、今回は皇族喪儀のため五十日祭も行うとする。さらに葬儀の具体的事項も、覚書に基づき儀式係で立案することとなった。他にも物資不足のため、式場舗設、装飾、被服類といった、規定通り調製できないものも多かった。ゆえに葬儀次第にはこれらを記さず、かつ物資節約もあり、喪主以下附属職員の服装も他の職員同様に洋服を着用し、祭官長・祭官副長・祭官及び楽師に限り衣冠単または狩衣(白色一種のみ)を着用となる。加えて参列・参拝者は、男子の国民服礼装(甲乙両種共)、女子の白襟紋付の着用が各儀式で許可された。

葬場の儀については、頻繁な空襲で多人数の集合が困難なため、宮中大祭を参考に参加範囲を各方面の総代二〇名、親族総代六名、附属職員若干名、委員長・副委員長に限定し、その他の有資格特別縁故者には参入証を交付するとして計五〇〇枚が各省庁に配られた。さらに物資・時間節約のため、臣下拝礼時の玉串奉奠の省略を委員側は計画する。だが春仁王の意向もあり、葬場の儀に限り、参列者全員が玉串を奉奠することとなる。葬列も簡素にすべく、二三日には委員長から宮内省主馬頭中村四郎に宛て、喪儀当日用として霊車一両、乗用車六両の借用が照会されている。

こうして二五日には葬儀準備がほぼ完了していた。ところがその日の空襲で閑院宮邸や国葬事務所が焼失したため、宮邸での祭儀が不可能となる。そこで翌日開かれた委員会では、防空状況に鑑み早急な埋葬が必要であり、かつ国葬となった以上は、内容は別として諸儀は可能な限り執行すべきとの政府側委員からの意見もあり、次のように決定した。すなわち小田原別邸で賜誄の儀・霊代安置の儀を執行後、すぐに豊島岡墓地に遺骸を移して仮埋葬を施し、後日斂葬の儀を執行する、というものである。また正寝移柩の儀は省略し、諸儀はなるべく簡素とすることを再確認した。葬列が国葬の重要な一要素であったことはすでに第四章で確認したが、それがここで省略されたのである。

六月一二日には参拝証があらためて各省庁に配布された。ここでは「防空警報発令ノ場合ハ中止」との規定に注目したい。山本の国葬時には、式の進捗状況で四つの場合を想定し、かつ式の執行が基本とされた。しかし空襲の激しさを体験したためであろう、今回は警報発令で中止となる。だがこれは、空襲により大きな被害を受けてなお、内容の如何にかかわらず可能な限り国葬を執行せんとする姿勢の裏返しでもある。つまり、極限まで中止措置が採られないほど、偉勲者の顕彰は国家の重要事項であり、換言すれば、国家における国葬の位置づけを、本事例が明示しているともいえよう。

さて、葬場附近に防空壕を増設し、正面・左右の祭舎の屋根や周囲の樹皮を網で覆うなど空襲に備えたうえで、遂に一八日に国葬が執行された。参列した宣仁親王は、「極メテ簡素デ時局ガラマダコレダケデモ出来ルト思ヘバ有難イコトデハアルガ、マダ〳〵淋シスギル御葬儀デアツタ」と評している。[79] なお、山本の国葬時とは異なり、国民が一斉に遙拝することはなかった。戦意高揚に資することもなければ、国民統合の機能も持ちあわせていなかったのである。[80]

以上より、載仁親王の国葬は戦時下という状況に大きく規定されたものであったが、これをなし得た要因の一つに、前述した審議会において皇室儀制令に倣い加えられた、皇室喪儀令附式中の儀注節略が挙げられる。すなわち「時ニ天災事変等ニ依リ附式通行ハレサル」事態に備えて「変通ノ道ヲ開」いたことが、[81] 非常時にその効力を大いに発揮するに至ったのである。載仁親王の国葬は皇室喪儀でもあり、これらの法制化の議論が有効に機能した事例といえる。

おわりに

調査局により作成された皇室喪儀令・国葬令の両案は、大正初期の大喪実施に際して一つの拠り所とされた。だが大正中期にはこれらが未制定たるがゆえに、宮内省内でも喪儀実施に際してほとんど顧みられなくなっていた。かかるなか、審議会による皇室喪儀令の審議では、古例と実際との兼ね合いが主な議論の対象となり、天皇の喪主規定が存続したほか、新たに儀注節略が設けられた。一方の国葬令については、その主管となる内閣側から不用論が繰り返し唱えられるなか、多少の妥協のうえで成立に至る。この両令には、儀式を厳格に規定せず、その時々の状況に応じて変更する余地をあえて残すという共通点があった。それまで規定が定まっていないなかでも葬儀を実施してきた経緯から、以後も柔軟性を失いたくなかったのであろう。

とはいえ、これで制度整備が完了したわけではなく、東郷の国葬に際してその完備が内閣、なかでも横溝総務課長を中心に企図される。さらに、国葬終了後も委員等の意見を徴するなど、制度運用の円滑化が期された。

また、内閣や警視庁などは、国民の国葬への強制的動員は行わず、むしろ国民の自主性に任せた消極的な姿勢を一貫してとってきた。だが山本の国葬では、制度下で先例に倣いつつ、メディアを活用して山本の追悼と戦意高揚を国民に促すなど、方針が一変する。さらに時を同じくして一斉に遙拝を行うことで、国葬空間が全国に拡大し、津々浦々にまで国葬体験が共有されたのである。

載仁親王の国葬では、戦局の悪化により様々な面で縮小化が図られた。ここに大きな役割を果たしたのが、皇室喪儀令附式中の儀注節略規定であったことは、結果的に、審議会の活動・成果を評価するうえでの一つの積極的な要素となり得よう。また空襲の被害を受けたなかでも執行されたという事実からは、大日本帝国における国葬の、ひいては栄典の重みが看取されるのである。

以上の過程で、国葬の制度化とその運用がなされていった。だが国葬令や皇室喪儀令は明治典憲体制の終焉とともに、その成立から二〇年ほどで姿を消す。国葬は戦後、再び法の軛から放たれることとなるのである。

1　西川誠「大正後期皇室制度整備と宮内省」(近代日本研究会編『年報・近代日本研究』二〇、山川出版社、一九九八年)。

2　国葬令制定後の事例については、山室建徳が「軍神」に対する国家や民衆の顕彰行為について分析するなかで、山本五十六の国葬に言及している(山室建徳『軍神―近代日本が生んだ「英雄」たちの軌跡―』中央公論新社、二〇〇七年)。また、刑部芳則は大礼服に着目するなかで戦時下の国葬も検討している(刑部芳則『帝国日本の大礼服―国家権威の表象―』法政大学出版局、二〇一六年、第八章)。

3　原武史『可視化された帝国―近代日本の行幸録―』(みすず書房、二〇〇一年)、竹山昭子『史料が語る太平洋戦争下の放送』(世界思想社、二〇〇五年)、田中伸尚『大正天皇の「大葬」―「国家行事」の周辺で―』(第三書館、一九八八年)などを参照。

4　小林宏・島善高編著『日本立法資料全集』一七(信山社出版、一九九七年)八三三〜八三九頁。

5　前掲注1西川「大正後期皇室制度整備と宮内省」九一頁。なお委員は、平沼騏一郎・倉富勇三郎・岡野敬次郎・奥田義人・有松英義・富井政章・鈴木喜三郎・馬場鍈一・二上兵治・石原健三・山内確三郎である。

6　倉富勇三郎日記研究会編『倉富勇三郎日記』一(国書刊行会、二〇一〇年)大正八年四月二五日条。

7 「帝室制度審議会ニ於ケル喪儀令案・国葬令案議事要録」（東京大学大学院法学政治学研究科附属近代日本法政史料センター原資料部所蔵「岡本愛祐関係文書」（以下「岡本文書」）第一部（二）九）。以下、大正九・一〇年の事項は、特記しない限りこれに拠る。

8 倉富勇三郎日記研究会編『倉富勇三郎日記』三（国書刊行会、二〇一五年、以下『倉富日記』三）大正一二年二月二〇日条。

9 前掲注8『倉富日記』三、大正一二年二月二八日条。

10 前掲注8『倉富日記』三、大正一三年三月二九日条。

11 「帝室制度審議会ニ於ケル喪儀令案・国葬令案再調査議事録」（「岡本文書」第一部（二）一〇）。

12 倉富によると、内閣は「勅令ヲ以テ公布スルモノヲ宮内省ニテ立案シタルコトヲ嫌フモノニテ（中略）法制局参事官抔ハ此コトニ付非常ニ憤慨シ居レリ」という（「倉富勇三郎日記」（国立国会図書館憲政資料室所蔵「倉富勇三郎関係文書」）大正一五年六月四日条）。

13 「枢密院ニ於ケル皇室喪儀令案・国葬令案議事要録」（「岡本文書」第一部（二）一一）。

14 本項は国立公文書館所蔵「故元帥海軍大将侯爵東郷平八郎国葬記録一・（昭和九年五月三十日没）」（請求番号：葬00064100、以下「東郷国葬記録一」）に拠る。

15 以下特記しない限り、本項は国立公文書館所蔵「故元帥海軍大将侯爵東郷平八郎国葬記録二・（昭和九年五月三十日没）」（請求番号：葬00065100、以下「東郷国葬記録二」）に拠る。

16 会計事務を担当した稲田周一内閣書記官によると、国葬費は国費だけでは不十分であり、海軍の経費も事実上相当に使われ（国立公文書館所蔵「稲田周一手記一」請求番号：寄贈01606100）、西園寺の国葬では同様に住友の援助があったと述べている（国立公文書館所蔵「稲田周一手記三」請求番号：寄贈01608100）。

17 フランスの代表として国葬に参列すべく派遣された、フランス極東艦隊司令長官リシャールほか一名に対して、帰国前に叙勲がなされている（国立公文書館所蔵「故元帥海軍大将侯爵東郷平八郎国葬記録四・（昭和九年五月三十日没）」請求番号：葬00067100）。東郷の国葬もやはり外交の機会を提供していた。

18 伊藤隆他編『続・現代史資料五　海軍　加藤寛治日記』（みすず書房、一九九四年）昭和九年六月六日条・同一〇日条。この視覚効果については、原武史の研究（前掲注3原『可視化された帝国』）が参考となる。原は天皇という国家的シンボルを直接的に、あるいはマス・メディアを通して間接的にも視認させることで、民衆を「臣民」と認識させたと論じる。国葬においても、視覚的な効果が国民統合の一助となったことが指摘できよう。

19 前掲注14「東郷国葬記録一」。

20 『官報』大正元年八月一日。

21 『官報』大正元年七月三〇日。

22 「岩倉贈太政大臣葬儀雑日記」(国立公文書館所蔵「岩倉贈太政大臣薨去一件　五・明治十六年」請求番号：葬00007100)。

23 『東京朝日新聞』大正一一年二月八日付朝刊。

24 『東京朝日新聞』大正一一年二月九日付夕刊。

25 四竈孝輔『侍従武官日記』(芙蓉書房、一九八〇年)大正一一年二月九日条。

26 小園優子・中島三千男「近代の皇室儀式における英照皇太后大喪の位置と国民統合」(『人文研究』一五七、二〇〇五年)九三頁。

27 前掲注15「東郷国葬記録二」。

28 東郷の国葬を契機として、神社界を中心に神官が公葬(軍葬)に関与できるようにすべきとの議論が浮上する(英霊公葬問題)。この問題については、神社新報社編『増補改訂　近代神社神道史』(神社新報社、一九八六年)一七四〜一八五頁、長友安隆「戦時下神道界の一様相—従軍神職と英霊公葬運動を中心として—」(『明治聖徳記念学会紀要』三四、二〇〇一年)、藤田大誠「近代神職の葬儀関与をめぐる論議と仏式公葬批判」(『國學院大學研究開発推進センター研究紀要』八、二〇一四年)、同「支那事変勃発前後における英霊公葬問題」(『明治聖徳記念学会紀要』五一、二〇一四年)、同「戦時下の戦歿者慰霊・追悼・顕彰と神仏関係—神仏抗争前夜における通奏低音としての英霊公葬問題—」(『國學院大學研究開発推進センター研究紀要』一〇、二〇一六年)などを参照。

29 宮内庁書陵部宮内公文書館所蔵「自明治三十五年至同年十二月　帝室制度調査局会議議事録　第一綴」(識別番号94486)。

30 宮内庁書陵部宮内公文書館所蔵「機密　皇室喪儀令案　法制局妥協修正案」(識別番号93546)。

31 『官報』大正一五年一〇月二一日。

32 ただし山県有朋の国葬に際しては、斎主は教派神道からではない。それは当初、「千家、賀茂〔百樹〕(靖国神社宮司)両氏の内に決定するであらう」と報じられていたものの、別格官幣大社の宮司が斎主となる場合は神官の葬儀関与を禁じる明治一五年の内務省達に抵触することから、大島健一陸軍中将が斎主に任じられたのだという（『朝日新聞』大正一一年二月三日付朝刊、『皇国』二八〇号、大正一一年三月一日「閑話休題」欄、半田竜介「岩倉具視の国葬と神葬祭」『國學院大學研究開発推進センター研究紀要』一三、二〇一九年、九四頁）。

33 松平公益会編『松平頼寿伝』（松平公益会、一九六四年）二九四～二九五頁。

34 防衛省防衛研究所所蔵「海軍葬儀関係大正七年二月五日　昭和一八年一一月二〇日」（⑧参考―人事―55）。

35 防衛省防衛研究所所蔵「海軍制度沿革」巻七（①中央―沿革史―98）。

36 坂井久能「靖国神社と白金海軍墓地」（國學院大學研究開発推進センター編『招魂と慰霊の系譜―「靖国」の思想を問う―』錦正社、二〇一三年）八〇頁。

37 前掲注35「海軍制度沿革」巻七。

38 同右。

39 国立公文書館所蔵「公文類聚・第十編・明治十九年・第十九巻・兵制八・賞恤賜与・雑載」（請求番号：類00265100）。

40 防衛省防衛研究所所蔵「葬儀師に関する文書史料綴」（⑧参考―人事―180）。

41 前掲注35「海軍制度沿革」巻七。

42 国立公文書館所蔵「太政類典・第二編・明治四年～明治十年・第二百六十八巻・教法二十・葬儀」（請求番号：太00492100）。

43 前掲注39「公文類聚・第十編・明治十九年・第十九巻・兵制八・賞恤賜与・雑載」。

44 国立公文書館所蔵「公文類聚・第十四編・明治二十三年・第三十六巻・兵制十八・賞恤賜与三・雑載」（請求番号：類00482100）。

45 JACAR（アジア歴史資料センター）Ref. C06082621800、明治30年乾「弐大日記8月」（防衛省防衛研究所所蔵）。

46 白川哲夫『「戦没者慰霊」と近代日本―殉難者と護国神社の成立史―』（勉誠出版、二〇一五年）第一～四章。

47 原田敬一『兵士はどこへ行った―軍用墓地と国民国家―』（有志舎、二〇一三年）四二頁。

48 本項は前掲注15「東郷国葬記録二」、国立公文書館所蔵「故元帥海軍大将侯爵東郷平八郎国葬記録四・（昭和九年五月三十日薨去）」（請求番号：葬00067100）に拠る。

49 なお岩波武信委員（式部官）は幄舎の関係、つまり経費削減を理由に挙げている。

50　前掲注2刑部『帝国日本の大礼服』第八章。
51　伊藤隆他編『近代日本史料選書一―一　真崎甚三郎日記　昭和七・八・九年一月～昭和十年二月』（山川出版社、一九八一年）昭和九年六月五日条。
52　宮内庁編『昭和天皇実録』九（東京書籍、二〇一六年）昭和一八年四月二〇日条。
53　木戸日記研究会校訂『木戸幸一日記』下巻（東京大学出版会、一九六六年、以下『木戸日記』下）昭和一八年四月一九日条、伊藤隆他編『東條内閣総理大臣機密記録』（東京大学出版会、一九九〇年）昭和一八年五月一八日条。なお稲田内閣書記官によると、岡敬純海軍省軍務局長と星野直樹内閣書記官長の諒解のもと、特別に稲田自ら山本の後任の辞令書を極秘に作成しており、国葬の書類綴を持ち首相官邸を訪れた際に赤松貞雄首相秘書官に感づかれるまで、その死を極秘で押し通すことができたという（国立公文書館所蔵「稲田周一手記四」、請求番号：寄贈01609100）。
54　防衛省防衛研究所所蔵「山本元帥国葬関係綴」（①中央―その他―10）。
55　前掲注53『木戸日記』下、昭和一八年五月一七日条。
56　前掲注54「山本元帥国葬関係綴」。
57　前掲注52『昭和天皇実録』九、昭和一八年五月一八日条。
58　細川護貞ほか編『高松宮日記』六（中央公論社、一九九七年）昭和一八年五月二四日条。
59　国立公文書館所蔵「故元帥海軍大将山本五十六葬儀書類一・昭和十八年」（請求番号：葬00167100、以下「山本葬儀書類一」）。
60　国立公文書館所蔵「故元帥海軍大将山本五十六葬儀書類二・昭和十八年」（請求番号：葬00168100、以下「山本葬儀書類二」）。
61　『読売新聞』昭和一八年六月四日付朝刊。
62　前掲注60「山本葬儀書類二」、『読売新聞』昭和一八年六月五日付朝刊・同六日付朝刊。
63　『読売新聞』昭和一八年六月六日付朝刊。
64　前掲注59「山本葬儀書類一」、妹尾鉄太郎・稲垣真美共編『妹尾義郎日記』五（国書刊行会、一九七四年）昭和一八年六月五日条。
65　ただし各地の学校においては、国葬当日に国家偉勲者の功績に関する修身訓話を行うことが多々あった。また三条や伊藤の国葬日には、全国各地で追悼集会が行われているが（宮間純一『国葬の成立―明治国家と「功臣」の死―』勉誠出版、二〇一五年、

第六章第三節、『国民新聞』明治四二年一一月五日など参照)、東京と偉勲者の出身地以外で会が開かれるのは稀であったようである。

66 古川ロッパ『古川ロッパ昭和日記・戦中篇』(晶文社、一九八七年)昭和一八年六月五日条。

67 国立公文書館所蔵「国葬関係(載仁親王)・未済書類」(請求番号:昭57総00125100)。

68 国立公文書館所蔵「故元帥陸軍大将載仁親王葬儀書類・昭和二十年五月」(請求番号:葬00180100、以下「載仁親王葬儀書類」)。

69 以上、閑院純仁『私の自叙伝』(人物往来社、一九六六年)五四〜五五頁。

70 前掲注58『高松宮日記』八、昭和二〇年五月一一日条。

71 前掲注58『高松宮日記』八、昭和二〇年五月一九・二〇日条。

72 朝日新聞社編『入江相政日記』一(朝日新聞社、一九九〇年)昭和二〇年五月二〇日条。

73 徳川義寛『徳川義寛終戦日記』(朝日新聞社、一九九九年)昭和二〇年五月二〇日条。

74 国立公文書館所蔵「国葬関係(載仁親王)・施行済」(請求番号:昭57総00126100、以下「施行済書類」)。

75 前掲注69閑院『私の自叙伝』五五頁。

76 以下、特記しない限り前掲注68「載仁親王葬儀書類」に拠る。

77 この日の空襲により閑院宮邸のみならず、宮城や大宮御所、東宮仮御所、青山御殿、秩父宮邸、三笠宮邸等が焼失した(前掲注53『木戸日記』下、昭和二〇年五月二五日条)。

78 前掲注74「施行済書類」。

79 前掲注58『高松宮日記』八、昭和二〇年六月一八日条。

80 例えば東京帝大法学部教授の矢部貞治は「別に廃朝といふこともないらしいので朝講義に行く」と、国葬にほとんど関心を示していない(日記刊行会編『矢部貞治日記　銀杏の巻』読売新聞社、一九七四年、昭和二〇年六月一八日条)。

81 前掲注11「帝室制度審議会ニ於ケル喪儀令案・国葬令案再調査議事録」大正一五年八月二七日、伊東巳代治総裁発言。

第六章　戦後の皇室喪儀と国葬論議

はじめに

ポツダム宣言の受諾後、皇室をめぐる環境は大きく変化した。いくつか列挙すると、まず東久邇宮稔彦王が戦後初の、そして皇族としても初の首相となった。また憲法の改正により、天皇の地位が「統治権の総覧者」から「象徴」へと変わった。昭和二二年(一九四七)には伏見宮系の一一宮家五一名が皇籍を離脱する。さらに皇室関係の事務の一切を取り扱ってきた宮内省は、宮内府、そして宮内庁へと変遷を遂げていく。このようななかで、皇室喪儀もその形式や方法等に変化が生じたことは想像に難くなく、国民統合や葬法等の観点から戦後の天皇・皇族の喪儀の分析がなされている[1]。ところで、皇室喪儀はそもそも公葬として扱われたのであろうか。すなわち、憲法の改正が天皇をはじめ皇室の在り方に変容をもたらすなか[2]、国家が皇室喪儀にどの程度関与することができたのかを検討することにより、国家における皇室の位置づけを理解することにもつながると考える。

法制面でも変化は生じている。大正後期に成立した皇室喪儀令と国葬令は憲法改正により失効し、現在まで続く。なぜ再法制化がなされていないのか。後述するが、皇室喪儀を含む国葬の再法制化の動きがなかったわけではない。しかしその動きが法制化に結びつかないまま、皇室喪儀は行われ続けているのである。再法制化しないことによる不都合は生じなかったのだろうか。これまで論じてきたように、国葬と皇室喪儀は、その整備過程において相互に影響を与えてきた。皇室喪儀の法的根拠の有無が、その存立や形態に如何なる影響を与えたかを明らかにすることは、国葬を分析するうえでの重要な鍵になるだろう。

またその際に、栄典制度の整備が補助線となり得る。国葬は国家による特異な栄典の一種であったが、その栄典自体も戦後の憲法改正により、天皇の専権事項から内閣の助言と承認による天皇の国事行為へと変化している。[3]そのため、戦後の栄典制度の整備をめぐる議論が国葬のそれと如何なる連関を有するのかは見逃せない。戦後の各政権が栄典をどのように捉え、その制度を如何に構築しようとしていたのかを探ることは、戦後の栄典と国葬の関係性の解明にもつながるだろう。

葬儀に付随する問題として、宗教との関係にも留意せねばなるまい。これまで見てきたように、明治国家において国葬や皇室喪儀は、基本的に「宗教」とは異なる形の神式で営まれてきた。ところが戦後、いわゆる「神道指令」により、教派神道のみならず神社神道も宗教として取り扱われるようになるとともに、日本国憲法で政教分離が規定されると、皇室においてもこれを無視することはできなくなる。かかる点に関し山口輝臣は、戦後の改革で宮中祭祀を皇室の私的な領域に位置づけ直すことで、その後も宮中祭祀や皇室儀礼を継続することが可能になったと指摘する。[4]また大原康男は、占領期の公葬と政教分離について、特に文民に対しては寛容な姿勢を見せた占領軍側の論理を明らかにした。[5]皇室喪儀についてもその影響から逃れられたわけではなく、[6]実際にこの事態に直面した内閣や宮内庁は、如何なる論理を用いて対処したのかは見逃せない。以上を踏まえ、皇室喪儀に宗教が如何に作用したのかを見ていくことで、戦後における国家と宗教の関係の一端を明らかにすることも試みたい。

1　戦後旧憲法下の皇室喪儀

(1)占領直後の公葬論議

昭和二〇年(一九四五)一二月一五日、連合国軍最高司令官総司令部(GHQ/SCAP、以下GHQ)は覚書「国家神道、神社神道ニ対スル政府ノ保証、支援、保全、監督並ニ弘布ノ廃止ニ関スル件」(いわゆる「神道指令」)を作成する。[7] これにより、国家と宗教(特に、ここで新たに措定された「国家神道」)を切り離す、政教分離の方針が打ち出された。また、「神道ノ教理竝ニ信仰ヲ歪曲シテ日本国民ヲ欺キ侵略戦争へ誘導」した「軍国主義的乃至過激ナル国家主義的イデオロギー」、つまり、日本が万世一系の天皇を戴く君主制国家との前提のもと、日本の国柄や民族の特殊性・優越性を主張する「国体論」に関する事項も、「神道指令」により併せて禁じられた。しかし、この指令には公葬に関する規定が存在しなかったため、戦没者に対する公葬の実施をめぐり混乱が生じており、明確な基準が求められていた。[8]

そのため、昭和二一年六月一二日、民間情報教育局(CIE)のW・K・バンスは日本側の質問に答える形で、戦没者のための葬儀・追悼式への、国公立機関の関与や援助、さらには官公吏や教師の公的資格による参加などを禁止し、民間団体主催でも一部の例外を除き儀式を制限する、と口頭で通達する。[9] 続いて戦没者でない場合についても、二六日、私葬は校庭などの公共の財産でなく宗教施設で営まれるべきであり、また死去した功労者へ公共団体が花輪等を捧げることは認めるが、神式葬儀への公的資格による参列は不可であると口達した。[10] なおバンスはその際、前年に行われた米国前大統領ローズヴェルトの葬儀は、ローズヴェルト家の私葬として営まれたのであり、「国家は葬式そのものには関与せず、国民的に弔意を表し儀仗兵を派遣する等のことのみをなしたりと語」っていた。[11]

それゆえ吉田茂内閣では、「国葬も亦公葬の一部として、将来之を行ふことが出来ないことになりはしないか」を懸念し、口達の翌日には終戦連絡中央事務局を通じてその緩和を要請することを検討している。[12] その内容は、従来の国葬のままでは政教分離の原則に適合しないため、今後は、①宗教的儀式と②国民が哀悼の意を表する儀式に区別し、①は故人の私葬として国家は関与しないこととする、また②は宮中・政府の官吏が公の資格をもって行い、葬儀及び(a)天皇・皇族の場合は陵墓の築造に、(b)私人の場合は遺族による墓碑の築造や式場の装飾に、国費をもって補助し、公共営造物を利用できるようにしてほしい、というものであった。結局はGHQに要請する前に廃案とされたのであるが、内閣では①と②を分離することで、天皇・皇族・偉勲者のいずれの国葬も実施できる可能性を残そうと考えていたのである。

さてその後も、内務・文部両省や終戦連絡中央事務局、CIEなどにより公葬・記念碑等に関する規定の作成が続けられた結果、[13] 新憲法公布直前の一一月一日に「公葬等について」(発宗第五一号内務次官・文部次官通牒)が発せられた。[14] これにより、地方官衙や地方公共団体による公葬等の宗教的儀式・行事や、戦没者・軍国主義者・超国家主義者に対する非宗教的慰霊祭の主催や援助、弔意表明を禁じられた。ここでの文民の公葬に対する作成者の関心は低い。それはバンスの口達からも看取されるように、文民の公葬に対する事項が、日本側の疑問に答える形で挿入された副産物にすぎなかったからであった。「本件が政教分離の問題ではなく、むしろ「軍国主義・超国家主義」排除の見地から講ぜられたものであることを端的に示している」[15] のである。

では、これらの公葬をめぐる論議は実際の事例にどのような影響を与えたのか。同年八月に執り行われた伏見宮博恭王の喪儀から、これを確認したい。

(2)伏見宮博恭王の喪儀

八月一六日、伏見宮博恭王が宮邸で死去すると、訃報に加え、この日から三日間の宮中喪と喪儀当日の廃朝を宮内省が発表する。[16] また喪儀は「現下我国ノ諸情勢ト、目下連合国最高司令部ニ依リ皇室財産並皇族ニ関スル諸種ノ制限ヲ加ヘラレ居ルニ付、出来得ル限リ簡素ヲ旨トシ執リ行」うこととし、「大体昨年ノ閑院宮載仁親王殿下喪儀(国葬)ノ例ヲ斟酌」するとされ、八月二一日に神式で執行することとなった。[17]

ここで喪儀に関係する皇室令の規定を確認する。皇室服喪令では、皇太子・皇太子妃・皇太孫・皇太孫妃・王・王妃・女王は薨去日から三日間と喪儀当日、親王・親王妃・内親王・王・王妃・女王は国葬の場合にその当日に「臣民喪ヲ服ス」(第一六条)、服喪範囲外の皇族の場合は五日以内の宮中喪の場合がある(第二六条)とされた。また皇室喪儀令では、親王・親王妃・内親王・王・王妃・女王に対し、三日以内と喪儀当日に廃朝することがある(第一四条)とされる。今回は載仁親王の国葬の例を斟酌するものの、国葬ではないため、臣民の服喪は行われず、日数からも最低限の宮中喪と廃朝にとどまったといえる。

そもそも博恭王は、終戦時に元帥海軍大将の肩書きを持ち、昭和七年から同一六年まで軍令部総長を務めていた。[18] そのため、陸軍で同様の立場であった載仁親王[19]の例に倣えば、博恭王も国葬の礼に遇されておかしくない。しかし、敗戦前に死去した載仁親王と異なり、占領下で死去した博恭王を軍人としての功績から国葬に遇することは不可能である。それは、従来ならば書類等にその肩書きを「故元帥海軍大将大勲位功一級博恭王」のように記すところ、今回は「目下ノ情勢ニ鑑ミ」、墓標・墓誌・祭詞を除き単に「大勲位博恭王」とのみ記していることからも明らかである。[20] すなわち、(元)軍人色を薄めて一皇族として博恭王を位置づけることにより、前述のバンスの口達の枠内に博恭王を収め、皇室喪儀令に則る形での喪儀を円滑に執行できると考えたのであろう。

では、博恭王の喪儀はどのように位置づけられたのか。まず、皇族喪儀は朝儀との見解を示した「昭和十七年宮内省官房人事課ノ取極」に沿う形で、喪儀委員や司祭長、喪儀次第などが決定されている[21]。この「取極」以前は、喪儀次第は喪儀係が起案し、宮附職員・宗秩寮による起案文書として治定の運びとなっていたが、この「取極」により喪儀次第は式部寮主管となり、また、皇族王公族附職員官制が昭和二一年七月九日に廃止されたことで、宮家職員の地位は宮内官ではなくなった[22]。そのため今回は、喪儀係が立案した喪儀次第を、まずは宮家職員より宮内大臣へ内申して式部寮に送付、その後、式部頭が正規の手続きをとり、伺済として治定されると、宮相より宮家職員へ通知されることとなる[23]。ここからは、博恭王の喪儀は宮家が主導する形式を採っていることがわかる。しかしその一方で、喪儀委員や掛員のほとんどを宮内省員が占めていることから[24]、戦前同様に宮内省が主導する公葬として取り扱われていたといえる[25]。

ところが、これを覆そうとする動きが、喪儀費用をめぐり生じている。宮内省は八月一七日、天皇・皇后・皇太后が喪儀祭資として七万円を下賜することへの許可を、東京中央連絡事務局(ＣＬＯ)を通してＧＨＱに対し申請した[26]。皇室財産に関しては、昭和二〇年一一月一八日にＧＨＱから出された政府宛覚書において、皇室から金品の下賜や予備費等からの支出などについて、ＧＨＱの事前承認が必要とされていた[27]。さらに昭和二一年五月二一日には、皇族・宮家に対して金品等の一切の下賜・貸与を禁ずる旨の覚書が、ＧＨＱより交付されている[28]。そのような状況下でのＧＨＱに対する申請は、宮内省がこれまで皇室喪儀に際して祭粢料が下賜されてきた先例を踏襲するための許可を得ようとしたものであろう。

しかしその許可は得られなかった。九月六日、ＧＨＱは宮内省に対し、博恭王の喪儀に「要シタル費用ヲ支出スルタメ金七万円以下ノ金額ヲ立替エル権限ヲ賦与」するが、翌年の三月一日までに博恭王の遺産から払い戻させるよう指示したのである[29]。そのため伏見宮家は、「白河天皇の時代の左大臣源俊房自筆の日記」である「水左記」二巻(評価額三万円)と、「後花園天皇の時代の内大臣万里小路時房の自筆の日記」である「建内記」三六巻(評価額四万円)を献上することで立替金を弁済せざるを得なくなり、結果的にこれらは「新憲法実施により国有財産となり宮内府図書寮において保管」されることとなった[30]。

以上より、当初は博恭王の喪儀を朝儀として宮内省が主管し、天皇・皇后・皇太后からの下賜金により喪儀費用をまかなうことを企図していた。しかし後者については、ＧＨＱがこれを認めず、費用は博恭王の遺産から返還させるなど、あくまで宮家の喪儀として位置づけ直された。事後的ではあるものの、公葬としての一要素の排除が図られたのである。ただしそれは、皇族の喪儀を公葬とさせないためというよりは、皇室財産をめぐり改革が行われているなかで、喪儀を例外として扱うことを認めなかったために生じた出来事であった。

その他、喪儀の内容についても確認していく。その際、当時まだ有効であった皇室喪儀令と、戦中期に行われた閑院宮載仁親王の国葬を、ここでの比較対象としたい。儀式次第については、皇室喪儀令附式において親王喪儀が規定されており、王の喪儀もこれに準じることとされている。また、儀式の加除については、「已ムコトヲ得サル事由アルトキハ其ノ一部ヲ行ハサルコトアルヘシ」(第二一条)とされた。これらを踏まえたうえで、博恭王の喪儀次第について確認すると、「賜誄ノ儀」に代わり「賜物ノ儀」が設定されたほかに、皇室喪儀令との差異はない[31]。一方で、載仁親王の国葬は、空襲で宮邸が焼失し期日が延期されるなど、戦争の影響を強く受けたため、儀式を簡略化している。以上から、喪儀次第に関しては、占領下という状況の影響はほとんど見受けられないのである。

ところで、「公的資格による神式葬儀への参列は不可」という先述のバンスの口達を受けて、内閣は公葬への政教分離の影響を検討していた。そこで参列者の資格について確認すると、従来の皇族喪儀への参列は宮中席次保有者に限られ、喪主を除き未成年者の参列・参拝はなかったところ、今回は宮中席次の有無を問わないこととなり、幼年者を除き参列が可能となっている。すなわち、博恭王は戦没者ではないため喪儀に国家が関与することができ、かつ参列資格を撤廃したことでバンスの口達をも遵守しているので、政教分離の問題は解決していると宮内省は考えたのであろう。先

表6－1　「霊車発引ノ儀」における鹵簿

皇室喪儀令	載仁親王 【空襲前】 宮邸 →豊島岡墓地 (自動車)	載仁親王 【空襲後】 小田原別邸 →豊島岡墓地 非公式(自動車)	博恭王 宮邸 →豊島岡墓地正門 (自動車)	博恭王 豊島岡墓地正門 →葬場
警部左右各一人	警部二人			
儀仗兵				
附属職員	喪儀掛・高等官	喪儀委員	宮家職員・司祭長 内藤委員	内藤委員
司祭副長・司祭	祭官長・祭官副長			宮家職員
司祭長				小出司祭長
儀仗兵				
霊車(馬車)	霊車(自動車)	霊車(自動車)	霊車(自動車)	霊車(自動車)
儀仗兵				
附属職員	附属職員			宮家職員
喪主	喪主	殿下・妃殿下	喪主・故博義王妃 宮家職員	喪主
親王・王	皇族		光子女王・章子女王 朝融王・同妃	身内皇族
故親王ノ親族タル華族	親族	親族総代・華族侯爵・夫人	華頂侯爵・同夫人 松平宗秩寮総裁 加藤宮内次官 岡田委員長	親族・華頂侯爵・同夫人
附属職員	喪儀掛・高等官	喪儀委員長		送葬諸員 松平宗秩寮総裁 加藤宮内次官
送葬諸員	送葬諸員	宮内大臣・宮内勅奏任官総代		岡田委員長
		喪儀委員		
儀仗兵				
警部左右各一人	警部二人			

出典：「官報」，国立公文書館所蔵「故元帥陸軍大将載仁親王葬儀書類」，宮内庁書陵部宮内公文書館所蔵「皇族身分録2（伏見宮博恭王殿下薨去の部）」。

述の廃案となった内閣案とは異なる解釈を採ることで公葬を実施しようとしたといえる。

続いて鹵簿の構成について見ていくこととする。皇室喪儀令から変化が見られるのは「霊車発引ノ儀」である（表6－1）。変化の一点目は、鹵簿の中心に位置する霊車が、載仁親王の国葬、博恭王の喪儀ともに簡素を旨として、宮邸から墓地まで自動車を使用していることである。これは皇室喪儀令附式に「必要アルトキハ自動車ヲ以テ馬車ニ代フルコトヲ得」（第二編第三）とあるために可能であった。二点目は、両事例とも鹵簿の前後警衛と儀仗兵が配置されていないことである。前者は計画当初から「霊車発引ノ儀」を省略しており、非公式という位置づけのため、後者は陸海軍がすでに解体されているためである。なお後者の場合、非公式に喪儀委員より警視庁に、鹵簿の前後に警察官の配置を口頭で依頼している[32]。また鹵簿が通過する際の警備については警視庁の方針に一任とし、過剰な警衛に注意しつつ要所に交通整理の制服員を配置し、一般の交通は通常通りとして、通過の際のみ一時的に横断を停止させ、鹵簿を無停車で通過させることとなった[33]。葬列には、公に見せることで故人への哀悼の意を共有させる役割が付与されてきたが、その観点からは、博恭王の死を国民が共に悼むという、公葬の目的の一つが切り離されていることが見て取れる[34]。戦時下に行われた載仁親王の国葬も同様であったことに鑑みると、公葬は見せることよりも執行すること自体に意義があるといえよう。

以上、敗戦後の旧憲法下における皇族喪儀をめぐる議論について確認してきた。皇室喪儀令には儀注節略が設けられており、戦中の逼迫した情勢で行われた載仁親王の国葬では、空襲の直接的な影響もあり、多くの場面で儀注節略が適用された。これに比すれば、占領下に行われた博恭王の喪儀には儀注節略があまり適用されておらず、変更された要素の多くは、故人の経歴と敗戦にともなう軍隊の廃止の影響を受けたものであった。また、バンスの口達からも逸脱しない最低限の対応で、できる限り従来通りの喪儀を試みている。ただし、喪儀費用に関しては従来のように下賜金で賄うことができなくなり、遺産を手放すことで対応せざるを得なかった。その後、伏見宮系の皇族は皇籍から離脱することとなり、皇室喪儀令も新憲法の制定にともない失効するため、この事例がその後の先例となることはなかった。しかし、旧憲法下でかつ占領下にある時期に皇族が如何なる扱いを受けたかを示す貴重な事例といえよう。

では一方で、新憲法下で皇室喪儀はどのように行われたのか。この点に関して、昭和二六年に行われた貞明皇后の大喪儀から確認していくこととする。

2　独立前後の皇室喪儀

(1) 貞明皇后の大喪儀

昭和二六年(一九五一)五月一七日、昭和天皇の母である貞明皇后[35]が急死する。この報はすぐさま宮内庁にも伝えられ、吉田茂首相と田島道治宮内庁長官が対応を協議した。この時点では、田島は「国葬当然」、すなわち国庫支出による「国葬」としての大喪儀が行われると考えていたようである。[36]しかし田島が岡崎勝男内閣官房長官と大橋武夫法務総裁とも協議を行ったところ、岡崎から、「国葬か否か、法的根拠及占領治下にて国葬好まぬ」が、「陛下の思召次第」との吉田首相の意向が伝えられている。[37]田島とは異なり、早い段階から吉田は、国葬令の失効による法的根拠の喪失を理由の一つに挙げ、「国葬」に否定的な姿勢を示していたのである。

戦前の皇室喪儀令や国葬令では、皇后・皇太后は大喪とすると規定されていた。だが新憲法施行にともない両令は失効する。[38]また新皇室典範の制定に際しても、当初の案では「天皇、皇后、太皇太后及び皇太后崩ずるときは、大喪儀を行ふ」とされていたが、「規定事項を可及的減少させる」ため、かつ「立后の礼につき規定なきに拘はらず三后の大喪儀を規定するは不権衡」なため、以降の案では大喪儀の対象は天皇のみとされ[39]、そのまま成立に至っていた。

そこで宮内庁は、皇室喪儀令に準ずる形で「御喪儀長官」以下を任命し、かつ宮中喪を発することを志向する。[40]昭和二二年五月二日に宮内府長官官房文書課長高尾亮一の名で発せられた「皇室令及び附属令廃止に伴い事務取扱いに関する通牒」第三項、「従前の規定が廃止となり、新しい規定ができていないものは、従前の例に準じて、事務を処理すること」[41]に倣ったのであろう。[42]

さて、田島長官は、五月一八日に大橋法務総裁、佐藤達夫法務府法制意見長官と行った協議の結果を昭和天皇に報告する。[43]すなわち、皇太后の身位は公私両面を併せ持つため、喪儀を内廷費ではなく宮廷費から支弁することで問題なく、国葬ではないが、「廃止になった皇室喪儀令を慣習法と見て、皇太后大喪儀」として行う、とのことである。これに対して昭和天皇も、「国葬がいかぬやうなれば已を得ない」と答えている。

こうして政府は、戦前とは異なる、準国葬としての大喪儀を国の儀式として行う方針を固め、閣議で国葬は行わないと決定した。岡崎官房長官は、皇室典範の関係上、政治的・法的にも国葬とすることは不可能であり、国葬に準じた「皇太后大喪儀」として宮廷費から、また不足分は国庫予備金から支出する形式になろう、と説明する。なお詳細は、岡崎が天皇の意向を尊重しつつ宮内庁側と協議して詰めることとなった。[44]

この非国葬という決定を下した政府であったが、これに対する反発も警戒していた。同日、岡崎官房長官の使いとして田島のもとを訪れた松井明首相秘書官が、政府は国葬を希望したが天皇の思召で国葬とならなかった、ということにできないかと相談を持ちかけたのである。[45]これに対し、事実と異なると田島は拒絶する。しかし、松井が「余程何処かへの立場上必要らし」い様子を見せたこともあり、法的根拠に関する疑念と「国情に鑑み可成質素に行うやうとの御思召」から国葬とせず、との線に落ち着いたのであった。政府は、「大喪儀」を国葬としないことで予想される反発を、天皇の意向を前面に出すことで抑えようとしたのである。

これに対し、国民民主党では一九日の総務委員会で、葬儀は国葬とすべき旨を一松定吉最高顧問から政府に申し入れるとともに、議院運営委員会にも諮ることに決する。[46]さらに一松は二三日、緑風会の河井弥八に後述の「国葬法案」を提示し、各派共同発議とすべく緑風会の同意を求めた。また自由党の野田卯一も河井に党修正案を示したうえで、緑風会の意向を問うている。そこで河井は緑風会の徳川宗敬と相談のうえ、田島長官を訪問するが、田島は難色を示すのみであった。実はこの時、田島は「多少でも政治上の問題のにほひのする事になるのはいやな感じ」と考えていた。[47]田島との質疑から、政府側と司令部側に「難点」があると解釈した河井は、野田・一松にその事情を説明し、また緑風会会務委員会にも報告のうえ、慎重な取り扱いを求めている[48]。

「大喪儀」を国葬とし、かつ制度として整備すべく参議院法制局で作成された「国葬法案」は、国葬令を新憲法に合わせて焼き直したものといえる。そのため、①公布と同時に施行、②国葬令は廃止、の二点が附されている[49]。とはいえ、河井の説明もあってか、法案が実際に提出されることはなかった。当時、自由党と国民民主党では参議院で過半数に達しておらず、法案が成立するためには緑風会の協力が不可欠だった[50]。国葬の再法制化の動きは、政府による貞明皇后の「国葬」の否定を覆すことができなかったことで、一度立ち消えることとなったのである。

一九日には、閣議了解により決定された「皇太后大喪儀挙行要綱」が宮内庁から発表される[51]。内容は、①葬儀は皇太后大喪儀と称する、②大喪儀事務を司るため皇太后大喪儀委員長、同副委員長二名、同委員若干名を置き、首相が委嘱する、③各儀式の日時や式次第は宮内庁長官が定める、④葬場は豊島岡墓地内とする、⑤陵は武蔵陵墓地内とする、⑥費用は国費支弁とする、であった。これに基づき、吉田首相より委員長以下一三名が二二日に委嘱され、大喪儀委員会が発足することで、活動が本格化する[52]。戦前と同じく「大喪儀」を冠してはいるが、大正三年(一九一四)の昭憲皇太后大喪儀では、大喪使官制により宮中に大喪使が設置され、勅命により総裁に閑院宮載仁親王、長官に波多野敬直宮相が任じられていた[53]。体制の変化や占領下での執行という要因から、規模の縮小は否めない。後述するように、今回の大喪儀には変更点が複数見受けられる。また「国葬ではない大喪儀」という新例が開かれた。だが世情に合わせつつも、基本的には先例を踏襲するという当初の方向性は維持されたといえよう。

午後に開かれた大喪儀委員会では、儀式の日程や田島委員長による祭官長・祭官の任命等が決められた[54]。すなわち戦前同様に神式で行われることとなったのである。この時、政教分離問題を心配する動きもあったが、高尾亮一によれば、政府がこの件をＧＨＱと打ち合わせたところ、葬儀は宗教的行事であるため信仰の自由に基づく公葬も憲法に抵触せず、したがって貞明皇后の信仰が神道ならば神式葬儀を国の行事として国費で執行することは何ら差し支えない、との回答をGHQ側から得たのだという。[55] 同様の事例は、同年三月の幣原喜重郎衆議院葬でもあり、衆議院葬を仏式で執行することに対して、文部省宗務課の河和田唯賢がCIE宗教文化資源課のF・T・モトフジに対し、公葬への宗教の関与が違憲とならないか問い合わせている。この問いは、新憲法第二〇条第三項や、「神道指令」の具体的指示である「公葬等について」が念頭にあるのだろう。さて、かかる問いにモトフジは、同課長のバンスと相談のうえで、「CIEはその計画に全く反対しない。「公葬等について」で示された、公の資格による、葬儀や他の儀式への参加の禁止は、軍国主義者や超国家主義者が対象の場合を指す」と答えた。[56] つまり、CIEの想定した規制対象に該当しない幣原の衆議院葬に宗教色が入ることは、違憲とはならないとの解釈を示したのである。以上を踏まえると、従来の大喪儀には存在した葬場殿前の鳥居を今回の大喪儀で設置しなかったように、[57] 政教分離に敏感だったのは、むしろ日本政府の方であったといえよう。

さてここで、戦前との変化について簡単に見ておこう。今回の大喪儀にはまず、従来は公式行事への参加ができない建前であった、未成年の皇族の出席が公式に認められた。[58] これにより学齢に達している皇太子明仁親王・義宮正仁親王・清宮貴子内親王は学習院の制服で、順宮厚子内親王は新調の喪服で出席することとなった。[59] また天皇の意向により、斂葬の儀をこれまでの夜間ではなく日中に執行するとともに、霊柩を載せる轜車を牛ではなく馬が牽くこととなった。[60] その理由の一つとして、戦災で焼失するなどした道具類を新調する必要があり、費用や時間を要することが挙げられている。その大喪儀費用は、一般会計予備費から二九一五万円を宮廷費として支出することになる。[61] だがこれはあくまで各儀式を執行するための費用であり、陵墓築造費は別とするため、これらを合わせると約六〇〇〇万円となる見込みであった。それゆえ「時節柄、金をかけ過ぎる、との一部の世評を気に病む宮内庁当局は「これでも非常に節約したのだ」と説明に努め」た。[62] また沿道の奉送者には「奉送者心得」中にて、奉送線の内側での写真撮影が認められた。[63] 厳格性を非常に重視した戦前の大喪儀から見れば、大きな変化である。以上の諸変化からは、皇室を国民に近づけることで国民の理解を得ようとする政府、宮内庁、そして皇室自身の姿勢が浮かび上がってくる。

弔意を表する方法をめぐっては、議会の動きにも変化が見られる。五月一八日に開かれた衆議院議院運営委員会[64]では大池真事務総長から、英照皇太后の大喪儀時には通常議会中であったため一週間の議事中止としたが、現状でこれは不可能として、代わりに弔旗掲揚を行うことが提案される。これに竹村奈良一（共産党）が「国葬か何かにするのなら別」だが、この際そのような措置は必要ないとして反対を表明するものの、その他の委員の賛成により、前日から数えて五日間と大喪儀当日に弔旗掲揚を行い、また本会議で弔詞をおくることとなる。これは同日の参議院議院運営委員会においても同様の決定がなされている。[65]

服喪に関しては、国民も大きな影響を受けた。五月一七日、NHKは貞明皇后の訃報が伝わると、同夜の歌謡・音楽放送をすべて停止する。[66]一八日には岡崎官房長官が、「国民ひとしく喪に服するよう望みたい。葬儀の（中略）日取りは六月になろう、この間街の歌舞音曲はつゝしんでもらいたい」との談話を発表した。[67]国葬令で規定されていた国民服喪が、その失効により強制力を失ったために、また大喪をはじめとする皇族の国葬に際して出されていた歌舞音曲停止も、今回国葬となっていないがゆえか、あくまで希望するという形にとどまっていることが指摘できる。それまでの大喪儀で実施されてきた全国的・統一的な国民服喪は、もはや新たに法令を制定しない限り困難であった。とはいえ、少なくとも行政の範囲では、談話に対応する形がとられている。斂葬の儀当日に官庁は、①弔旗を掲揚する、②天皇の礼拝時に黙禱を行う、③公式行事・儀式等での歌舞音曲を差し控える、④午後は休務とする、との閣議決定（六月一二日）を受けた人事院は、公務に支障のない範囲での④を各官庁に指示している。[68]また東京都は、①を都電・都バス・各学校に指示するとともに、一般都民にも要望する。[69]加えて都教育委員会により、前述の閣議決定同様の内容が各区長・学校長に通知されている。[70]都はさらに、当日の「歌舞音曲を差し控える意味で映画演劇、料理店には営業の自粛を、一般軽飲食店ではバンド、レコード演奏を遠慮してもらうよう要請することにな」り、それと前後して歌舞伎座・明治座・新橋演劇場は当日の興行を中止とした。[71] このように、官房長官談話は一定の効果をもたらした。ただし、銀行は平常通りの営業としたように[72]、その限界も確かに存在したことは指摘しておきたい。

(2) 秩父宮雍仁親王の喪儀

雍仁親王は昭和二八年一月一日に重態に陥り、四日に療養先の鵠沼で死去する。[73] これを受けて田島宮内庁長官、宇佐美毅同次長などは即日、雍仁親王妃勢津子と相談のうえで宮内庁首脳部会議を開き、喪儀は秩父宮家の喪儀として行い、宮内庁が全面的に援助する形をとることに決定した。[74] 貞明皇后の大喪儀のように「国事」とすることは、今回は不可という判断からの決定である。[75] 建前として宮家が主、宮内庁が従という関係となることから[76]、この喪儀が公葬か否かについて疑問も浮かぶが、結論から述べると、この喪儀は公葬として取り扱われた。

まず、喪儀費用は国費支弁とすることが六日の閣議で了解を得たことで[77]、一般会計予備費の皇室費のうち、宮廷費から七〇〇万円が支出されている。[78] 国費支弁とされた理由について法制局長官の佐藤達夫は、「宮内庁が皇族に関する事務の遂行に必要な経費」であるためと説明している。[79] 加えて、喪儀後に作成された「昭和二十八年六月第十六回国会皇室経済法及び同施行法の一部改正法律案想定問答集」では、「陵墓は、国の公けの財産であり、それへの斂葬は、原則として国費を以て支弁することが適当となるであろう」と説明されている。[80]

また公文書の扱いについては、従来はすべて宮附事務官の名称で執行してきたが、今回は対外的な公的な事柄には宮内庁長官、一般的な通知は喪儀委員(長)、外交団への通知は式部官長の名で行った。[81] さらに執務者についても、従来は葬儀係に任じられた一定の職員が宮邸で執務し、不足の場合のみ所要の人員を借用していたが、今回は少数の委員が委嘱されてはいるものの、宮内庁の各部局が各所管事項を「自発的」に取り扱う形をとった。[82] 前述の通り、建前としては宮内庁は宮家を援助する立場にとどまるが、実際は宮内庁が中心となって喪儀を進めているのである。なお、今回の喪儀の式次第は失効した皇室喪儀令を参考に作成された[83]。その皇室喪儀令では「直系卑属の皇族男子がない場合は勅令により別当事務官等が喪主として定められていた」が、男女の別の規定はなく、前例はないが道理に合わないことはないとして、今回の喪主は親王妃勢津子が務めている[84]。五日には宮内庁首脳部と親王妃勢津子が協議し、喪儀日程、場所等を発表したほか[85]、喪儀委員長に松平康昌式部官長、その他の委員に宮内庁からのほか、日本体育協会の常務理事などが名を連ねる喪儀委員会が発足する[86]。

さて、雍仁親王は遺言のなかでいくつかの希望を記している[87]。それらは一連の喪儀形態に如何なる影響を及ぼしたのだろうか。一点目は遺体を解剖に附すことである[88]。これは昭和天皇の同意を得たうえで、五日に実施された[89]。二点目は火葬とすることである[90]。近代において皇族は基本的に土葬とされており、前章で見たように戦時期の載仁親王の国葬の際に検討もされたが、実施には至っていなかったため、今回火葬を採用することは、皇族喪儀における大きな画期となった。火葬は葬場の儀と墓所の儀の間に行われたが、この他、従来のように榔に斂める行事がなくなり、正寝移柩の儀は霊柩を正寝の正座に安置するのみとなるなど、儀式の細部には変更が生じている[91]。なお、火葬の手続きについては、「墓地、埋葬等に関する法律」(昭和二三年五月三一日法律第四八号)により、火葬をする際には死亡届を受理した市町村長の許可証が必要だが、皇族には戸籍がないため死亡届が出せないという問題が生じていた[92]。そのため宮内庁は内閣法制局の意見も参照しつつ、「皇族は籍は皇統譜令にあり、墓籍も皇室典範に定められているので墓地埋葬法の適用外」であり、「この場合の書類等は墓地埋葬法の手続きによらないで、宮内庁と葬儀社との間で行うという解釈」を採用することとなった[93]。

三点目は、喪儀は「如何なる宗教の形式にもならないものとしたい」というものである[94]。雍仁親王は宗教に対する不信感を次のように表明している。

僕は、神——此の字で表現することの適否は別として宇宙に人間の説明し能はない力の存在を認めないわけにいかぬ——を否定しない。然し現代の宗教に就いて一としてこれと云ふものはない。現在の宗教は何れも平和をもたらすものとは云へない。相互に排他的であり、勢力拡張の為には手段を選ばない傾向さへある。

しかしこの遺言に対して、実際には元伏見宮家事務官の前田利男が司祭長を務め、神式で執行された。[95] この措置は遺言を無視したように見えるが、親王妃勢津子は、喪儀は「宮内庁伝来の神式」によったものの、「司式は御縁故者」が行うことで、「いかなる宗教の形式にもよらないもの」という遺言の趣旨に副うことができたとの認識を示している。[96] 第二章で確認したように、司式を教派神道からではなく縁故者が担うようになったのは英照皇太后の大喪儀以降のことであり、皇室の神道と神社神道は宗教ではないとする戦前の「神社非宗教論」に基づくものであった。しかし「神道指令」によりこの原則が崩れるなかでの、今回の親王妃勢津子の解釈は、教派神道に限らず神官が関与しなければ非宗教的形式になるというものである。皇室の宗教は神道だとすることにより、宮中祭祀が皇室の私的な領域に位置づけられ継続されていた当時にあって、[97] 一工夫すれば皇室の神道も非宗教的なものとなり得るのだという当事者の認識、いうなれば「神社非宗教論」の残り香がここで顕れたものといえよう。

また喪儀後の（おそらく宮内庁内の）振り返りのなかで、「従来正寝移柩の儀を除き他の諸儀には拝礼の際すべての者が玉串を奉奠していたが今回は勅使、皇后宮使及び喪主だけが奉奠」したことに対し、「一般民間の神式葬儀の際玉串奉奠を行っている今日皇室だけが率先してこれを廃止するについては将来根本的に研究する必要があらう」と述べられている。[98] ここからは、皇室の「伝統的」形式と「一般民間の神式葬儀」の違いへの意識は希薄で、かつ政教分離への意識はないことが看取される。

以上のように、雍仁親王の喪儀は故人のパーソナリティの影響が見られるが、もう一つ、雍仁親王とスポーツとの関係性を強く押し出した点も指摘できる。雍仁親王は日本陸上競技連盟や日本ラグビー・フットボール協会の総裁を務めており、「スポーツの宮さま」と呼ばれていた[99]。それもあり、六日には親王妃勢津子、高松宮宣仁親王、松平式部官長が協議し、「スポーツ葬」の性格を持たせることが決定する[100]。具体的には日本体育協会の協力を得て、葬場では「スポーツ界の元老」が柩の担い手となるほか、受付その他には学生も加わることで、「スポーツ葬からさらに国民葬のような雰囲気」を作ろうとした[101]。さらに「次官会議で十二日の秩父宮御葬儀当日に各官庁は「弔旗」を掲げることを決めたが、都でもこの主旨で都庁、各営業所、都電、都バスなどに弔旗を掲げることに決めた。各区役所、市町村役場もこれにならう予定で、都では一般都民もできるだけ黒布をつけた国旗を掲揚してくれるようにといっている」ように[102]、貞明皇后の大喪儀ほどではないものの、国民に対して弔意表明を要請している。この成果について、鷹司信輔（明治神宮宮司）は「スポーツ関係の民間人が多数に奉仕申し上げ国民全部が心から弔悼申し上げる一種の国民葬で、その意味でこの葬儀形式は今後の皇室喪儀形式に重大なサジェストを示すもの」と評しており[103]、その後の皇室喪儀を大きく変える可能性を示したのである。しかしながらその後、皇室喪儀が行われることはしばらくなかった。そのなかで、皇室喪儀の在り方について、皇族外の国葬と併せて模索されることとなる。

3　国葬と栄典の法制化への試み

(1)公式制度連絡調査会議の始動

国葬の再法制化論議が再燃するのは、貞明皇后の大喪儀に際して「国葬法案」が参議院で作成されてから一〇年を経た、昭和三六年（一九六一）のことである。当時は、昭和三二年以来憲法調査会で進められていた、日本国憲法制定の経過と運用の実際に関する調査により、今後審議すべき問題点や検討審議の進め方などが定められるような状況にあった[104]。

まずは七月二八日、「新憲法の下において、未だ制度化又は法制化されていない元号その他の事項について、調査審議するため」公式制度連絡調査会議（以下、調査会議）の開催（主宰は総理府総務長官）が閣議決定される。[105] ここで調査審議の対象となったのは、元号、天皇の国事行為の委任、公文方式及び法令の公布制度、国旗及び国歌、国賓、そして国葬である。

国葬が初めて議題とされたのは、内閣法制局・総理府・宮内庁・大蔵省の関係職員が出席して行われた、一二月二二日の調査会議小委員会である。その会議で内閣法制局の小谷宏三参事官補は、複数の論点に対し見解を述べている。一点目は、国葬令の効力について、新憲法との関係からすでに失効しているというものである。二点目は、憲法第二〇条（政教分離）との関係についてである。小谷は「遺族の意思と無関係に、国が一方的に特定の宗教儀式で国葬を執行すること」は違憲だが、「遺族の申し出た宗教儀式によつて執行する方式までも否認していると考えるには及ばない、と解する余地が残されて」おり、天皇・皇族の国葬方式は「先般の貞明皇后の葬儀・立太子礼及び皇太子の結婚式が有力な先例又は参考例とされよう」と述べている。三点目は、国葬と天皇の国事行為（憲法第七条）との関係についてである。まず、国葬を同条第一〇号にある「儀式」に含めることは可能との判断を示している。また、同条第七号の「栄典」の一種と見ることに関しては、「国葬が実質的に故人に対する栄典の追贈としての性格を帯びていることは、たしかである」が、その「実体は、あくまでも、国が遺族にかわって葬儀を執行することにあるから、これを「栄典」プロパーとみることには、問題があるように思われる」との旨を述べた。四点目は、国葬に関する主管庁についてである。総理府側から、主管庁は宮内庁側ではないかとの質問に対し、宮内庁側は、天皇・皇族の国葬ならば宮内庁だが、一般人民の国葬の場合は疑問と答えている。これについて小谷は、国の責任で執行されるものとする限り責任は内閣にあり、これを一般的に主管するのは総理府と見るのが妥当だが、天皇・皇族の場合は「宮内庁が「皇室関係の国家事務」（宮内庁法第一条）の一環として、これを分掌するのは、当然」と意見した。

それでは法制局（小谷）によるこれらの見解は、どのように位置づけられるだろうか。貞明皇后の大喪儀に際して、法制局の前身である法務府の法制意見長官を務めていた佐藤達夫の見解と比較してみたい。すなわち、①国葬令は失効済みである、②喪儀の中核は喪家である以上、死者の信仰に従い外部から国家が協力することは問題ない、③一定の条件に該当する人物は国葬とされると定める場合は法律が必要だが、個々に対応する場合は、法的根拠を要しない、④国葬の執行は行政作用の一環なので、内閣の責任において決定するのが適当だが、実際上は国会の決議を経て内閣が執行する形が望ましい、⑤貞明皇后の葬儀は「純粋の私的儀式ではなく、少くともある面においては公的性格をもつこととなり、多かれ少かれ国家がこれに関与することは当然」というものであり[106]、今回の小谷の見解ともほぼ一致していることがわかる。つまり小谷が示した法制局の解釈は、一〇年前に示された佐藤の解釈をほぼそのまま踏襲したにすぎないといえよう。なお小谷は、総理府側は「特に一般人民に関する国葬について、あえて法制化することには、どちらかといえば、消極的」で、宮内庁側は、「少くとも天皇・皇族の国葬については、この際なんらかの準則を設けておきたい、との熱意が強いようにみられた」と評している。

さて、話を調査会議に戻す。その後は、昭和三七年一二月四日に調査審議すべき事項が示される。そのなかで国葬については、「国葬令が現在有効であるかどうかについては問題があ」り、また皇后その他皇族の葬儀について規定がないなかで、国費によって葬儀を行うためには法的根拠がある方が望ましい、さらに「将来の問題としてもわが国の政治文化等に偉大な功労のあつた者が死亡した場合もこれを国葬をもつて遇すべきであろう」から、この制度に関する研究が必要であるとした。これまで国葬となったのは政治家や軍人であったが、「文化」面での功労者の可能性が浮上したことは注目される。昭和三八年四月一日の調査会議では、天皇の場合は皇室典範に規定があり問題はないが、その他の国葬の場合、特に一般人に対する国葬はその基準等の取り扱いは慎重を要するとされた。さらに翌日の調査会議では、「皇族の場合と一般人の場合は切り離して考える必要がある」とされている。国葬の対象者によって法制化への対応を変えようとしているのはなぜか、その理由については、次のように説明されている。すなわち、「一般人に対する国葬を行なう基準等は栄典法と同じように相当大きな政治問題となるおそれがあるので早急に立法化することは適当ではなく、かつ、一般人に対する国葬については、未だ十分問題点の解明がなされているとはいえないので今後共研究を継続する必要がある」と。その結果、これらを受けて、五月一六日、徳安実蔵総務長官、瓜生順良宮内庁次長、高辻正己内閣法制局次長が協議し、「国家に勲功のあった者に対する国葬の場合には若干の問題があるが、天皇及び皇族の場合には問題がないと思われるので、旧国葬令及び貞明皇后こう去の際参議院法制局で立案した国葬法案(国会には提案されなかった。)を参考にして立法化の準備を行なうものとする」旨を決定した。なおこの年、調査事項のうち「ひろく民間有識者の意見を聴く必要があ」る元号、国旗、国家、国名、国葬を一つのグループとし、「総理府に審議会を設け、その結論をまって措置すること」となっている。国葬の議題は、一時的に調査会議の手を離れることとなったのである。

先述の通り国葬は、国家による特異な栄典として敗戦まで機能してきた。しかしその根拠法は失効し、栄典制度自体も敗戦により動揺をきたすなど、国葬はその足下から存在意義を問われることとなる。そのようななか、調査会議ではたびたび国葬となる場合の基準をはじめ栄典としての位置づけが話題となっており、国葬の法制化を進めるためには、栄典面での研究を進める必要性が認識されていた。ではこの当時、栄典は制度的にどのように位置づけられていたのであろうか。そこで次項では、国葬の再法制化をめぐる議論が再燃する背景として、戦後の栄典制度の整備に関する議論を確認していく。

(2)栄典の法制化をめぐって

敗戦直後の賞勲局は、恩賞の形式や叙勲制度について全面的に変更する必要はないと認識していた。[107] しかし、叙位叙勲の基礎にあった官吏制度の改正や憲法改正の動きがあったため、[108] 昭和二一年五月三日、在官在職中の死没者を除く官吏等への叙位叙勲の一時停止が閣議決定のうえ、裁可される[109]。

また、栄典を内閣の助言と承認による天皇の国事行為と規定した日本国憲法の公布を受け、一二月七日の村田八千穂賞勲局事務官、佐藤達夫法制局次長、宮内乾法制局第二部長等の会談で、「委員会の設置を可とし、法律で大綱を決定することが適当という結論を得」ると、新憲法施行前に「国会に提出し通過を計ることになる場合を予想し」、栄典法案が複数作成されている[110]。これは「他に問題山積し遂にその機会なしに終つた」ものの、昭和二二年五月三日の新憲法の「施行の際現に効力を有する勅令の規定は(中略)政令と同一の効力を有する」(昭和二二年政令第一四号)とされたことで、太政官布告や勅令により規定されていた栄典の多くは法的根拠を保持した。

さらに五月二三日には、叙位叙勲の「停止を一部解除し、新栄典制度確立に至るまでは、退官退職者に対しても死亡者に対すると同様叙位叙勲を行う」ことが閣議決定され、上奏裁可に至った[111]。そのためこれ以降、残る生存者叙勲の復活に向けた動きが見られるのであるが、そのなかでの議論について二点確認したい。

一点目は、栄典制度を何をもって定めるかということである。旧憲法下の栄典制度は、勅令または皇室令で定められていたが、新憲法ではいずれの形式も認められていない。そこで「栄典に関する規定は、法律によるべきか、政令によるべきかが、問題となる」なか、片山哲内閣期には、内閣による「助言と承認の大綱を予め法律を以て定めておくこと」は不当ではないが、「個々の栄典の授与自体は勿論、栄典の大綱について議会の議に附することは、その有難さを減殺するの虞れがある」と、栄典制度の法律化に消極的な意見も挙がっていた[112]。しかし続く芦田均内閣が、昭和二三年に「栄典の根幹は、法律の形式によつて定めることが適当[113]」として、衆議院に栄典法案を提出して以降、この方針は継承されていく(表6―2)。

二点目は、諮問機関の設置についてである。芦田内閣では政令、芦田内閣以降は法律によって、総理府に栄典審議会を設置することで共通している。これは「一種の諮問機関の審議を経ること」で「栄典授与の厳正公平を保障すること

表6－2　栄典諸法案比較表

主要項目／法案	昭和23年政府案（芦田内閣）	昭和27年政府案（吉田内閣）	昭和31年政府案（鳩山内閣）	昭和34年政府案（岸内閣）	昭和34年自社両党共同提案（岸内閣）
勲章	普通の勲章 五等級 文化勲章	菊花勲章 旭日勲章 五等級 文化勲章 産業勲章（単一級）	菊花勲章 旭日勲章 七等級 文化勲章	菊花勲章 桐花勲章 単一級 旭日勲章 宝冠勲章 瑞宝勲章 各六等級 勲等 以上の勲章を授与するときに，その勲章に応じて授与できる 文化勲章	菊花勲章 桐花勲章 重光，双光，単光の三種 桜花勲章 単一級 文化勲章
功労章	一種単一級とする	普通の功労章 二等級とする 特別の功労章 単一級とする	なし	一種単一級とする	なし
褒章	名称を善行章と改め，種別は政令にゆずる	紅綬，緑綬，藍綬，紺綬の四種とする	紅綬，緑綬，黄綬，紫綬，藍綬，紺綬の六種とする	同左	黄綬，紫綬，藍綬の三種とする
位	廃止する	存続する	廃止する	同左	同左
従前の栄典の効力	従前の栄典（褒章を除く）を無効とする。ただし勲章の着用は妨げない	従前の勲位勲等を無効とするほかは有効とする	従前の位及び勲位勲等を無効とするほかは有効とする	従前の位を無効とするほかは有効とする	従前の位及び勲位勲等を無効とするほかは有効とする
栄典審議会	なし （政令で規定）	組織　委員11人 委員の任期　2年 非常勤（一般職）	組織　委員15人 同左 同左	同左 同左 同左	同左 委員の任期　3年 非常勤（特別職）

総理府賞勲局編『賞勲局百年資料集』下（大蔵省印刷局，1979年）608～609頁をもとに作成。

が望ましい」とされたためである。[114] ところがその審議会を構成する委員に、国会がどの程度関与するかをめぐり、揺れが生じた。栄典を内閣の専任とするか、国会が加わる余地を残すか、すなわち栄典の公平性と国民の意思をどのような形で担保するかが問われたのである。

まず、芦田内閣期の昭和二三年に鈴木義男法務総裁は、「栄典の源泉が天皇」という建前上、「国会が表彰の主体」となるのは「工合が悪い」が、「国会に有力な発言をお持ち願うという意味において、参議院、衆議院から代表的な意味で」栄典審議会に加わってほしいと発言しており、[115] 国会の直接的な関与を主張する。その後しばらく、国会の関与が俎上に載ることはなかったが、第五次吉田茂内閣による栄典法案において、委員の任命には「両議院の同意を得」ることが必要とされ、[116] 続く鳩山一郎内閣のもとに設置された臨時栄典制度審議会による、栄典法案に関する答申でもこの方針が継承された。[117] しかしこれを踏まえて鳩山内閣が昭和三一年に提出した栄典法案では、国会の同意に関する文言が消え、代わりに委員を「現官者以外すなわち民間から」内閣総理大臣が選ぶこととした。[118] 鳩山内閣は、国会の承認は受けずとも、民間から委員を選任することで、民意を反映できると判断したのである。ただしこれも、昭和三四年の自社共同提案の栄典法案で再び、委員の任命には両議院の承認が必要とされたように、[119] なかなか方針が一定しなかった。

ところが池田勇人内閣により、如上の議論は根底から覆される。昭和三八年四月、岸信介や佐藤栄作など自民党内の派閥の領袖から栄典に関する意見を聴取し、閣議決定による叙勲停止の解除という一致した見解が示されると、[120] 七月に生存者叙勲の再開が閣議決定されたのである。[121] 野田武夫総理府総務長官は次のように説明する。まず「現行の栄典関係諸法規は新憲法下においてもそのまま有効に現存しており」、これを活用する場合は閣議決定で可能である、また栄典授与という天皇の国事行為は、「内閣の助言と承認をもって内閣が全責任を負う」形で実施されるので、手続きにおいて「新憲法の精神と矛盾するものではな」く、したがって栄典審議会を設置する必要もない、と。[122] ただこれに対し社会党の石橋政嗣は、法制化による国会の意思を問うこともなく、従来の法案にあった栄典審議会等も設置しないのは、内閣への白紙委任であり「非民主的」だと反発している[123]。

以上の過程を経て、栄典は「内閣が全責任を負」って実施し、国会による容喙のない、内閣のみの領域に定置されることが改めて確認された。紆余曲折はありながらも、明治憲法下の制度を基本的には引き継ぐことで落ち着いたのである。それは叙位叙勲に関する法令が、新憲法下でも失効しなかったために可能であった。しかし国葬は新憲法下でその効力を失った点で、それらと大きく異なる。この差異が国葬の位置づけにどのように作用するのかを、次に見ていきたい。

(3) 法制化されない国葬

調査会議では昭和四〇年一月七日に、調査審議中の事項について政府試案を作成することが四〇年度の目標とされる。翌日には、内閣総理大臣官房審議室にて調査会議の当面の方針が作成された。ここで国葬を実施する際の「手続等をある程度事務的に準備しておく」必要があり、総理府と法制局、宮内庁にて問題点を整理して手続き等の骨子をまとめる方針が示された。

同日には調査会議も開かれていた。そのなかで宮内庁側は、「元勲を入れた国葬法については、連絡会議、審議会いずれでもよいからやってもらいたい。天皇崩御の際の処置については、あまり取り上げないでもらいたい」と発言している。また外務省側からは、「皇族の行事が事実行為でできれば、国葬についても、事実行為でできるのではないか」との疑問が挙がるが、法制局側は、単に国葬を実施するのならば政令で可能だろうが、法制局では国葬を栄典と捉えているので、国葬の観念が固まっていないなかで栄典に組み込むと大きな問題となるだろうと応じている。昭和三六年一二月二二日の調査会議小委員会において、天皇・皇族の国葬の規定を設けることへの宮内庁の熱意は高いと捉えていた、先述の小谷の見方とは真逆の状態である。

この宮内庁の消極性を受けてか、六月二五日に内閣総理大臣官房審議室長の松永勇から、法令のないまま国葬を実施する事態となった場合について検討するよう指示が出されたことで、七月七日に調査会議打ち合わせ会が総務課（内閣参事官室）、法制局、審議室のみで行われている。また六月二六日には、内閣総理大臣官房参事官の西川清次から外務省大臣官房儀典官の村田重美に対し、外国の国葬に関する調査が依頼された。

しかしその後、同年一一月時点でも先述の審議会が設置されておらず、調査会議も開かれなかったため、国葬論議は停滞した。結局、法制化がなされないままに、昭和四二年に吉田茂の国葬が閣議決定で行われたことで、「こんごもこの例にならって、そのつど閣議決定をすればすむことだから、平地に波乱を起こすことは避けるべきだという有力な意見もあり、国葬については政府見解もこの線に落ち着い」たという。[124] さらに「当分〝国葬〟が問題にならない状況なのもこの考え方を打ち出すささえとなっているようで、国会での答弁でも新しく国葬令を決めることははっきり否定するようになるもよう」だと報じられている。[125] 実際に国会では、大喪の礼を平時に規定することは「非常にむずかしい感情のもの」[126]（宇佐美毅宮内庁長官）であるとか、吉田の国葬の先例から、「法律というよりも閣議の決定によって国葬は今後行われてしかるべきもの」[127]と認識している（藤田正明総理府総務長官）との答弁がなされている。また昭和五〇年代には、元号の法制化が議論されるなかで、天皇の大喪についても度々質問が飛んでいるが、これも宮内庁側から研究中という答弁以上のものは出てこず、この変わらない状況に対し民社党の滝沢幸助は、「議会軽視も甚し」く、さらに「宮内庁が今日不敬にあらずして何者が不敬でありまするか」とまで述べている。[128] 後述するように、確かに宮内庁は昭和六〇年代には水面下での研究を重ねていた。しかし、それが表に出てくるのは、実際の事例が生じてからとなるのである。

4　昭和末期の皇室喪儀

(1)高松宮宣仁親王の喪儀

昭和六一年(一九八六)七月二一日から日本赤十字社医療センターに検査入院した宣仁親王がその後、入退院を繰り返すようになると、[129]「その日」を意識した動きが同年一一月から翌年一月にかけて宮内庁内で同時並行的に始まる。最も早いのが親王墓に関する調査である。一一月一八日から一九日にかけて、豊島岡墓地整備工事にともなう事前調査が行われ、二〇日には墓形・面積案を策定、二六日から二九日にはトレンチによる発掘調査が実施された。[130]宣仁親王が死去した場合の動きについては、一二月から翌年一月にかけて、「「宮中喪」中の宮中行事の取扱い(案)」「事務分担(案)」「事前準備事務進行表」「宮家皇族の御病気・薨去の場合の対応について(案)」が相次いで作成されたほか、喪儀委員長の主な役割が確認された。[131]宣仁親王死後の皇室財産等に関しても、一二月に皇室財産の「寄附受納所要手続等一覧(案の二)」や「親王妃の独立生計認定について(メモ)」が作成され、事前の検討が始まっている。[132]霊柩車として使用する予定の特別御料車(天皇の寝台自動車)の内装等については、卜部亮吾侍従が嶋寺宣博管理部車馬課長等と打ち合わせを行ったほか、審議官と参事官が「喪儀要綱」について卜部に説明を行った。[133]

そのようななかで、一月二二日には宮内庁長官官房に緊急情報連絡班を設置することが決裁される。[134]これは「皇族殿下方の御高齢化に伴い、将来不測の事態が予想されるので、事案発生時の初動態勢の速やかな発動はもちろんのこと、一連の連絡を万遺漏なく行うため」であり、危篤から葬場の儀当日までの対内的・対外的連絡を担うこととなる。また「具体的な発動については、機に臨み口頭又は電話で指示を仰ぐこととし、また、関係部局長への連絡等も同様の方法による」ものとされたほか、連絡班に相当する組織が設置された場合は、所掌事務はその組織に吸収されることとなるが、取り扱いには十分注意することとされた。さらに一月三一日には「宮家皇族の御喪儀関係行事等一覧（案）」が作成されるなど、[135]万一への備えが着々と進められたのである。

そして二月三日に宣仁親王が死を迎えると、すぐに喪儀挙行方針が起案された。[136]これは「おおむね故雍仁親王喪儀の例に倣い、旧皇室喪儀令に則」ったものであるが、喪儀形式は旧皇室喪儀令でなく、雍仁親王の喪儀を前例として優先されることとなった。[137]具体的には、①宮家の喪儀として扱い、宮内庁が「お世話」すること、②火葬とすること、③費用は国費から支弁し、閣議了解を得ること、④喪主は親王妃喜久子が務めること、⑤喪儀委員長・同副委員長・喪儀委員は宮内庁長官、司祭長・同副長・司祭は喪儀委員長が委嘱することである。これに則り、早速四日には、国費支弁について閣議了解を得ている。[138]また、結核予防会会長の島津忠承が司祭長を務め、喪儀は神式で執行することとなった。[139]

では、この喪儀はどのように位置づけられたのか。二月三日、公金を支出すべく閣議に附するために、喪儀の性格について政府部内（宮内庁と内閣法制局）の意見を調整しておくよう、藤森昭一内閣官房副長官から古川貞二郎首席内閣参事官へ指示が出された。[140]ここでそれぞれの見解を確認しておこう。宮内庁は、「皇室の伝統的しきたり」に則って神式の喪儀を行うだけであり、それがたとえ宗教性を帯びていたとしても宗教的行事ではなく「皇室の通過儀礼の一つ」であるため、「津地鎮祭の最高裁判決（昭52．7．13）の趣旨に照らし、その行為の目的が宗教的意義をもち、その効果が宗教に対する助長、干渉等になるような行為とはいえ」ないため、憲法の政教分離に反しないと主張している。一方の内閣法制局は、皇族喪儀は「公的な性格を有するもの」ではあるが、宮家が主体となる以上は、その形式の選択について宮内庁側に主体性はないため、「国事行為である御大喪あるいは国葬とは、本質的に異な」り、皇室の宗教行事を間接的に支援したとしても憲法上の問題はないとの見解を示した。どちらも憲法上の問題はないという結論では一致しているが、宮内庁は雍仁親王喪儀時の親王妃勢津子と同様に、そもそも「伝統的」な皇室喪儀が宗教的行事か否かに着目し、内閣法制局は貞明皇后の大喪儀に際してGHQが示した見解と同様に、皇室喪儀が宗教的行事であることは認めたうえで、その執行主体が宮家側か国家のどちらにあるかに着目しているのである。

さて、この二つの立場を調整した結果、「宮内庁側が譲歩した形」で以下の「統一見解」がまとめられ、四日に閣議了解を得ている。[141] すなわち、喪儀は「宮家の望まれた皇室の伝統的方式によったもので」、宮内庁の関与はその「お世話」にとどまるため、国の喪儀への関与は「間接的、受動的」なものにすぎない。ここでいう「皇室の伝統的方式」による喪儀とは、神職でない一般人が司祭を務め、「一般の参列員は拝礼のみで、玉串の奉奠はなく、柏手は打たない」という特徴を持つものである。そのうえで、喪儀に「宗教上の色彩がないとは断定できない」が、「喪儀の公的な性格」に鑑み、かつ「健全な社会通念に照らせば、特定宗教への助長、介入等の目的又は効果を有する行為に当たるとは到底いえない」ため、宮廷費からの費用の支出は憲法第八九条に反しない、というものであった。内閣法制局の意見が優勢ではあるが、二つの先例の解釈が統合されてできた「統一見解」と見ることもできる。皇室喪儀を宮家の行事とすることで政教分離の問題を解決できると解釈し、かつその公的な性格を確認することで公葬として公金の支出を肯定したことにより、皇室喪儀の二面性を再確認したのである。[142] その後はこの解釈に則り、二月六日、喪儀と墓の営建のために一般会計予備費より宮廷費として支出することが閣議決定されるに至った。[143]

皇室喪儀の公的な性格を再確認したことで、従来通り公的に弔意を表明する機会も設けられた。すなわち、弔旗掲揚は薨去当日(二月三日)、弔問記帳受付期間中(同四~八日)、斂葬の儀当日(同一〇日)に実施し、当日については同様の措置への協力を各官庁から各公署等へ要請することとなり、さらに藤森内閣官房副長官は「各公署、学校、会社その他一般においても」要請の対象と発言している。[144] 一方で、昭和天皇の侍従である小林忍は、「国葬ではあるまいし、弔意の表明ないし報道も適度にしないと却って国民の反ぱつを買うことになり、皇室制度にとってマイナスになるのではないか」と日記に記しており、[145] 象徴天皇制のなかで皇室が国民と如何なる関係を築くべきかを考える機会にもなっている。

宣仁親王の喪儀は、国葬でないがゆえの曖昧な立ち位置のために、公私の領域をめぐり議論が行われた。それでは、死後の儀礼が皇室典範に規定されている天皇の場合はどうであったか、最後に確認しておきたい。

(2)昭和天皇の大喪儀

昭和六二年九月二二日、昭和天皇が宮内庁病院に入院し十二指腸を手術すると[146]、宣仁親王の時と同様に「その日」を見据えた動きが始まる。一一月六日、竹下登内閣の官房副長官に石原信雄が任命されると、その「引き継ぎの際に、「一番重要なのは元号制定を中心とした代替わりの準備」と言われ」るなど、すでに古川貞二郎首席内閣参事官を中心とする内閣参事官室と官房三課が主に「水面下で具体的な準備を進めていた」という[147]。昭和六三年六月には、宮尾盤宮内庁次長主宰の幹部会が設けられる[148]。これは宮内庁次長、管理部長、書陵部長、皇室経済主管、式部副長(儀式担当)、審議官で構成され、各部局の主要課題の連絡調整や、宮内庁の重要事項に関する協議と方針の策定のため、毎週開催されたが、天皇の病状進行にともない、先例研究が主要課題となった。そのようななか、九月一九日に吐血した昭和天皇は、以降闘病生活を送ることとなり[149]、昭和六四年一月七日に危篤状態に陥り、その生涯を終える[150]。

七日の危篤発表直後、宮内庁は緊急連絡室を設置するが[151]、天皇の死去にともない同日、これに代わる大喪儀委員会が宮内庁内に設置された[152]。ここで大喪儀の実施主体は宮内庁とされたのであるが、それは大喪儀が「皇室関係の国家行事」(宮内庁法第一条)として位置づけられ、「原則として皇室の伝統的方式に従い、旧皇室喪儀令、貞明皇后大喪儀等を参酌して行う」こととなったためである[153]。そのため委員長は藤森昭一宮内庁長官が務め、またこの設置により幹部会は事実上解消されている[154]。大喪儀に向けては、同日に大喪儀委員会により「大喪儀の事務を行う宮内庁内部の指針として」大喪儀挙行方針が決定されたほか、宮尾宮内庁次長を長とする斂葬当日大喪儀実施本部も設置された[155]。なお、大喪儀が「伝統的方式に従い」行われる以上、神式の儀式で構成されることとなる。これについては、儀式の宗教性は否定できないが、「国民的敬弔の対象として公的性格を有する」ため、経費は国費から支出され、閣僚が公人の資格で参列しても合憲との解釈が採られた。[156] 結果、皇室の公費である宮廷費と宮内庁の事務費である宮内庁費から、大喪儀と陵の営建のための費用が支出されることとなった。[157]

一方で内閣は八日、竹下登首相を委員長とする大喪の礼委員会を設置することを決定する。[158] 皇室典範第二五条には「天皇が崩じたときは、大喪の礼を行う」とのみ規定されており、[159] ここから憲法第七条第一〇号の国事行為たる儀式として解することができるため、その在り方は「大喪の礼委員会における協議を経て、内閣において決定された」のである。[160] そのため、「日本国及び日本国民統合の象徴であられた大行天皇を広く国民及び諸外国の代表とともに葬送」する「国の儀式として、憲法の趣旨に沿い、皇室の伝統等を尊重して」実施することとされた。[161]

このように、昭和天皇の死に際しては、大喪儀（なかでも中心は、葬場殿の儀と陵所の儀からなる斂葬の儀）と大喪の礼が区別して行われることとなった。この二つにはどのような違いがあるのかを式次第から確認すると、皇室行事である葬場殿の儀は、①祭官長の祭詞、②天皇・皇后以下親族の拝礼で構成される一方、国の儀式である大喪の礼は、①黙禱、②首相・衆参両院議長・最高裁判所長官の拝礼・弔辞、③外国元首・弔問使節の拝礼、④参列者の一斉拝礼で構成されており、[162] その違いは宗教性の有無にあった。つまり、旧皇室喪儀令に規定された葬場殿の儀に倣って大喪の礼を行うと、儀式の重要な要素を占める祭官・鳥居・大真榊の宗教性が、憲法第二〇条三項に違反する可能性があるため、葬場殿の儀と大喪の礼を分離し、葬場殿の儀終了後、祭官は退席し、鳥居・大真榊を撤去することで、宗教性を排除しようとしたのである。[163]

宗教との関わりという観点からは、祭祀を司る祭官長の人事も注目される。この時、祭官長となったのは元侍従次長の永積寅彦であるが、その経緯について永積は次のように述べている。[164]

暮〔昭和六三年末〕のうちだったと思うけれども、掌典長の東園基文さんから、「陛下が万一のときには祭官長を」と

表6―3　戦後の皇室喪儀中の儀式を司る役職名と受任者

死　去　日	名	祭官長／司祭長
S21．8．16	伏見宮博恭王	司祭長　小出英経　東京大神宮宮司／元掌典次長
S22．3．19	閑院宮載仁親王妃智恵子	司祭長　《不明》　《不明》
S22．6．28	久邇宮朝融王妃知子女王	司祭長　小出英経　東京大神宮宮司／元掌典次長
S26．5．17	貞明皇后	祭官長　鷹司信輔　明治神宮宮司／元公爵
S28．1．4	秩父宮雍仁親王	司祭長　前田利男　元伏見宮家事務官
S62．2．3	高松宮宣仁親王	司祭長　島津忠承　結核予防会会長／元公爵
S64．1．7	昭和天皇	祭官長　永積寅彦　元侍従次長，元掌典長
H7．8．25	秩父宮雍仁親王妃勢津子	司祭長　島尾忠男　結核予防会長
H12．6．16	香淳皇后	祭官長　卜部亮吾　皇太后宮職御用掛
H14．11．21	高円宮憲仁親王	司祭長　坊城俊周　宮中歌会始披講会会長
H16．12．18	高松宮宣仁親王妃喜久子	司祭長　徳川恒孝　徳川記念財団理事長
H24．6．6	三笠宮寬仁親王	司祭長　相馬和胤　寬仁親王妃信子義兄
H26．6．8	桂宮宜仁親王	司祭長　一条実昭　弁護士
H28．10．27	三笠宮崇仁親王	司祭長　東園基政　日本・トルコ協会常任理事

出典：宮内庁書陵部宮内公文書館所蔵史料（識別番号9084／10258／12406-1／49934／77869），『雍仁親王実紀』（S28．1．4），『昭和天皇大喪儀記録』，『朝日新聞』（S20.11.24／S59.11.26／H7．8．31／ H14.11.29／H26．6．17／H28.11．4），『読売新聞』（S26．5．29），『毎日新聞』（H16.12.27／H24．6．13）。

いうお話がありました。〔中略〕何しろ先帝さま〔昭和天皇〕のお若い頃から長くお務めしたからということで、私にと言われまして、お引き受けしたわけです。

果たして、この人事は皇室喪儀のなかでどのように位置づけられるのであろうか。第二章で確認したように、明治二〇年代には教派神道の関係者（すなわち宗教者）が担うことが多かったこの役職は、英照皇太后の大喪儀や山階宮晃親王の喪儀以降、宗教者を避ける形で宮家別当や宮内官吏、華族、軍人などの縁故者が務めていた。

しかし戦後になると変化が見られる（表6―3）。占領下における博恭王の喪儀では、小出英経が司祭長を務めた。小出は昭和七年から二〇年一一月まで侍従、その後二一年三月まで掌典次長を歴任した元宮内官吏であると同時に[165]、当時、東京大神宮宮司を務めていた宗教関係者であったため、前者の経歴から見れば山階宮晃親王の喪儀以来の先例を踏襲している一方、後者の経歴から見れば明治二〇年代以前へと回帰したものとみなすことができる。続く貞明皇后の大喪儀では、元公家華族（公爵）でかつ現役の明治神宮宮司であった鷹司信輔がこれに任じられたが、前者の経歴では大喪儀の先例を踏襲しており、後者では博恭王の喪儀を踏襲した（ただし大喪儀としては新例）といえる。なお、祭官長として鷹司を提案したのは田島宮内庁長官であったが、昭和天皇は「それは掌典と同じで明治神宮の関係が駄目だらう」と指摘し、代わりに賀陽恒憲や二条弼基、浅野長武といった旧皇族・旧華族の名を挙げている。[166] 結局は明治神宮の関係も確認したうえで鷹司に決定したのだが、「神道指令」により「神社神道」が宗教化するという状況下で、現役の宮司が司祭長に就くこととなったこの二つの事例は、「神道」が皇室の私的な「宗教」として定置し直されたことを示すものでもあった。

ところが雍仁親王の喪儀では、元伏見宮家事務官の前田利男が司祭長となる。元宮内官吏という経歴は先例を踏襲したものであるが、非宗教者という点では直前の先例からは外れている。これは政教分離を意識したものではなく、また貞明皇后の事例を踏まえると、これを意識する必要もなかった。しかし宣仁親王の事例では、「皇室伝統の神式は一般の神道とは異なり、葬儀を司る司祭にはプロの神官は登場せず、宮さまと縁が深かった人々が務めた」として、[167] 雍仁親王の事例の解釈をそのまま踏襲することで政教分離の問題を解決しようとしている。そして昭和天皇の大喪儀でもこれを受け継ぐ形で、縁故者や元側近奉仕者等として元侍従次長の永積寅彦が祭官長を務めることとなったのである。[168] 以上を踏まえると、「司祭にはプロの神官は登場」しないことが「一般の神道とは異な」る「皇室伝統の神式」喪儀の特徴とするならば、それは明治三〇年以降に皇族に「私」なしという立場から形成され、占領期に政教分離の観点から皇族の「私」を発見することで一度途絶えた。しかし、独立回復直後に政教分離とは異なる観点から復活し、昭和天皇の大喪儀において確定したといえる。

さて、以上のように昭和天皇の大喪儀・大喪の礼は、新憲法の制定によって天皇の位置づけや国家と宗教との関わり方が変化したことから、新例を開くこととなった。しかしここで、先述の占領初期の公葬論議のなかで登場した、国葬実施のための内閣案の存在を思い出したい。すなわち、従来の国葬のままでは政教分離の原則に適合しないため、今後は、①宗教的儀式と、②国民が哀悼の意を表する儀式に区別し、①は故人の私葬として国家は関与せず、②は宮中・政府の官吏が公の資格をもって行い、葬儀及び陵墓の築造に国費をもって補助し、公共営造物を利用できるようにしてほしい、というものである。結果的には、①にも公的な性格を見出すことで、皇室行事として国家も関与しているが、昭和天皇の事例で採用された分離形式の原型は、すでに新憲法制定前に考えられていたことも最後に指摘しておきたい。

おわりに

神社神道は宗教にあらずとして、神式で執行してもそれは宗教行事とは異なるものとされてきた皇室喪儀は、占領期初期に発出されたいわゆる「神道指令」により、変容せざるを得なくなる可能性が生じた。しかし戦後初の皇族喪儀となった博恭王の喪儀では、「公的資格による神式葬儀への参列は不可」という方針がバンスから示されていた状況下で、参列者の宮中席次の有無は問わず、軍人ではなく一皇族としての喪儀とすることで、皇室喪儀令にほぼ沿う神式での喪儀を行っている。さらに貞明皇后の大喪儀では、喪儀が宗教性を帯びるのは当然であり、故人の信仰に沿った公葬は憲法上も問題ないとのお墨付きをGHQから得て、「伝統的」な神式喪儀を執行した。政教分離に反しないという姿勢は雍仁親王の事例でも同様であったが、ここでは皇室の「伝統的」な喪儀形態は非宗教的だという論理が再登場していることは興味深い。

しかし昭和六〇年代に入ると、昭和二〇年代ならば問題とならなかった皇室の「伝統的」な喪儀における宗教性が、重要な論点として浮上する。宣仁親王の喪儀の際には、政教分離をめぐり宮内庁と内閣法制局で本格的に議論された結果、「伝統的」な皇室喪儀が宗教性を帯びていることは否定できないが、「特定宗教への助長、介入等の目的又は効果を有する行為に当たるとは到底いえない」ため、政教分離の原則に反しないと結論づけられた。さらに昭和天皇の事例では、皇室典範にある大喪の礼を、憲法にある天皇の国事行為としての儀式とする場合、これを「伝統的」な喪儀の一部に含むと政教分離に反する可能性が高いため、宗教性を帯びる大喪儀と分離し、前者から宗教性を排除することとなった。皇室の私的な領域として喪儀を位置づけることで宗教性を排除せず（天皇の国事行為の領域は除く）、同時に「公的な性格を有する」ものであるがゆえに宮廷費から費用を支弁して政府が支援するという二面性を併せ持つ形に落ち着くのである。これはその後の大嘗祭でも同じ論理が採用されたほか、平成一二年（二〇〇〇）に行われた香淳皇后の大喪儀でも踏襲されることとなる。[169]

皇室喪儀の性格については、敗戦までの一般皇族の喪儀は、宮内官吏として宮家別当が喪儀を主導する形をとっており、宮家の行事であっても必然的に公的な位置づけとされていた。一方、戦後すぐに宮家職員が宮内官吏から外されるなかで行われた博恭王の喪儀でも宮家職員が主導しているが、これは宮家の私的な領域へと形のうえでは移ったことを意味する。とはいえ、宮内省の職員が喪儀委員や掛員のほとんどを占めており、実態としては公的な性格を持ちあわせていることとなる。これをより明確にしたのが雍仁親王の喪儀であり、喪儀は秩父宮家の喪儀として行い、宮内庁が全面的に援助する形を採るとされた。この方針は宣仁親王の喪儀でも継承される。こうして一般皇族の喪儀は私的な行事として、かつ公的な性格を持つがゆえに国家の援助を受けることができるものと位置づけられたのである。

一方で、貞明皇后の大喪儀では、首相が委嘱する大喪儀委員長に宮内庁長官が充てられたように、当初から公葬として位置づけられた。昭和天皇の事例でも同様に公的なものであることに変わりはない。しかし、この時の大喪儀は「皇室関係の国家行事」として宮内庁が、大喪の礼は憲法に規定された国事行為として内閣が担うものとして分離されることとなる。法的根拠の有無がこの変化をもたらしたのである。

法体系の変化により法的根拠を失った皇室喪儀と国葬の再法制化は、貞明皇后の大喪儀を国葬とすべく企画され、具体的な案の作成まで至ったものの、国会に提案すらされず潰える。法整備は栄典そのものにも及び、新憲法に相応しい栄典制度構築のために幾度も企画されるものの、すべて流産という結果に終わり、遂には閣議決定によりおおよそ戦前の形に復した。それは主権者たる国民を代表する国会の容喙の及ばない領域、すなわち内閣の専任事項となったのである。一方の国葬も、調査会議のなかで一時は立法化の必要性が認識される。しかし、調査会議の停滞と、閣議決定により吉田茂の国葬が行われたことで、その必要性は薄れ、政府側は一貫して再法制化に消極的な態度をとることとなる。議論すること自体が「波乱」を招くことを危惧されたために内閣に回収された点で、これらは共通する。そのような状況下で天皇の大喪儀まで実施できたことで、皇室喪儀も含めて再法制化の必要性はなくなったといえよう。

以上のように、皇室の私的な領域に喪儀を位置づけ、かつ喪儀の公的性格ゆえに国がこれを支援できるという論理構成により、政教分離問題を解決しようとしたことで、喪儀は皇室における「公」と「私」が重なり合う領域に位置づけられた。そしてそれは大嘗祭の位置づけにもこの論理が採用されたように、「伝統的」な皇室の神道と国家の付き合い方を規定した。ただし、昭和天皇の大喪の礼を大喪儀と区別したように、憲法に規定された国の儀式(天皇の国事行為)には採用できないと判断されていることから、行事の公私の位置づけが政教分離をめぐる問題の仕切として作用したのである。

また、法の網にかかっていない(かけていない)がゆえに、皇室をめぐる今後の情勢や皇室自体の変化によっては、喪儀形態が大きく変容する余地があり(すでに変化の方向性が示されている[170])、今後も皇室を考えるうえでの論点であり続ける問題である。そして再法制化がなされないがゆえの不安定さを作り上げた大きな要因の一つが、皇室喪儀ではなく偉勲者の国葬にあったという点からは、両者が密接な関係にあることがあらためて看取されよう。

1　中島三千男『天皇の代替りと国民』(青木書店、一九九〇年)、井上亮『天皇と葬儀―日本人の死生観―』(新潮社、二〇一三年)、岩田重則『天皇墓の政治民俗史』(有志舎、二〇一七年)。

2　小田部雄次『皇族』(中央公論新社、二〇〇九年)、河西秀哉編『戦後史のなかの象徴天皇制』(吉田書店、二〇一三年)、茂木謙

之介『表象としての皇族』（吉川弘文館、二〇一七年）等を参照。
3 戦後の栄典の概要については、小川賢治『勲章の社会学』（晃洋出版、二〇〇九年）、栗原俊雄『勲章―知られざる素顔―』（岩波書店、二〇一一年）等を参照。
4 小倉慈司・山口輝臣『天皇と宗教』（講談社、二〇一八年、初出は二〇一一年）第二部。
5 大原康男『神道指令の研究』（原書房、一九九三年）。
6 笹川紀勝『天皇の葬儀』（新教出版社、一九八八年）、前掲注1中島『天皇の代替りと国民』、渡辺治『戦後政治史の中の天皇制』（青木書店、一九九〇年）、同『渡辺治著作集』五（旬報社、二〇二一年）。
7 国立公文書館所蔵「公文類聚・第六十九編・昭和二十年・第六十七巻・衛生・人類衛生、社寺・神社・寺院」（請求番号：類02951100）。
8 前掲注5大原『神道指令の研究』一六七～一六八頁。
9 前掲注5大原『神道指令の研究』一六九頁。
10 前掲注5大原『神道指令の研究』一七〇頁。
11 国立公文書館所蔵「公葬禁止の意向に伴う国葬の取扱について」（請求番号：昭57総00134100）。
12 前掲注11「公葬禁止の意向に伴う国葬の取扱について」。
13 前掲注5大原『神道指令の研究』一七一～一七三頁。
14 神社新報社編『神道指令と戦後の神道』（神社新報社、一九七一年）二七七～二七九頁。
15 前掲注5大原『神道指令の研究』一七六頁。
16 宮内庁書陵部宮内公文書館所蔵「皇族身分録2（伏見宮博恭王殿下薨去の部）」（識別番号8511、以下「身分録」）、同「博恭王殿下喪儀録　昭和21年」（識別番号9084、以下「博恭王喪儀録」）。
17 前掲注16「身分録」、前掲注16「博恭王喪儀録」。
18 浅見雅男『もうひとつの天皇家―伏見宮―』（筑摩書房、二〇二〇年、初出は講談社、二〇一二年）三四八～三五三頁。
19 前掲注18浅見『もうひとつの天皇家』三四二頁。
20 前掲注16「博恭王喪儀録」。

21　前掲注16「博恭王喪儀録」。なおここで朝儀について確認しておくと、帝室制度審議会における皇室儀制令の審議過程では、大正一〇年三月の特別委員会にて、司法官僚の鈴木喜三郎が朝儀の条件を「宮内省が所管すること、内容が国務に関与しないこと」とする。一方、枢密院書記官・宮内省御用係の二上兵治はその定義を「宮中ヲ舞台トシ天皇ヲ中心トスル儀式」とし、これを受け入れつつ審議が進められ、さらに、国務と宮務の観点から朝儀か否かを区別することはできないとの平沼騏一郎（枢密顧問官）の意見もあり、朝儀は新年朝賀式、政始式、新年宴会、紀元節宴会、天長節宴会、講書始式、歌御会始式、帝国議会開閉院式、親任式、位階等親授式のほか、臨時の勅定に拠るものと定められた（西川誠「大正後期皇室制度整備と宮内省」近代日本研究会編『年報・近代日本研究』二〇、山川出版社、一九九八年、一一三頁、吉田ますみ「近代における政始について」『東京大学日本史学研究室紀要』二二、二〇一八年、二三〇頁）。

22　『官報』昭和一一年七月一〇日、前掲注16「博恭王喪儀録」。

23　前掲注16「博恭王喪儀録」。

24　同右。

25　敗戦以前より、一般皇族の喪儀の場合は宮家附属の職員がこれを担当していた（国立公文書館所蔵「故元帥陸軍大将載仁親王葬儀書類・昭和二十年五月」請求番号：葬00180100）。そのため、結果として戦後も喪儀執行者に変化はないが、宮家が執行主体であることをより強調することとなったといえる。

26　前掲注16「身分録」。

27　芦部信喜・高見勝利編著『日本立法資料全集』七（信山社、一九九二年）六八〜七〇頁。

28　前掲注27芦部・高見『日本立法資料全集』七、一二七〜一二八頁。

29　前掲注16「身分録」。なおこの影響から、昭和二二年三月一九日に閑院宮載仁親王妃智恵子が死去した際には、祭資の下賜が詮議されていない（宮内庁編『昭和天皇実録』一〇、東京書籍、二〇一七年、昭和二二年三月二〇日条）。

30　前掲注16「身分録」。

31　ただし、皇室喪儀令にある「賜誄ノ儀」に関しては、「御功績大ナル皇族ニ対シテハ誄（又ハ御沙汰）ヲ賜フ例ナルカ、御功績ノ大部分ハ武勲ナル為、現下ノ情勢上、下賜無之コトトナレル趣」から、皇室喪儀令に規定のない「賜物ノ儀」として形を変えて行われている（前掲注16「博恭王喪儀録」）。

32　「鹵簿」はそもそも「儀仗警衛ヲ備ヘタル御列ヲ云フ」が、近年は「天皇又ハ皇族ノ公式ノ場合ニ於ケル乗物ノ行列」を指すようになっているため、今回の次第でも「鹵簿」の字句を用いたという（前掲注16「博恭王喪儀録」）。

33　前掲注16「博恭王喪儀録」。

34　従来は、国民に対して官報及び新聞・ラジオ等で喪儀に関する周知を図っていたが、この時は、官報の発行が非常に遅延しており現実的ではないとして、宮内記者に記事掲載を依頼することとなった（前掲注16「博恭王喪儀録」）。とはいえ、紙面の都合上、当日の紙上に小さく掲載された程度にとどまったため、その効果は期待できないものであった。

35　死去時の身位は皇太后であったが、六月八日に追号により貞明皇后とされた。ゆえに本章では、史料中の語句を除き貞明皇后に表記を統一する。

36　古川隆久ほか編『昭和天皇拝謁記』六（岩波書店、二〇二二年）昭和二六年五月一八日条。

37　前掲注36『昭和天皇拝謁記』六、昭和二六年五月一八日条。

38　皇室喪儀令は皇室令自体が廃止されており、また国葬令は勅令であるが、「法律を要する事項を定めたものと見るべきであ」るがゆえに、昭和二二年法律第七二号により同年末限りで失効したと解されている（「皇太后大喪について」国立国会図書館憲政資料室所蔵「佐藤達夫関係文書」一三七八（一〇））。

39　芦部信喜・髙見勝利編著『日本立法資料全集』一（信山社出版、一九九〇年）一一六・一二二・一二六頁。

40　『毎日新聞』昭和二六年五月一八日付朝刊。

41　前掲注5大原『神道指令の研究』一三六～一三七頁。

42　実際、皇族の服喪に関しては、旧皇室服喪令中の大喪の取り扱いに準じて行われている（宮内庁編『昭和天皇実録』一一、東京書籍、二〇一七年、昭和二六年五月一七日条）。

43　前掲注36『昭和天皇拝謁記』二、昭和二六年五月一八日条。

44　『夕刊読売』昭和二六年五月一八日。

45　前掲注36『昭和天皇拝謁記』二、昭和二六年五月一八日条。

46　『毎日新聞』昭和二六年五月二〇日付朝刊。

47　前掲注36『昭和天皇拝謁記』二、昭和二六年五月二三日条。

48 尚友倶楽部ほか編『河井弥八日記』戦後篇二（信山社、二〇一六年）昭和二六年五月二三日条。
49 宮内庁書陵部宮内公文書館所蔵「貞明皇后大喪録２」（識別番号12406-2、以下「大喪録２」）。
50 小宮京「第三次吉田茂内閣と緑風会―静岡県の選挙を事例に―」（『年報政治学』七〇―一、二〇一九年）二八〇頁。
51 前掲注49「大喪録２」、『朝日新聞』昭和二六年五月二〇日付朝刊。
52 『朝日新聞』昭和二六年五月二三日付朝刊。委員は以下の通り。皇太后大喪儀委員長：田島道治（宮内庁長官）、同副委員長：菅野義丸（内閣官房副長官）・宇佐美毅（宮内庁次長）、同委員：松平康昌（宮内庁式部官長）・三井安弥（同管理部長）・鈴木菊男（同書陵部長）・近藤直人（皇室経済主管）・高尾亮一（宮内庁秘書課長）・小畑忠（皇太后宮職事務主管）・樺山俊夫（皇宮警察本部長）・栗山廉平（総理府事務官）・原文兵衛（警視庁警邏部長）・川出清彦（掌典）。
53 東京府・東京市編『昭憲皇太后御葬大奉送始末』（東京府、一九一五年）三三一～三四頁。
54 『読売新聞』昭和二六年五月二三日。祭官長には当初から報道されていた通り、鷹司信輔（明治神宮宮司）が五月二八日に委嘱された（『読売新聞』昭和二六年五月二九日）。
55 国立公文書館所蔵「憲法調査会第三委員会会議議事録・第十一回～第二十回（憲法調査会）」（請求番号：憲00036100）昭和三五年一月一三日付高尾亮一発言。
56 "Mr.Kawawada, Religious Affairs Section, M/Ed" 12 March 1951, CIE（A）08579-08580（国立国会図書館憲政資料室所蔵）。
57 井上亮『天皇と葬儀―日本人の死生観―』（新潮社、二〇一三年）三一九頁。
58 とはいえ、すでに博恭王の喪儀の時点で参列者資格を撤廃しており、喪儀の格式が異なるものの、未成年者の参列が可能となっていたことは前述の通りである。
59 『読売新聞』昭和二六年五月二五日付夕刊、同二九日付朝刊。
60 『読売新聞』昭和二六年五月二〇付朝刊、同三〇日付朝刊、『毎日新聞』昭和二六年六月一五日付朝刊。
61 国立公文書館所蔵「皇室費　皇太后大喪儀に必要な経費に昭和二六年度一般会計予備費使用方の件」（請求番号：類03587100）。なお、日本国憲法の施行により、皇室財産は国有財産に編入され、皇室に必要な経費は国庫から毎年支出される皇室費で賄われることとなった。そして皇室経済法により、①宮内庁の経理に属する公金としない（金森徳次郎曰く「大体個人的な意味のもの」、すなわち天皇家の私的費用に近い）内廷費、②宮内庁で経理する（金森曰く「個人的なものと公のものとが合体した」）宮廷費、③

皇族費の三種に区分されている（川田敬一「皇室費と政教分離に関する制度史的研究」『日本学研究』二二、二〇一九年、四一～四二頁）。

62　『朝日新聞』昭和二六年六月一六日付朝刊。
63　『毎日新聞』昭和二六年六月二〇日付朝刊。
64　「第十回国会衆議院議院運営委員会議録第四十五号」昭和二六年五月一八日。
65　「第十回国会参議院議院運営委員会会議録第四十三号」昭和二六年五月一八日。
66　『読売新聞』昭和二六年五月一八日付朝刊。
67　『読売新聞』昭和二六年五月一八日付夕刊。
68　『朝日新聞』昭和二六年六月一三日付朝刊、同一七日付朝刊。
69　『読売新聞』昭和二六年六月一〇日付朝刊。
70　『朝日新聞』昭和二六年六月一六日付朝刊。
71　『読売新聞』昭和二六年六月一六日付朝刊。
72　『読売新聞』昭和二六年六月一七日付朝刊。
73　秩父宮家編『雍仁親王実紀』（吉川弘文館、一九七二年、以下『実紀』）昭和二八年一月一日条・四日条。
74　『朝日新聞』昭和二八年一月五日付朝刊。
75　古川隆久ほか編『昭和天皇拝謁記』四（岩波書店、二〇二二年）昭和二八年一月四日条。
76　宮内庁書陵部宮内公文書館所蔵「雍仁親王喪儀録　昭和28年」（識別番号30770、以下「雍仁親王喪儀録」）。
77　前掲注76「雍仁親王喪儀録」。
78　国立公文書館所蔵「皇室費　故雍仁親王の喪儀に伴い必要な経費に昭和二十七年度一般会計予備費使用方の件」（請求番号：類03828100）。
79　国立公文書館所蔵「公式制度連絡調査会議　昭和50年～昭和54年」（請求番号：平26内府00068100）。
80　宮内庁書陵部宮内公文書館所蔵「故宣仁親王（高松宮）喪儀記録（第一分冊）」（識別番号49933、以下「宣仁親王喪儀一」）。
81　前掲注76「雍仁親王喪儀録」。

82 同右。
83 前掲注75『昭和天皇拝謁記』四、昭和二八年一月四日条。
84 前掲注76「雍仁親王喪儀録」、前掲注75『昭和天皇拝謁記』四、昭和二八年一月四日条。
85『朝日新聞』昭和二八年一月六日付朝刊。
86 同右。
87 前掲注73『実紀』昭和二八年一月四日条。
88 同右。
89 同右。
90 同右。
91 前掲注76「雍仁親王喪儀録」。
92 宮内庁書陵部宮内公文書館所蔵「臨時行事録(高松宮殿下葬儀関係)1/4」(識別番号49592、以下「臨時行事録一」)。
93 前掲注92「臨時行事録一」。
94 前掲注73『実紀』昭和二八年一月四日条。
95 同右。
96 同右。
97 前掲注4小倉・山口『天皇と宗教』三二〇〜三二三頁。
98 前掲注76「雍仁親王喪儀録」。
99『読売新聞』昭和二八年一月七日付朝刊。
100 同右。
101 同右。
102 同右。
103『読売新聞』昭和二八年一月一二日付夕刊。
104 憲法調査会『憲法調査会報告書』(憲法調査会、一九六四年)四四〜四七頁。

105 国立公文書館所蔵「公式制度連絡調査会議綴　自昭和36年7月至昭和40年12月」(請求番号：平26内府00067100)。以降、公式制度連絡調査会議での議論については、特記しない限りこれに拠る。
106 前掲注38「皇太后大喪について」。
107 総理府賞勲局編『賞勲局百年資料集』下(大蔵省印刷局、一九七九年)一二一～一二三頁。
108 宮沢俊義・岩倉規夫・山内一夫「栄典制度について(鼎談)」(『ジュリスト』二八八、一九六三年)一二頁。
109 前掲注107『賞勲局百年資料集』下、四九頁。
110 前掲注107『賞勲局百年資料集』下、九三頁。
111 前掲注107『賞勲局百年資料集』下、一二一頁。
112 前掲注107『賞勲局百年資料集』下、一四八～一四九頁。
113 前掲注107『賞勲局百年資料集』下、一六二頁。
114 前掲注107『賞勲局百年資料集』下、二六五頁。
115 「第二回国会参議院文化委員会会議録第九号」昭和二三年六月二九日。
116 前掲注107『賞勲局百年資料集』下、四八六頁。
117 前掲注107『賞勲局百年資料集』下、五一一頁。
118 「第二十四回国会衆議院内閣委員会議録第四十六号」昭和三一年五月一五日。
119 前掲注107『賞勲局百年資料集』下、五九六頁。
120 前掲注107『賞勲局百年資料集』下、六五六～六五九頁。なおここでは、栄典の法制化を断念する理由として、叙勲で社会党と意見は一致しないだろうが、単独審議や強行採決は法案の性質上望ましくない(岸信介)、生存者叙勲の停止が閣議決定により行われた以上、速やかに閣議決定でこれを解除すべき(藤山愛一郎)、などの見解が示されている。また岸は、自身の「内閣時代にも幾度か閣議で解除を決意したが、安保等の関係もあ」り解除には至らなかったとも述べている。
121 前掲注107『賞勲局百年資料集』下、六五九～六六〇頁。
122 「第四十六回国会衆議院予算委員会第二分科会議録第六号」昭和三九年二月二二日、「第四十六回国会衆議院内閣委員会議録第十号」昭和三九年三月一七日。

123 前掲注122「第四十六回国会衆議院内閣委員会議録第十号」。
124 『読売新聞』昭和四二年一一月九日付夕刊。
125 同右。
126 「第六十八回国会衆議院内閣委員会議録第六号」昭和四七年三月三〇日。
127 「第八十回国会衆議院内閣委員会議録第九号」昭和五二年四月七日。
128 「第百十二回国会衆議院予算委員会議録第十五号」昭和六三年二月二九日。
129 宮内庁編『昭和天皇実録』一八(東京書籍、二〇一八年)昭和六一年七月二一日条。
130 前掲注92「臨時行事録一」。
131 前掲注80「宣仁親王喪儀一」。
132 同右。
133 御厨貴・岩井克己監修『昭和天皇最後の側近―卜部亮吾侍従日記―』三(朝日新聞社、二〇〇七年)昭和六二年一月二〇日条。
134 前掲注80「宣仁親王喪儀一」。
135 同右。
136 同右。なお、宣仁親王妃喜久子の希望により(天皇の同意も得たうえで)、雍仁親王同様に遺体は解剖に附された(『朝日新聞』昭和六二年二月四日付朝刊)。
137 宮内庁書陵部宮内公文書館所蔵「故宣仁親王(高松宮)喪儀記録(第四分冊)」(識別番号49936、以下「宣仁親王喪儀四」)。
138 前掲注80「宣仁親王喪儀一」。
139 宮内庁書陵部宮内公文書館所蔵「故宣仁親王(高松宮)喪儀記録(第二分冊)」(識別番号49934)。
140 前掲注80「宣仁親王喪儀一」。
141 同右。
142 ただし、喪儀終了後の振り返りのなかで式部職からは、喪儀を宮家の喪儀とする場合、宮家の意向が宮内庁の決定よりも尊重されるべきかとの問題が生じる可能性があり、この位置づけが適当であるかについて疑義が生じる、すなわち皇室の喪儀である以上は、一般的な準則に従い行われるべきという意見が出されている(前掲注137「宣仁親王喪儀四」)。

143 前掲注80「宣仁親王喪儀一」。
144 前掲注80「宣仁親王喪儀一」、宮内庁書陵部宮内公文書館所蔵「臨時行事録(高松宮殿下葬儀関係)2／4」(識別番号49593)。
145 小林忍・共同通信取材班『昭和天皇―最後の侍従日記―』(文春新書、二〇一九年)昭和六二年二月五日条。
146 宮内庁『昭和天皇大喪儀記録』(ぎょうせい、一九九三年、以下『大喪儀記録』)五頁。
147 『朝日新聞』昭和六二年一一月七日付朝刊、石原信雄「石原信雄メモ―初公開「大喪と即位の礼」―」(『文芸春秋』九〇(二)、二〇一二年)一〇二頁、石原信雄回顧談編纂委員会編『石原信雄回顧談―一官僚の矜持と苦節―』(ぎょうせい、二〇一八年)三二頁、古川貞二郎『霞が関半生記』(佐賀新聞社、二〇〇五年)一六〇頁。なお、内閣法制局では昭和四九年に、特別なきっかけがあったわけではないが、万一の場合に備えて「天皇の崩御に伴う問題の文書」が作成されたという(東京大学先端科学技術研究センター御厨貴研究室・東北大学大学院法学研究科牧原出研究室編『吉国一郎オーラル・ヒストリー』一、東京大学先端科学技術研究センター御厨貴研究室・東北大学大学院法学研究科牧原出研究室、二〇一一年、一九〇頁)。
148 前掲注146『大喪儀記録』二九頁。
149 前掲注146『大喪儀記録』六頁。
150 前掲注146『大喪儀記録』二二頁。
151 前掲注146『大喪儀記録』三〇頁。
152 前掲注146『大喪儀記録』三五～三六頁。
153 前掲注146『大喪儀記録』四七頁。なお先例では、内閣総理大臣の管理下に大喪使を置き、総裁は勅命により皇族が務めた。
154 前掲注146『大喪儀記録』二九頁。
155 前掲注146『大喪儀記録』三七・四三～四七頁。
156 前掲注146『大喪儀記録』一九七～一九八頁。
157 前掲注146『大喪儀記録』四四四頁。
158 前掲注129『昭和天皇実録』一八、平成元年一月八日条。
159 前掲注146『大喪儀記録』四八頁。
160 同右。

161 前掲注146『大喪儀記録』四三・四八頁。
162 前掲注146『大喪儀記録』二二八〜二三〇頁。
163 前掲注146『大喪儀記録』四八頁。
164 永積寅彦『昭和天皇と私―八十年間お側に仕えて―』(学習研究社、一九九二年)二四六頁。
165 『朝日新聞』昭和二〇年一一月二四日付朝刊、昭和五九年一一月二六日付朝刊。
166 前掲注75『昭和天皇拝謁記』二、昭和二六年五月一八日条。
167 『朝日新聞』昭和六二年二月一〇日付朝刊・同一一日付朝刊。
168 前掲注146『大喪儀記録』八九頁。
169 『朝日新聞』平成二一年七月二三日付朝刊。
170 宮内庁「今後の御陵及び御喪儀のあり方について」(https://www.kunaicho.go.jp/kunaicho/koho/goryou/pdf/arikata.pdf、二〇二四年一〇月七日最終閲覧)。

第七章　国葬から合同葬へ

はじめに

昭和二〇年(一九四五)に迎えた敗戦により、国家の価値基準は大きく変わることとなった。その最たるものは憲法の改正である。大日本帝国憲法(以下旧憲法)において天皇の専権事項であった栄典授与は、日本国憲法(以下新憲法)では内閣の助言と承認による天皇の国事行為とされた。また国葬令は、新憲法施行にともない役割を終える。このように、爵位、勲位、位階と並び旧憲法の栄典の一種であった国葬も、如上の変革の影響を免れ得なかった。実際、国葬は戦前の二〇例に対し、戦後は二例にとどまる一方、それに代わる形態の公葬が広がっていく。この展開は如何なる要因によりもたらされたのだろうか。これまで大喪儀や国葬のほか、戦没者に対する様々な公葬が検討対象とされてきたが[1]、いずれも敗戦以前の事例が中心であり、これらの対象者が激減する戦後の公葬にも目を配ることが必要であろう。

死の直後の評価により行われる国葬と異なり、死後暫くの歳月を経て再評価される場合もあり得る。その一つの贈位について、石川寛は近代の贈位が、時代を超えた広範な「国家功労者」に対し、時には多様な階層からの請願を受けて行われたと論じた[2]。また小川賢治は、叙勲範囲は戦後になり拡大したが、その官尊民卑的性格は、近現代を通して大きく変化することはなかったと指摘する。[3] さらに栗原俊雄は小川の論を踏まえつつ、政府が叙勲制度への国民の批判的視線を常に意識して改革を試みていたことを明らかにした。[4] 第三者の視線や動向が栄典に影響を及ぼすというこれらの指摘は、国葬を考えるうえでも重要な示唆を与えてくれる。

また、「神道指令」と憲法改正による政教分離規定が公葬に与えた影響の有無も見逃せない。前章では皇室喪儀への影響を確認したが、如上の議論の対象を、主権回復後の国葬と、それに類する公葬にも拡げた場合、果たしてこれらが有効たり得るかについては、実際に検証してみる必要があろう。すなわち、明治以来の先例の蓄積により構築されてきた儀礼に、戦後の政教分離政策が如何に作用したのかを明らかにすることにより、国家と宗教の関係性の一端が表出すると考えられる。[5]

以上の問題関心にしたがい、本章では、国家勲功者に対して内閣が主体となり執り行われる公葬、なかでも昭和四二年の吉田茂の「国葬儀」、昭和五〇年の佐藤栄作の国民葬、昭和五五年の大平正芳の内閣・自由民主党合同葬儀を取り上げる。なぜなら、第一に戦前に国葬の礼を賜った者は維新の元勲や元老、軍人(皇族を含む)であるが、これらの地位はすべて新憲法の制定までに消滅しており、議会制民主主義のもとでは、国家偉勲者となり得る地位の筆頭が首相となるからである。また、これを踏まえた第二の理由として、戦後の首相経験者で、かつ吉田以前に公葬とされた者が、現職の衆議院議長を理由として衆議院葬とされた幣原喜重郎のみであること、第三に、大平以降に死去した首相経験者の半数以上が内閣・自由民主党合同葬儀とされていることがある。すなわち、この三例が公葬の一つの変革期をなしていると仮定することができるのである。[6]

よって、まずこれらの決定過程に着目し、現在の形態に至った理由とその背景を検討する。その際、政教分離や法的根拠の喪失が公葬に及ぼした影響の有無に留意したい。続いて公葬に際した国民に対する政府側の働きかけと、それに対する国民やメディアの反応を分析することで、公葬と国民の関係性を明らかにする。以上の試みから、戦後日本の国家における顕彰・追悼の姿を把握する一助としたい。

1 新憲法下の国葬

(1) 吉田茂国葬の決定過程

昭和四二年(一九六七)一〇月二〇日に吉田茂元首相が死去すると、自民党本部では急遽、福田赳夫幹事長、瀬戸山三男・福永健司両副幹事長が対応を協議し、党として国葬を内閣に要望することとなる。また政府内でも三木武夫外相兼臨時首相代理を中心に対応が協議され、木村俊夫内閣官房長官がマニラ滞在中の佐藤栄作首相に電話報告を行う。[7] これに佐藤は「党側福田、川島〔正次郎〕君も希望してるとの事故、国葬の儀をとりはからふ様命」じている。[8] なお国葬実施は佐藤も強く希望しており、佐藤は準備の着手を指示したものの、具体的な措置に関しては佐藤の帰国後に決定することとなった。[9]

二一日には、木村官房長官を中心に関係省庁が協議し、二点を内定する。[10] 一点目は一〇月三一日午後二時より日本武道館にて「国葬儀」を執行することである。これは昭和二六年の貞明皇后大喪儀が閣議了解により準国葬とされたことに倣い、「政府として国費によって葬儀を行なうことを閣議決定することによって事実上の国葬を行なえるものと結論」づけたものであった。[11] この解釈は前章で見たように、貞明皇后大喪儀の際に佐藤達夫法務府法制意見長官が、国葬実施には「憲法上法律の根拠を要」せず、「行政作用の一部」なので「理論上は内閣の責任において決定し得る」と考えていたほか、[12] 内閣法制局第一部長の吉国一郎が昭和四〇年一月八日の公式制度連絡調査会議で述べた、「単に、国葬をやってやるというのなら、政令でやることができるであろう」という解釈を踏襲したものであろう。[13] ただし坊秀男厚相が

「吉田氏の葬儀に伴う経費を国が支出して、国葬儀と呼称することは大分無理であろう」と日記に記していることは[14]、その解釈が容易には納得され難いことを物語ってもいる。先述の佐藤長官の、「実際上は国会の両院において決議が行われ、それを契機として内閣が執行するという経緯をとることが望ましい[15]」との考えまでは参照されなかったのである。

二点目は、葬儀形式を無宗教的とすることである。ただこれは、国家による宗教活動の禁止(新憲法第二〇条)が直接的な理由ではない。政府は「どの宗教で行なうかについても、国が遺族にかわって葬儀を行なうことだから、国の宗教活動を禁じた憲法には違反しない」との見解を示しているからである[16]。この憲法解釈は、前章で確認したように、幣原喜重郎の衆議院葬と貞明皇后の大喪儀に際してすでに示されているものであった。すなわち、故人の信仰に拠った公葬は違憲ではないとする、占領期に形成された公葬と政教分離に関する解釈が、吉田国葬の際にも依然引き継がれていたといえる。では今回の吉田国葬において、なぜ無宗教的という新例を開くのか。政府は説明する。「国民あげての葬儀にするため[17]」であると。また、国葬実施の方針が報道されると「自民党本部や幹部のところへ、仏教や神道の団体から「国葬はぜひ自分たちのところへ」との陳情が始まった」が、「〝国民葬〟として形式や宗教にしばられずにやる方針」のため、これらの陳情をすべて断ったと、瀬戸山副幹事長も語っている[18]。

如上の説明は、裏を返せば政府・自民党内に、特定の宗教的形式による国葬では国民をあげての葬儀にはならない可能性、つまり国葬に反対もしくは議論を呼び起こす、という危惧が存在したことにほかならない。例えば、憲法学者の宮沢俊義は、「当時の最もスタンダードな体系書として、出版後二〇年以上通説と位置づけられた[19]」著書『憲法Ⅱ—基本的人権—』において、公の儀式は宗教的色彩を持ってはならず、よってもし国葬がその儀式への参加を少しでも義務づける要素を有するならば、非宗教的な葬式としてのみ許されると論じている[20]。また当時は、政教分離に再度注目が集まっていた頃でもあった。この年に限っても、神社界を中核とする右派の活動の成果として、初の「建国記念の日」を迎えたほか[21](二月一一日)、津地鎮祭訴訟の第一審判決が下されている(三月一六日)。さらに、靖国神社の国家護持をめぐる「攻防」が激しくなるのもこの前後からである[22]。

故人のみならず国家の体面を保つため、政府は国葬への反対が生じないよう入念に注意を払い、時にはこれを理由に国葬という選択肢を採らないことすらあったことに鑑みれば、今回政府が宗教的形式を避けたのも頷ける。ただこの判断により、公葬の形態における大きな方針転換が図られたことは間違いない。すなわち、葬儀の公私により宗教の関与は棲み分けられ、故人の信仰は私葬のなかに顕れることになったのである[23]。

また、葬儀会場に日本武道館が選ばれたことも注目される。皇族を除く国葬は、明治半ばまでは故人の邸宅や寺院墓地が会場となっていたが、明治四二年(一九〇九)の伊藤博文以降は日比谷公園で営まれていた。しかし今回は、多数の来場者と自動車収容に対応できる会場として、国立劇場や国立競技場なども検討されるなか、最終的に日本武道館が選定され、全国戦没者追悼式を参考に式壇が設計された[24]。この戦没者追悼式は新宿御苑で営まれた昭和二七年の第一回以来、「宗教的儀式を伴わないものとする」[25]との方針が継続して採用されており、昭和三八年の会場が日比谷公会堂とされた際には、「宗教的なにおい」のない「適当」な場所を探させたと西村英一厚相が発言している[26]。さらに、遺族の要望を踏まえて靖国神社で行われた昭和三九年の追悼式後、「式典は宗教儀式を伴わ」ず、「昨年の靖国神社境内に於ける経験に鑑み、屋外は不適当と思われるので、他の適当な屋内式場をあてること」との要望書が、社会党から出されたこと[27]が影響してか、同年に開業した日本武道館が翌年の追悼式会場となっている。以上を踏まえると、無宗教式の国家儀礼の実施経験があり、特定の宗教の影がない屋内式場である日本武道館は、実務面だけでなくイメージにおいても、国葬の会場として適当と判断されたと考えられよう[28]。

さて、一〇月二一日に帰国した佐藤首相は二三日に臨時閣議を開催し、①葬儀は国が行い「故吉田茂国葬儀」と称する、②葬儀事務取り扱いのため、首相が葬儀委員長を務めるとともに、副委員長・委員(首相が委嘱)を設置する、③一〇月三一日に日本武道館で行う、④経費は国庫から支弁する、の四点を閣議決定する。同時に吉田に従一位菊花章頸飾を贈ることも決定した。叙位叙勲についての閣議決定は同日中に佐藤が天皇に内奏し、裁可を得ている。[29]

⑵国葬儀委員の任命

一〇月二一日に開かれた関係省庁による打ち合わせ会議では、戦前の国葬を先例に葬儀委員会を設置する方針のもと、事務局を総理府に設置し、国葬準備は総理府が主体となることが確認された。また委員長には佐藤首相、副委員長には塚原俊郎総理府総務長官がこれに当たるとともに、「国民葬に盛り上げるため」園田直衆議院・河野謙三参議院両副議長を副委員長に加える案も浮上する。[30]その他の委員は木村官房長官を中心に選考を進めることとなり、二三・二四日に副委員長以下一七名に対し委嘱された。[31]しかしその内訳は、内閣・総理府関係一〇名、外務省三名、警察庁・防衛庁・厚生省・自治省より各一名となっており、当初の案から衆参両院副議長の名前が消えている。

ここで国葬に対する野党の反応を確認しておこう。吉田の死後、政府・自民党は各党に国葬の意向を打診しており、福田幹事長によると、社会党・公明党は異議無しとの態度であり、民社党は党機関に諮るが非公式には同意したという。[32]一方、共産党は反対の旨を一〇月二四日に亀岡高夫官房副長官に申し入れている。[33]

さて、当初は異議無しとの態度を示した社会党であるが、その後の党内の議論は国葬の形にも影響を及ぼしている。まず一〇月二一日に河野密副委員長と山本幸一書記長が協議し、党として国葬問題に意思表示はしない方針を採ることとした。[34]山本は個人的意見として、閣議決定のみは不適当で、議院運営委員会でもよいので国会の議決を求めるべきだと述べている。続いて二三日に開かれた国会対策委員会では、国葬について「大勢はやむをえないとの意見」であったが、二五日に開催される予定の衆議院議院運営委員会で以下の二点を主張することとなる。すなわち、①今回の「国葬」は前例とせず、今後の取り扱いは衆議院議院運営委員会で検討する、②衆参両院副議長を葬儀副委員長とする案は不適当、というものである。[35]特に後者は、実際に葬儀委員の選定にも影響を及ぼすこととなったが、不適当としたのは如何なる論理であろうか。社会党の安宅常彦は次のように説明している。[36]

〔前略〕院のほうで全然知らない間に、佐藤総理から衆議院、参議院の副議長が吉田さんの葬式の実行副委員長というのに任命されておった。それではけしからぬではないかということで、これは表面に出ないままに私どもはそれは断わるべきだ、そういうことで断わったいきさつがあるわけです。平気で政府が院の副議長を、いわるる〔ママ〕国葬のていさいを整えるためであったということは別として、そういうことをやることに怒りを感じた。〔後略〕

すなわち、主権在民の中心的役割を果たすべき地位にある議会の長は行政府の長より上位にあるが、今回の葬儀でそれをするわけにはいかないので両院副議長を副委員長に据える、そうした政府側の意図が明白だったために断ったのだ、というのである。

国会の議決を経るわけでもなく、また葬儀委員会に国会関係者が加わらないという事態は、前章で見た叙位叙勲同様に、主権在民の新憲法下における中心的機関たる国会が国葬に参画しないことを示している。換言すると、名は「国葬」とついていながら、その実は行政措置による政府葬へと格を下げる結果となったのである。そしてそれは、後に田中龍夫総理府総務長官が国会答弁のなかで、「従来ありましたような国民全体が喪に服するといったようなもの〔法的根拠〕はむしろつくるべきではないので、国民全体が納得するような姿において、ほんとうに国家に対して偉勲を立てた方々に対する国民全体の盛り上がるその気持ちをくみまして、そのときに行政措置として国葬儀を行なうということが私は適当ではないかと存じます」と述べているように[37]、政府も自覚的であった節が見受けられる。第五章で確認したように、明治国家による国葬において国民への服喪を強制した事例が寡少であることも踏まえると、「国葬」と「国葬儀」の差異は、服喪の強制性ではなく主権者の関与の深さとそれにともなう儀礼の格式という点に見出すことができる。とはいえ、国費支出による国家偉勲者への栄典としての機能は失われていない以上、本質的な変化があったわけではないといえる。

(3) 市井からの批判

吉田の国葬に対しては、様々な観点から批判が寄せられた。一つは決定過程への批判である。例えば高木幹太（牧師）は、新憲法に規定されていない、かつ貞明皇后でも行われなかった国葬を、国会にも諮らず内閣だけで決定したことに対し、「民主主義も新憲法も踏みにじることではないか」と意見した。法的根拠の喪失の影響がここに看取される。また高木は続けて、「反動政治家」吉田を国家が顕彰することで、「対米従属の軍国主義復活の道をひた走る佐藤自民党政府を国民に賛美させる」と主張する。[38]政府の政治的意図を読み取ろうとする如上の見方は、佐藤政権批判の論理としてしばしば登場しており、「いまの政治が〝吉田学校〟の生徒に私有化されている」と批判した羽仁進（映画監督）の主張[39]もこれに当てはまる。顕彰という行為には、その対象者のみならず顕彰する側の立場をも、世間に肯定的に主張せんとする一面がある。さすれば、国家――政府と言い換えて差し支えなかろう――が執り行う国葬が、政治と無関係ではいられないものであるのは、至極当然のことといえよう。

一方で、批判の矛先はマスメディア、そして国民に対しても向いた。その論者の一人が大宅壮一である。大宅は吉田の国葬を、法的な面や国葬形態などの諸問題が曖昧なままに、政府により押し切られたようだとしたうえで、これらの問題点を「日本のマスコミ界がこぞって暗黙のうちに〝了解〟しているようにみえるのは、いささか了解に苦しむ」と述べる。つまり大宅は、マスメディアが「新しい日本のありかた」に則して吉田を再検討・再評価するという「使命」を十分に果たしているか、当時起こっていた「〝明治ブーム〟」とも絡めて疑問を呈しているのである。[40]明治百年を迎え「〝偉大なる明治〟にたいする郷愁」を無批判的に高めたマスメディアと、それに乗せられた国民、その両者への違和感が、大宅のなかにはあったのだろう。ゆえに大宅は、両者が真剣にこの問題と向き合うことで、「吉田の〝国葬〟が初めてその名に値するもの、すなわち〝国民葬〟となるであろう」と文を結ぶのである。大宅の考えによれば、国民による厳正な審査を経たものこそが、真の意味での国葬となる。しかしその後、国葬は異なる展開を見せる。それは大宅の主張するものとは別の「国民葬」であった。

2　非国葬という選択

(1)佐藤栄作の国民葬

佐藤栄作元首相は、昭和五〇年(一九七五)六月三日に死去する。佐藤の訃報に接した政府・自民党内では、①首相在任期間が七年八ヵ月と当時最長であったこと、②戦後の経済発展やノーベル平和賞受賞など、功績が顕著であること、③国葬とされた吉田同様に、生前に大勲位菊花大綬章を受章していたこと、の三点から国葬実施論が勃興する。[41]要するに、吉田と同等の待遇とすべきであると主張したのである。だが、その主張が通ることはなかった。

佐藤が脳卒中で倒れた翌日の五月二〇日、川島廣守内閣官房副長官、藤森昭一・山地進内閣参事官、吉国一郎内閣法制局長官による協議の結果、「国葬というのはやはりよほどのことでないとやらないのであろう」となった。[42]続いて二四日には、井出一太郎内閣官房長官、川島官房副長官、吉国法制局長官らが吉田の国葬記録を参考にしつつ協議するが、ここでも「国葬とはしないで、内閣葬というようなものでいいのではないかというのが大方の意見であった」という。[43]このように、内閣の事務方のなかでは、すでに国葬に消極的な流れができていたのである。

そして佐藤死去の報を受けた六月三日、三木武夫首相、福田赳夫副総理、椎名悦三郎自民党副総裁、中曽根康弘同幹事長ら政府・与党首脳による協議が行われる。冒頭で三木首相が「吉田さんを国葬にした際に今後国会開催中に国葬にする場合は、国会の決議をとることにすべしとの議論があったので、そのことにも考えに入れて決定すべきだ」と発言して始まったこの会議は、吉国法制局長官による「国葬の法的根拠、国葬と内閣等について」の説明を踏まえて議論が進められた。国葬を主張したのは福田副総理、松野頼三自民党政調会長、灘尾弘吉同総務会長であったが、国葬への反対論が強かった結果、国葬とはせずに中曽根幹事長の提案した国民葬、すなわち内閣・自民党・国民有志の三者が主催する「準国葬」とすることで決着した[44]。

国民葬には大正一一年(一九二二)の大隈重信の先例が存在するが、あくまでこれは、官による「国葬」とは対極の、民による「国民葬」であった。つまりここで、「「官葬」と「民葬」の中間、もしくは混合方式[45]」という、新たな公葬形式が登場したのである。この理由を中曽根幹事長は、国葬については法律もなく、また内閣法制局等の意見を聞き総合的に判断した結果だと説明している[46]。そして午後の閣議では、一部から国葬論が唱えられるも、国民葬が承認される。加えて、佐藤に対し従一位菊花章頸飾の追贈が決定され、天皇へ内奏ののち裁可される[47]。この点においては、吉田と同等の待遇とされたのである。また、六月五日の準備委員会において、国民葬を六月一六日午後二時より日本武道館にて行うことが決まり、同日と翌日の内閣・自民党関係者打ち合わせ会にて参列者の範囲や人数、式次第等は吉田の国葬に準ずるとの方向性が確認された[48]。

では中曽根幹事長のいう「総合的」とは、如何なるものであったのか。国民葬という新形式をとる理由について、新聞紙上では五点が指摘されている。一点目は明確な法的根拠が存在しないとする内閣法制局の見解であり、これこそが国葬見送りの最大の決め手であったとする[49]。強引な法解釈による国葬の強行で生じる摩擦を忌避したのであろう。これには国葬の栄典としての性質が大きく関係したと考えられる。例えば生存者叙勲復活の動きのなかで、昭和三八年四月の「此種の法案を単独審議や強行採決を行うことは法案の性質から申して望ましいことではない」という岸信介の発言[50]からも見て取れるように、政府与党内には栄典法を穏便に成立させたいという思惑が強かった[51]。さらに、同年の公式制度連絡調査会議においても、「皇族以外一般人に対する国葬を行う基準等は栄典法と同じように相当大きな政治問題となるおそれがあるので早急に立法化することは適当でな」いとの方針が示され、国葬の再法制化は足踏み状態であった。[52]そのようななかでの吉田の国葬は、先述の通り閣議決定で行われたがゆえに批判を受け、故人のみならず国家の威信をも傷つけることとなった。その記憶も新しいなかで、国葬実施に政府が慎重となるのは当然といえよう。

二点目は国葬の場合、衆参両院議長・最高裁判所長官といった三権の長との協議が必要だとするものである。つまり新憲法下では国葬は三権合同で行うべきだが、閣議決定のみでは「内閣葬」にすぎないのだという。[53]であるならば、三権の長と協議のうえで決定すれば体裁は取り繕うこともできたはずである。しかし政府はそれを行わなかった。理由は次の問題との関わりである。

三点目は、吉田の国葬の際に、これを先例としないという社会党の申し入れの存在、そしてこれと関連して四点目は、野党が佐藤の国葬に反対の姿勢を示しており、これらを押し切っての強行は、以後の議会運営に支障をきたすため困難だというものである。[54]反対の背景には、佐藤が政界を引退して三年しか経ておらず、彼の歴史的評価が定着していないことや、安易に国葬を増やすことへの反発があったとする。三木首相が政府・自民党首脳らによる協議の冒頭で発した先述の意見がここにつながってくる。

吉田の死去時、自民党はいわゆる「黒い霧」の影響もあり低落傾向にあったものの、依然として衆議院で安定多数を維持し、党内における佐藤の勢力もいまだ優位な状況にあったが、社会党は派閥間抗争に忙しく、また公明党が初めて国政に進出し、民社党とともに躍進するなど「多党化」が進んでいた。[55]一方、佐藤死去時にも自民党は議会における安定多数を確保していたものの、三木派が小派閥なため、政治資金規正法改正や公職選挙法改正などの諸政策が党内の反対で挫折、ないしは骨抜きにされる状況であった。[56]党内調整に追われるなかで、野党の反対を無視することはできなかったといえよう。

加えて、吉田の国葬に共産党を除く野党が消極的であれ賛成の態度をとったのに対し、佐藤の国葬には反対一色であり、穏便に済ませたい政府与党としては、これが障害となったことが指摘できる。というのも、前述の生存者叙勲をめぐっては、法律ではなく政令により復活させるという池田内閣の手法に対して社会党からの猛反発を招いたという過去が存在したためである。特に社会党の石橋政嗣は、「天皇の国事行為という美名に隠れて、天皇に責任をなすりつけた形で、実際には内閣が助言と承認というその肝心のところだけ握って全部やろうとしている」、すなわち内閣による栄典授与の専断は、授与の公正妥当性の不担保を招き党利党略が横行すると指摘するとともに、国会や栄典審議会等の不関与は非民主的な方法であると批判した[57]。これは閣議決定による国葬実施に対しても十分起こりえた論理であるといえよう。

五点目は国葬とした場合に生じる台湾要人の参列資格問題である。これは日中関係における、デリケートな問題に発展する可能性があった[58]。特に日中平和友好条約の締結交渉が行き詰まりを見せるなか、さらなる事態の悪化や政権への悪影響を懸念する声が上がることは想像に難くない。

さてここで、如上の経緯で決定した国民葬が有する意義を確認しておきたい。まず一つは、戦後では吉田以来の、最高の栄典たる大勲章頸飾授章者であるにもかかわらず、佐藤が国葬とされなかったことで、国葬該当者が不在となったことである。つまり権衡の関係上、その後の国葬実施が困難になったのであり、吉田の国葬を主導した佐藤内閣の選択が、佐藤自身の国葬への扉を閉ざす一因になったといえよう。

また〝国葬令の存在が国葬を可能とした〟とする当時の認識は、国葬令の失効が国葬から国民葬への転換を促した、換言すれば、法的根拠の喪失が国葬の存立に多大な影響を及ぼしたことを示している。そもそも国葬は、法的根拠のないまま先例を積み重ねてきた。そのため国葬令制定過程では、法令の必要性自体が疑問視され、また成立した国葬令が大要にすぎなかったため、昭和九年の東郷平八郎の国葬後には未規定の式次第や事務分掌等の準則を設けるべきという意見も挙がるなど[59]、失効以前には、国葬令が積極的な評価を受けていたとは言い難い。一方で大正期に、平沼騏一郎は法令制定に向けた議論のなかで、「一般思想ノ変化ニ伴ヒ将来ハ成法ナケレハ必スシモ当然トハナラス、故ニ可成早ク法文トシテ制定シ置クヲ適当トスヘシ」と、国葬令に一定の意義を見出していた。[60] 仮に国葬令が制定されなければ、「一般思想ノ変化ニ伴ヒ」国葬が消失した可能性も、あるいはそのまま慣習として新憲法下でも行われていた可能性も考えられる。しかし実際は、国葬令が制定されたことで、国葬は法的根拠を前提とする存在とみなされるようになり、新憲法下で国葬令が失効しても、その認識は命脈を保ち、今回の事態で再認識された。つまり、一度法的根拠を持ったがゆえに、法的根拠の有無が国葬の存立に影響を与えかねないという平沼の懸念が、想定とは異なる形で現実のものとなったのが今回の事態といえる。結果として、過去に国葬令が存在したという事実が、時を経て国葬という選択を困難にしたのである。

さてここで、国民葬の特徴について確認しておきたい。葬儀費用については、国庫(予備費)と自民党から支出する方針が六月三日の政府・自民党首脳会議で採られ、[61] 六日に国庫支出が閣議決定された。[62] また一三日には葬儀費用約四二〇〇万円(政府試算)のうち二〇〇四万円を一般会計予備費から支出すると閣議決定される。[63]「半官葬」たる国民葬の性格を数字上でも体現したものといえる。実行委員会も組織される。六月四日の政府・自民党による連絡会にて「準備委員会」を五日に発足することになり、六日にはその準備委員会で決まった三点、①葬儀委員長・同副委員長・同委員を設置する、②首相を委員長とし、副委員長以下は委員長が委嘱する、③実行委員会を組織する、が閣議決定される。[64] ここまでは吉田の国葬とほぼ同様だが、その構成員には大きな差異があることに注目したい。委員は実行委員会にて選定され、一三日に決定したのであるが、その内訳は副委員長八名(うち国民有志四名)、委員四七九名(同七四名)となっている。特に委員の国民有志には井上靖や王貞治、森繁久弥など、各界から故人と生前親交のあった著名「有志」が委嘱を受けている。「国民」葬を強く意識した構成であることはいうまでもない。

(2) 大平正芳の内閣・自由民主党合同葬儀

日本憲政史上初の衆参同日選挙を一〇日後に控えた昭和五五年六月一二日、大平正芳首相が死去する。内閣総理大臣臨時代理に伊東正義内閣官房長官を充てて開かれた同日の臨時閣議では、葬儀日程等は選挙後に自民党と相談のうえ決定することとなる[65]。ただ、選挙期間中も葬儀形態に関する報道はなされており、これによると当初、政府・自民党から国葬論も浮上したが、与野党の支持を考えると自民党葬が有力と見られていた[66]。しかし、自民党葬だと外交的にも重みに欠けるという理由から国民葬が浮上する[67]。そして選挙後の六月二三日、伊東首相臨時代理が小渕恵三総理府総務長官、次いで倉石忠雄法相、宇野宗佑行政管理庁長官、さらに自民党三役と協議し、七月九日に日本武道館で内閣・自由民主党合同葬儀(以下、合同葬と表記)を催すことに内定する[68]。六月二四日にはこれを閣議決定し、また自民党も党役員会で正式に決定した[69]。

この合同葬とは、単純化すれば国民葬から「国民有志」を除いたものということになり、費用の一部を国費で負担し[70]、無宗教式で行うなど、多くの点を国民葬から引き継いでいる。なぜ国葬でも国民葬でもなく、「一段階低い[71]」合同葬という新たな形態を創出したのか。報道によれば、大平は在任期間や業績で吉田・佐藤に劣るとの理由のほか、国民葬とした場合の「国民」の概念が曖昧であること、さらには選挙大勝直後に国民や自民党内の反主流派などからの様々な批判を避けるためなどとされている[72]。

大平合同葬の特徴は、儀式の内容ではなく、その海外からの参列者にある。カーター米大統領、華国鋒中国首相をはじめとする海外の首脳が多数参列し「喪服外交」が繰り広げられたため、「わが国の国際的地位の向上」を示すものとして好意的に報道されたのである。またその影響から盛大な葬儀となったという認識は、報道各社とも共通する。しかしその一方で、「式典は演出過剰」で、死後暫く経っていることからも「どこか悲しみからは離れたショーをみるような感じ」とも評された[73]。

これらの評価は、対外的には効果があったようにも見えるが、対内的な効果には疑問符がつく。では、公葬と国民の距離は如何なるものであったのか。次節でそれを論じよう。

3　公葬と国民

(1) 政府側の対応

ここでは、政府が国民に如何なる形による公葬参画を期待し、またそれが国民や公葬自体にどのような影響を及ぼしたのか、如上の三例をもとに検討する。

一点目は参列者の範囲について。まず吉田国葬の場合、一〇月二〇日の内閣総理大臣官房総務課・人事課・会計課による打ち合わせ会議で、参列者の人選及び案内状の作成を人事課が担当することとなる。一〇月二三日には第一回国葬儀委員会議が開かれ、①参列者総数は五一〇〇名程度とし、同日の各省人事課長会議で推薦を依頼のうえ、二四日午前中に名簿を提出してもらう、②献花は参列者が午後二時から三時、一般が午後三時から七時まで、と決した。そして各省庁人事担当課長会議で前述の名簿提出を依頼し、後日人事課が重複者を調整すること、国家公務員は各省庁の局長以上に限定し、地方公共団体は自治省が人選することとなった[74]。つまり参列者は基本的に公人、もしくは官選の民間代表者に限定され、一般民衆は国葬儀終了後の献花のみとなったのである。第四章で見たように、国葬に対する民衆の支持を獲得し、国家の体面を保つため、大正後期以降の国葬では式後に一般の拝礼が認められていた。しかし吉田国葬は戦前と異なり宗教色を排除したため、先例が参考とならず、「故ケネディ大統領の国葬の映画を取寄せ、一同で見直したが、国柄も違うことだし、ヒントらしいものは何も得られ」なかったことからもわかるように、国葬の形式は大きな変更を余儀なくされる[75]。そのようななか、国民の参加方法に関しては、拝礼から献花へと形を変えつつも、戦前の手法が継承されていることが看取されよう[76]。さらに、この方針は佐藤国民葬や大平合同葬でも採用されている。ただし、最終的な招待人数については、吉田国葬が六二二〇余名、佐藤国民葬が六三五一名に対し、大平合同葬は八二二九名と大幅に増加している[77]。これは、海外の首脳が多数参列することになったことで、葬儀規模も拡大したためである。

二点目は国民の服喪である。戦前には国葬令に「当日廃朝シ国民喪ヲ服ス」と規定されていたが、国葬令の失効により、国民服喪の法的根拠も喪失しているなかで採られた対応は如何なるものであったか。

吉田国葬では、①弔旗掲揚、②黙禱実施、③当日の半休、④公式行事・儀式等の自粛、の四点を閣議了解による政府の方針とし、一般においても同様の方法による弔意表明の実施を要望することとなった[78]。①は明治天皇大喪儀の際の大正元年閣令第一号に準拠したものである[79]。また③に関しては、国家・地方公務員は可能な限り、国公立の学校については文部省と協議のうえ、加えて民間にも要請するというものであった。この方針により国公立の学校は午後休校の措置が採られている[80]。また④とも関連する事項に、歌舞音曲の扱いがある。木村官房長官は「「国葬令」が失効しているので、歌舞音曲を禁止することはむろんできないが、国民の自粛に期待したい」との談話を発表する[81]。さらに「公の行事、儀式その他歌舞音曲を伴う行事はさしひかえること」という閣議了解に続き、国葬儀委員会が「国民各位へのお願い」にて、官庁に準じ歌舞音曲の自粛を「期待」する旨を発表している[82]。以上からは、一般の国家公務員の対応は貞明皇后大喪儀にならったものであり[83]、かつ全体としてはあくまで国民の「協力」を求める形を採っていることがわかる。

佐藤国民葬においても、当初の事務局案では、各省庁等は葬儀当日、吉田国葬と同様の措置(①〜④)をとる方針とされていた。しかし、続く実行委員会では③と④が削除され、閣議了解を経て各省庁の長等に通知されるとともに、国民にも協力が要請された[84]。国民生活に最も影響を与え、国家による葬儀という非日常を広く国民に認識させるはずの服喪手段が排除されたのである。「準国葬」となったことが、これらを不適当と判断するに至った理由と考えられよう。加えて国民の自主性に任せる形をとり、かつ主催者側による葬儀空間の縮小により、式場の外で国民が葬儀体験を共有する機会が減ることとなる。すなわち〝国民が一体となり偉勲者の死を悼む〟という意義が、さらに後退したのである。そして、大平合同葬でもこの方針が継承されることで、公葬における国民の服喪の様態が定まったといえよう。

(2) テレビ・ラジオ局の対応

ここでは、公葬へのテレビ・ラジオの対応とその影響を分析する。[85] 吉田国葬においては、総理府広報室長を中心に各報道機関との折衝が行われ、報道機関との間で、取材配置や方法などに関する取材協定が結ばれる。[86] さらに国葬儀委員会でも、ラジオ・テレビなどに協力を求めることを決定した。[87] これを受けて各局は国葬を実況中継するとともに、その前後にも「ふさわしくない」ドラマや歌謡ショー、CM等の自粛・差替えを行っている。[88] ただこれにはマスコミ関連産業労組共闘会議や日本労働組合総評議会から反対の声が挙がる。[89] その論旨は、①法的根拠も議会の議決もない国葬を国民に強制する形式は問題である、②国葬へのマスコミ動員や政府の意図に沿った放送の変更は言論統制であり、かつ軍国主義体制への回帰である、というものであった。一方で村上七郎フジテレビ編成局長は政府の圧力を否定し、あくまで自主的な措置だと主張している。[90] では実際の編成はどのようになっていたのか。表7―1・表7―2からは、多くの局で普段と大幅に異なる番組編成が行われていることがわかる。その内容は吉田の私邸のあった大磯や日本武道館からの中継のほか、座談会をはじめとする特別番組がたてられている。なかでも追悼・顕彰の意を含むクラシック曲（「鎮魂ミサ曲」や「英雄」など）を流す音楽番組が頻繁に登場する。

佐藤国民葬や大平合同葬でも、吉田国葬同様に総理府に各報道機関幹事を集めて協力を要請し、取材協定を結んでいる。[91] 一方で、葬儀当日の番組構成については大きな差異が見て取れる。佐藤国民葬ではＮＨＫ・ＴＢＳテレビ・フジテ

表7－1　東京キー局における国葬当日の特別編成

フジテレビ	①全日特番体制をとり，約20本の番組を中止，残りの約10本は内容を変更 ②哀悼テロップ以外のCMをすべて中止
TBSテレビ	①特番6本を組み8番組の内容を変更 ②12時～17時のCMを中止して哀悼テロップを出す
日本テレビ	①6本の特番を組み，「そっくりショー」「エプロンおばさん」中止 ②“どうかとおもう”CM中止
NETテレビ	①特番7本 ②おめでたい，騒々しいCMは変更

「極秘指令「昭和最後の日」を準備せよ」(『放送レポート』39，1979年) 5頁より作成。

表7－2　東京キー局における国葬関連番組の放送時間

テレビ	総分数	音楽番組分数	音楽番組比率(%)	ラジオ(AM)	総分数	音楽番組分数	音楽番組比率(%)
NHKテレビ	325	70	22	NHK第一	395	140	35
フジテレビ	731	225	31	TBSラジオ	295	120	41
TBSテレビ	471	126	27	文化放送	720	180	25
日本テレビ	235	75	32	ニッポン放送	1025	310	30
NETテレビ	240	30	13	ラジオ関東	440	0	0
東京12チャンネル	311	0	0				

『朝日新聞』(昭和42年10月31日付朝刊)テレビ・ラジオ番組表より作成。
音楽番組比率は，小数点第一位四捨五入。

レビでは午後二時～三時に特別番組を設け、葬儀の模様を中継している。またTBSラジオも特別番組を設けたが、文化放送・ニッポン放送・ラジオ関東は通常の放送のなかで取り扱うにとどまっている。そしてテレビ・ラジオともにその他の時間帯における番組の組み替えは行われていない。大平合同葬でも、午後二時～三時にNHK・TBSテレビ・フジテレビ・テレビ朝日は特別番組を編成し、東京12チャンネルは通常番組内で特別編成を行い中継しているが、日本テレビは通常放送のなかの話題の一つとして扱うにとどまっている。ラジオも各放送局が通常番組のなかで中継を行っている。以上からは、吉田国葬に比して放送局の熱が大きく低下していることが明らかとなる。

(3) 公葬当日の国民

ここまで見てきた、政府やマスメディアの対応に対し、国民は公葬当日をどのように過ごしたのであろうか。まず、政府の「お願い」に対しては、国民は冷淡な対応をとった。例えば、吉田国葬において東京都は政府の方針通りに対応する一方、横浜市は弔旗掲揚のみとしたように[92]、自治体レベルでも温度差が見られたのである。またいずれの公葬でも民間企業の多くは平常通りに営業している。街の様子も、「交番のお巡りさんたちだけはテレビカメラマンの頼みで黙とうしたが、足をとめた女子高校生は「あれ、なにやってるの」……」(吉田国葬)、「ＯＬ(二一)。「えらい人だから、国民葬は当然じゃないですか。黙とう？ そんなの、するつもりはないけど」」(佐藤国民葬)、「主婦(四一)は「黙とう？ ああそうでしたねえ。うっかりしちゃって」というと、エレベーターに駆け込んだ」(大平合同葬)と、一見区別がつかない。総じて、指定された午後二時一〇分に黙禱をはじめとする弔意表明を行う人や団体はいずれもまばらであった[93]。

次に、テレビ視聴率を確認する。ＮＨＫテレビの中継視聴率は表7―3となっており、これをどのように受け止めればよいかは、次の記事が参考となる[94]。

> 九日行われた故大平首相の葬儀のテレビ中継視聴率はニールセン調べで三〇・九%、ビデオリサーチ調べで二六・一%(いずれもＮＨＫ)と、故吉田茂、佐藤栄作両元首相の葬儀を上回る高さを記録した。
> ニールセン社(中略)では「ウイークデーの日中のテレビ放送で視聴率が三〇%を上回るのは、高校野球の決勝戦ぐらいしかなく、極めて珍しいこと」と言っている。

これを踏まえると、街頭の関心はいずれの公葬でも低いが、視聴率については吉田国葬・大平合同葬では高いことがわかる。

さらに、吉田国葬の総世帯視聴率(関東地区)を表した表7―4を番組表と突き合わせると、次のことが読み取れる。①追悼番組が本格的に開始し、出棺の模様も中継された一二時台に急激に上昇しているが、平均との差は三・六%と、大差はない。②国葬が開始し、各局も中継を行った午後二時台には、平均の二倍近くの五七・九%まで達した。ほぼすべての局で中継していることを踏まえ、国葬中継を一番組として捉えるならば、この数字は、この年の関東における平均世帯視聴率番組第二位（世界バンダム級タイトルマッチ　ファイティング原田対ベルナルド・カラバヨ）の五七・〇％[95]を上回る数字である。③中継が一段落していく午後三時台には、視聴率も落ち着きを見せ、平均との差は八・八％となる。④追悼系の音楽番組などが放送された午後四時台は、平均から八・五％減少している。⑤国葬関係から離れた午後五時台には、平均差〇・二％と、通常に戻っている。また、午後六時以降に関しては、吉田国葬において自粛・組み替えを「自主的」に実施したフジテレビの視聴率（午後六時〜午後一一時）が参考となる[96]（表7―5）。ここからは、一週間前に比して軒並み低調であることが明らかとなる。以上をまとめると、イベントとしての国葬中継の注目度は高いが、故人（吉田）への関心はそれほど高くなかったと考えられる。つまり、国葬を実施しても、吉田という「偉勲者」を追悼・顕彰するという点での効果は薄かったということになる。

一方、放送時間や番組編成などからは、メディア側の熱意は吉田国葬が高く、佐藤国民葬、大平合同葬と続いているが、中継視聴率では、吉田国葬と大平合同葬がほぼ同等で、佐藤国民葬のみがかけ離れて低いこととなる。この大平合同葬の関心の高さはどのように捉えたらよいのだろうか。先述の通り、大平は選挙期間中に死去しているため、選挙後に行われた世論調査において、その死が投票に与えた影響について問われており（表7―6）、読売新聞世論調査室長の加藤博久は次のように分析している[97]。

大平首相の死については、「個人的にはお気の毒だが、投票には関係ない」と思った人が全体で七割、非自民支持者では九割いたが、投票行動で何らかの影響を受けた人も全体で二割強いたことは、やはり終盤で自民を利したといえる。しかも、それらの人たちの半数以上が「これほど圧勝するとは思わなかった」と答えている。首相の死の影響が同情や自民単独政権への危機感、指導者の世代交代への期待感などさまざまであったにせよ、自民の勝利をより大きくしたことを示すデータといえよう。

つまり、現職首相の死という特殊な状況が国民に少なくない関心を抱かせ、選挙の結果だけでなく、その後行われた

表7－3　NHK テレビの〈公葬〉中継視聴率（%，ビデオ・リサーチ調べ）

	関東	関西	名古屋	北部九州	札幌	仙台	広島
吉田（火）	29.1	26.9	39.9	—	—	—	—
佐藤（月）	13.1	9.1	8.6	—	—	—	—
大平（水）	26.1	20.7	16.9	23.4	21.2	12.7	10.8

出典：『吉田記録』278頁，『佐藤記録』365頁，『大平記録』443頁。

表7－4　吉田国葬の総世帯視聴率（関東地区）

時間	当日（%）	前4週平均（%）	差（%）	備　考
11-12	15.0	20.3	-5.3	
12-13	48.3	44.7	3.6	大磯から出棺
13-14	50.6	47.2	3.4	
14-15	57.9	30.8	27.1	国葬開始
15-16	35.5	26.7	8.8	告別式
16-17	16.6	25.1	-8.5	
17-18	38.4	38.2	0.2	国葬終了

ビデオ・リサーチ『視聴率20年』（ビデオ・リサーチ，1982年）73頁をもとに作成。

表7－6　世論調査結果

支持政党は	
自民党	46.0%
野党合計	25.8%
無党派層	25.6%
投票に	
行った	88.3%
行かなかった	11.4%
答えない	0.3%
投票に際して大平の死をどのように感じたか	
この際棄権せずに自民党に一票を入れようと思った	8.7%
自民党に投票しようという気持ちが強まった	12.1%
自民党以外に投票しようと思っていたが，自民党に変えた	1.4%
個人的にはお気の毒だが，投票には関係ないと思った	69.6%
答えない	8.2%

『読売新聞』昭和55年7月26日付朝刊より作成。

表7－5　国葬日・国葬前週のフジテレビ視聴率（18～23時）

<table>
<tr><th></th><th colspan="3">18-19</th><th colspan="2">19-20</th><th>20-21</th><th colspan="3">21-22</th><th colspan="2">22-23</th></tr>
<tr><td rowspan="2">10/24</td><td>ポパイ</td><td>鉄人28号</td><td>ニュース</td><td>ザ・ヒットパレード</td><td>芸能大会スター</td><td>秘密指令883号</td><td>市子と令子</td><td>スター千一夜</td><td>お茶の間寄席</td><td>蝶子はん</td><td>ミュジックスポット</td></tr>
<tr><td>5-10%</td><td>10-15%</td><td>10-15%</td><td>10-15%</td><td>20-25%</td><td>10-15%</td><td>10-15%</td><td>10-15%</td><td>10-15%</td><td>10-15%</td><td>0-5%</td></tr>
<tr><td rowspan="2">10/31</td><td>短編映画</td><td>短編映画</td><td>ニュース</td><td colspan="2">日本フィル演奏会</td><td colspan="2">人間吉田茂</td><td>吉田さんの想い出</td><td>吉田さんの素顔</td><td>吉田氏の歩みと今後の日本</td><td>死と乙女</td></tr>
<tr><td>0-5%</td><td>0-5%</td><td>5-10%</td><td colspan="2">0-5%</td><td colspan="2">10-15%</td><td>10-15%</td><td>5-10%</td><td>5-10%</td><td>0-5%</td></tr>
</table>

「［テレビ］国葬とテレビ」（『月刊社会教育』11〔12〕，1967年）51頁をもとに作成。

大平合同葬の視聴率にもつながったと考えられる。

最後に、公葬の国民統合機能について触れておきたい。吉田国葬におけるマスメディアの役割について笹川紀勝は、「戦前は〔中略〕行政機関が国民に哀悼の意表現を強制したが、今日では〔中略〕マスコミが哀悼の意表現を演出し、それによって国葬儀委員会の果たし得ない、心情的に国民を統合する役割を補完したのではないだろうか」と評している[98]。確かに、テレビ・ラジオは国葬に協力的な対応を示した。だが自治体の対応すら統一されず、街で黙禱する人も少ない、さらにはテレビ中継を統一的に行っても、国葬自体には関心が集まったものの、本来政府側が目指していた「偉勲者」の追悼・顕彰の効果は薄いという事実からは、マスメディアが国民統合の機能を補完し得たとは言い難く、マスメディアの果たした役割を過大評価していると言わざるを得ない。また佐藤国民葬では、相変わらず国民が弔意表明に非協力的だったうえ、メディアの扱い自体も、国民葬中継の視聴率も大幅に低下した。さらに大平合同葬では、故人への注目度から中継視聴率は上昇したが、マスメディアの扱いは佐藤国民葬と同様、あるいはより消極的なものであり、国民を積極的に弔意表明させることも、やはりなかった。これらからは、公葬が国民統合に利したというよりは、単なる〝非日常的なショー〟にとどまったとみなせよう。

以上をまとめる。吉田国葬において、政府は国民やマスメディアに「協力」を「要請」「期待」することで、国を挙げた弔意表明を企図した。だがその「期待」は外れる。議会の不参画により国葬が実質的には行政措置としての政府葬にとどまり、かつ国民全体による偉勲者の顕彰・追悼という目的も達成できなかったのである。ここからは国葬の理想像、つまり〝国全体を挙げて偉勲者を追悼する葬儀〟との乖離が看取される。ただし第五章で見たように、そもそも旧憲法下でも戦時下の山本五十六の事例を除けば、政府は国葬に国民統合機能を積極的に付与しようとはしなかった。すなわち、吉田の国葬は従来の国葬の枠を外れたものではない。そしてその後の国民葬・合同葬でもこの方向性は引き継がれ、現在に至っている。それは、令和四年〔二〇二二〕の安倍晋三元首相の国葬にあたり、国葬反対論が盛んに唱えられるなか、岸田文雄首相が「国民一人一人に弔意の表明を強制する、強制的に求めるものではな」く、「弔意表明を行う閣議了解や、地方自治体や教育委員会等の関係機関に対する弔意表明の協力方の要望」は行わないと説明したことからも明らかである[99]。大喪と異なりこれらを国民統合装置として語ること自体が困難といえよう。

おわりに

占領期には、故人の信仰を尊重し、同時にＧＨＱからの〝お墨付き〟を得ることで、公葬に宗教が関与できた。信仰の自由こそが戦前・戦後における儀式の連続性を担保していたのである。しかし、政教分離への関心が再び高まるなかで国葬が浮上すると、国葬に宗教色を出すことによる批判で故人の名誉だけでなく国葬自体に傷がつく状況をおそれた政府は、国葬から宗教色を排除した。これにより、儀式の連続性は途絶えることとなった。

法制化以前から、先例の積み重ねにより形成されてきた国葬であるが、吉田茂の「国葬儀」は閣議決定により実施された。これは生存者叙勲の復活が閣議決定によりなされ、栄典が国会の関与を受けつけない、内閣のみの領域に定置されたことと共通する。仮にこの時、社会党の主張を採用し、あるいは先例とした貞明皇后大喪儀に際した佐藤達夫法務府法制意見長官の意見を参照し、内閣だけでなく国会の議決を経て決定していたならば、これを先例としてその後も閣議決定と国会議決による国葬が行われていたのかもしれない。だが新憲法下における「国家による葬儀」への議会の不参画に対する違和感が生じ、また吉田と同等の偉勲者とされた佐藤栄作が国葬とされなかったことにより、国葬該当者の不在という状況が現出した。加えて、過去に法的根拠が存在したという事実が大きな意味を持つようになった結果、国葬に代わって国家の一機関や政党も加わった形での公葬が登場する。その画期の一つが、現職の首相であった大平正芳の死である。これは栄典の権衡の問題をはじめ、種々の批判を避けるべく公葬の新形態が創出されたため、現職の首相ですらも国葬とならないという先例が登場し、その後の首相経験者の葬儀のモデルとなったのである。

また、吉田の国葬では、メディア側が「自主的」かつ積極的に協力したものの、国民全体で偉勲者の死を悼むには至らず、政府・メディア双方への批判も生じてしまう。そのため、佐藤国民葬・大平合同葬では、政府側の「お願い」の規模が縮小し、メディア側の姿勢も消極的となる。こうして、国家が国民を積極的に参画させるわけでもなく、また国民が一体となり偉勲者を悼むこともない、いわば国家の一機関や政党による単なる「ショー」へと、その姿を変容させるに至ったのである。

なお、公葬の「公」たる所以の一つが葬儀費用の国庫支弁にあるのは繰り返すまでもないが、その費用負担割合を見ると、吉田国葬では葬儀費用の全額を負担するのに対し、佐藤国民葬や大平合同葬ではほぼ半額の負担にとどまる。すなわち国葬から国民葬、そして合同葬への移行は、その名の通り「官葬」から「半官葬」への変容を裏づけている。とはいえ、格が下がっても多額の費用を要することに変わりはなく、ゆえに故人の政治的な評価も相俟って公葬への批判が生じる場合もやはり存在する。[100]それにもかかわらず、なぜ公葬は行われるのか。この問いに対する一つの解答は、外交的な手段として有用だからであろう。そもそも、明治前期に様々な儀礼が整備されるなかで国葬は成立したが、これは「近代化」の進捗具合を西洋諸国にアピールする場でもあった。また、海外からの弔問者の地位やその数から、国際社会における日本の位置を示すことができるだけでなく、外交の機会を提供して国家間の関係の進展を図ることも可能である。大平合同葬の際の「喪服外交」が、その顕著な例である。

だが、より重視されるのは、やはり内向きの論理によるものであろう。吉田国葬以降に内閣が関与する公葬とされなかった首相経験者を、重複もありつつ腑分けすると、①皇族出身〔東久邇稔彦〕、②死去時に与党側の立場ではなかった〔片山哲、羽田孜〕、③不祥事に対する批判の真っ只中にいた〔田中角栄〕、④短命政権に終わり目立った実績がない〔石橋湛山、東久邇稔彦、宇野宗佑、羽田孜〕、⑤故人の意向[101]〔竹下登〕、となる。ここからは、故人の「実績」だけでなく「時の運」

も内閣による公葬実施の条件となることが看取される。公費によって首相経験者をその死の直後に顕彰することは、時の政権がその系譜を肯定して政権の正当性を主張することにもつながる行為であり、また同様に、「偉大な政治家」の死は、遺された政治家にとっても政治的な意味合いを持つ。よって、政府・与党による「通知表」において、時には批判を回避する努力をしてまでも「高評価」を与えるべき人物だと判断されたからこそ、栄典としての公葬が行われるのであり、なかでも最高等の栄典である国葬の実施には国民の賛同、特にその代表である国会で与野党が一致して最大級の顕彰を行うことができるだけの功績を挙げることが必要となる。そしてこの困難な条件が整わないなかで国葬を実施すると、かえって反対論の勃興により国葬の本来の趣旨を貫徹することは叶わなくなる。その意味で、安倍晋三元首相の国葬をめぐる一連の議論のほとんどは、明治以来積み上げられてきた国葬論議の再確認にすぎず、政治家を国葬とすることの困難さを再確認させたものといえよう。

1　羽賀祥二「戦病死者の葬送と招魂―日清戦争を例として―」(『名古屋大学文学部研究論集』史学四六、二〇〇〇年)、籠谷次郎「戦死者の葬儀と町村―町村葬の推移についての考察―」(『歴史評論』六二八、二〇〇二年)、矢野敬一『慰霊・追悼・顕彰の近代』(吉川弘文館、二〇〇六年)、山室建徳『軍神―近代日本が生んだ「英雄」たちの軌跡―』(中央公論新社、二〇〇七年)、坂井久能「海軍の葬儀・慰霊と靖國神社」(『國學院大學研究開発推進センター研究紀要』八、二〇一四年)、白川哲夫『「戦没者慰霊」と近代日本―殉難者と護国神社の成立史―』(勉誠出版、二〇一五年)等を参照。

2　石川寛「近代贈位に関する基礎的研究」(『年報近現代史研究』七、二〇一五年)一五～一六頁。

3　小川賢治『勲章の社会学』(晃洋書房、二〇〇九年)。

4　栗原俊雄『勲章―知られざる素顔―』(岩波書店、二〇一一年)。

5　笹川紀勝は憲法学的に天皇の葬儀を論じるなかで、比較対象として吉田茂の国葬にも言及している(笹川紀勝『天皇の葬儀』新教出版社、一九八八年)。また、首相による儀礼的パフォーマンスとしての伊勢神宮や靖国神社などへの参拝については、坂本孝治郎『「マツリゴト」の儀礼学―象徴天皇制と首相儀礼をめぐって―』(北樹出版、二〇一九年)にて論じられている。

6　三者に関する評伝においてその葬儀は、全く触れられないか、もしくはエピローグとしてその様子が簡潔に触れられる程度である。なお近年の評伝の例として、原彬久『吉田茂―尊皇の政治家―』(岩波書店、二〇〇五年)、村井良太『佐藤栄作―戦後日本の政治指導者―』(中央公論新社、二〇一九年)、服部龍二『増補版　大平正芳―理念と外交―』(文藝春秋、二〇一九年、初出は岩波書店、二〇一四年)等を参照。
7　『朝日新聞』昭和四二年一〇月二〇日付夕刊、同号外。
8　伊藤隆監修『佐藤栄作日記』三(朝日新聞社、一九九八年)昭和四二年一〇月二〇日条。
9　『読売新聞』昭和四二年一〇月二〇日付夕刊。内閣総理大臣官房編『故吉田茂国葬儀記録』(大蔵省印刷局、一九六八年、以下『吉田記録』)一頁。
10　前掲注9『吉田記録』二頁。
11　前掲注9『吉田記録』二二一頁。
12　「皇太后大喪について」(国立国会図書館憲政資料室所蔵「佐藤達夫関係文書」一三七八(一〇))。
13　国立公文書館所蔵「公式制度連絡調査会議綴　自昭和36年7月至昭和40年12月」(請求番号：平26内府00067100)。
14　「昭和42年日記」(国立国会図書館憲政資料室所蔵「坊秀男文書」四五)昭和四二年一〇月二五日条。
15　前掲注12「皇太后大喪について」。
16　『読売新聞』昭和四二年一〇月二一日付朝刊。
17　『朝日新聞』昭和四二年一〇月二一日付夕刊。
18　『読売新聞』昭和四二年一〇月二三日付朝刊。
19　須賀博志「戦後憲法学における「国家神道」像の形成」(山口輝臣編『戦後史のなかの「国家神道」』山川出版社、二〇一八年)一一〇頁。
20　宮沢俊義『憲法Ⅱ―基本的人権―』(有斐閣、一九五九年)三四七頁、前掲注5笹川『天皇の葬儀』一三七頁。
21　ケネス・ルオフ(高橋紘監修、木村剛久・福島睦男訳)『国民の天皇―戦後日本の民主主義と天皇制―』(岩波書店、二〇〇九年、初出は二〇〇三年)第五章。
22　赤澤史朗『靖国神社―「殉国」と「平和」をめぐる戦後史―』(岩波書店、二〇一七年、初出は二〇〇五年)第四章。

23 吉田は死後にカトリックの洗礼を受けており、一〇月二四日にカトリックによる内葬が行われた(『アサヒグラフ　臨時増刊』一九六七年一一月五日号、一五～一九頁)。
24 前掲注9『吉田記録』一六七～一六八頁。
25 国立公文書館所蔵「全国戦没者追悼式の実施に関する件」(請求番号：平14内閣00224100)。
26 「第四三回国会衆議院社会労働委員会議録第四十七号」昭和三八年七月五日。
27 国立公文書館所蔵「日本社会党提出　全国戦没者追悼式についての申入れ」(請求番号：平11総01553100)。
28 長谷川香は、「日本武道館はその平面形状と頂部を飾る擬宝珠から、夢殿との類似を指摘されることが多」く、「夢殿をはじめ、廟や聖人などを祀る御堂には正多角形や円形の集中式の平面形状が用いられる事例が多いことを踏まえると、八角形平面の日本武道館は、故人を偲ぶ国葬の式場としてふさわしいようにも思われる」と指摘している(長谷川香「国葬の儀礼空間―反復のなかにみる連続と断絶―」『建築史学』八〇、二〇二三年)。
29 前掲注9『吉田記録』三～五頁。また一〇月三〇日の閣議で、一般会計予備費から計一八〇九万六〇〇〇円を支出することに決定した(同一五頁)。
30 『朝日新聞』昭和四二年一〇月二一日付夕刊、『読売新聞』昭和四二年一〇月二一日付夕刊。
31 前掲注9『吉田記録』一六～一八頁。
32 『朝日新聞』昭和四二年一〇月二一日付朝刊。
33 『朝日新聞』昭和四二年一〇月二五日付朝刊。
34 『朝日新聞』昭和四二年一〇月二二日付朝刊。
35 『朝日新聞』昭和四二年一〇月二三日付夕刊。なお同日の両院議員総会では執行部に対し、党として明確な態度をとるべきとの意見が噴出した(『朝日新聞』昭和四二年一〇月二四日付朝刊)。
36 「第五十六回国会衆議院議院運営委員会議録第四号」昭和四二年一二月一日。
37 「第五十八回国会衆議院決算委員会議録第十五号」昭和四三年五月九日。
38 高木幹太「国葬を黙過するな―故吉田元首相を英雄化する人々―」(『月刊キリスト』一九(一二)、一九六七年)一八～一九頁。
39 『週刊文春』九(四五)二五頁。

40　大宅壮一「〝国葬〟に思う」（『サンデー毎日』四六〈四八〉、一九六七年）一二二～一二三頁。
41　『朝日新聞』昭和五〇年六月三日付夕刊。
42　東京大学先端科学技術研究センター御厨貴研究室・東北大学大学院法学研究科牧原出研究室編『吉国一郎オーラル・ヒストリー』二（東京大学先端科学技術研究センター御厨貴研究室・東北大学大学院法学研究科牧原出研究室、二〇一一年）二八頁。
43　前掲注42『吉国一郎オーラル・ヒストリー』二、三一頁。
44　内閣総理大臣官房編『故佐藤栄作国民葬儀記録』（大蔵省印刷局、一九七六年、以下『佐藤記録』）一頁、前掲注42『吉国一郎オーラル・ヒストリー』二、三五～三六頁、御厨貴・政策研究大学院大学『海部俊樹（元内閣総理大臣）オーラル・ヒストリー』上巻（政策研究大学院大学、二〇〇五年）二一一～二一二頁、『読売新聞』昭和五〇年六月三日付夕刊。
45　『読売新聞』昭和五〇年六月一五日付朝刊。
46　『読売新聞』昭和五〇年六月三日付夕刊。
47　前掲注44『佐藤記録』九頁。
48　前掲注44『佐藤記録』三五～四二頁。
49　『朝日新聞』昭和五〇年六月三日付夕刊。
50　総理府賞勲局編『賞勲局百年資料集』下（大蔵省印刷局、一九七九年）六五六頁。
51　前掲注4栗原『勲章』七四頁。
52　前掲注13「公式制度連絡調査会議綴　自昭和36年7月至昭和40年12月」。
53　『朝日新聞』昭和五〇年六月三日付夕刊。
54　福永文夫・井上正也編『大平正芳秘書官日記』（東京堂出版、二〇一八年）昭和五〇年六月三日条、『読売新聞』昭和五〇年六月四日付朝刊。なお社会・公明・民社各党は、国民葬に積極的には反対しないとの姿勢を示す一方、国家的行事の性格を持つとして共産党のみ反対した（『読売新聞』昭和五〇年六月三日付夕刊）。
55　福永文夫「保守支配体制の構造と展開」（『岩波講座　日本歴史』一九、二〇一五年）九三頁、北岡伸一『自民党―政権党の38年―』（中央公論新社、二〇〇八年、初出は一九九五年）一三八～一四二頁、石川真澄・山口二郎『戦後政治史　第三版』（岩波書店、二〇一〇年）一〇九・一一三～一一四頁。

56　前掲注55福永「保守支配体制の構造と展開」一〇一～一〇二頁、前掲注55石川・山口『戦後政治史』一二九頁。
57　「第四十六回国会衆議院内閣委員会議録第十号」昭和三九年三月一七日、前掲注4栗原『勲章』七五～七八頁。
58　「昭和50年日記」(国立国会図書館憲政資料室所蔵「坊秀男文書」五四)昭和五〇年六月三日条、『読売新聞』昭和五〇年六月四日付朝刊。なお宮沢喜一外相は閣議後の記者会見で「国葬ではないので、個人的関係で参加するということなら別段問題はない」と表明している(『読売新聞』昭和五〇年六月三日付夕刊)。
59　国立公文書館所蔵「故元帥海軍大将侯爵東郷平八郎国葬記録二・(昭和九年五月三十日没)」(請求番号：葬00065100)。
60　「帝室制度審議会ニ於ケル喪儀令案・国葬令案再調査議事録」(東京大学大学院法学政治学研究科附属近代日本法政史料センター原資料部所蔵「岡本愛祐関係文書」第一部〔二〕一〇)。
61　『朝日新聞』昭和五〇年六月三日付夕刊。
62　前掲注44『佐藤記録』五頁。
63　前掲注44『佐藤記録』七頁、『読売新聞』昭和五〇年六月一三日付夕刊。
64　前掲注44『佐藤記録』二～六頁、『朝日新聞』昭和五〇年六月六日付夕刊。なお準備委員会は、政府から井出一太郎官房長官・植木光教総理府総務長官、自民党から中曽根康弘幹事長、灘尾弘吉総務会長、松野頼三政調会長、国民有志から前田義徳(前NHK会長)、大浜信泉(沖縄協会会長)、山岡荘八(作家)の八名で構成された。
65　内閣総理大臣官房編『故大平正芳』内閣・自由民主党合同葬儀記録』(大蔵省印刷局、一九八一年、以下『大平記録』)一～二頁。
66　『朝日新聞』昭和五五年六月一四日付朝刊、『読売新聞』昭和五五年六月一六日付朝刊。
67　『読売新聞』昭和五五年六月一八日付夕刊。
68　前掲注65『大平記録』四～六頁、『読売新聞』昭和五五年六月二四日付朝刊。
69　前掲注65『大平記録』六頁。
70　総費用七二四八万五〇〇〇円のうち、三六四三万七〇〇〇円を一般会計予備費から支出することが閣議決定される(前掲注65『大平記録』九頁、『読売新聞』昭和五五年七月四日付朝刊)。これは佐藤国民葬同様、全体のほぼ半額を政府が負担することを示す。

71 『読売新聞』昭和五五年六月二五日付朝刊。
72 『読売新聞』昭和五五年六月二四日付朝刊、同二五日付朝刊。実際、佐藤の国民葬が発表された際には、「国民という言葉はもっと慎重に取り扱うべきであって、安易な態度で臨んではなるまい」との批判も寄せられていた(『読売新聞』昭和五〇年六月七日付朝刊)。
73 「マスコミ論調」(国立国会図書館憲政資料室所蔵「大平正芳文書」一三〇九)。
74 前掲注9『吉田記録』二三〜二五・六八〜七〇頁。
75 『朝日新聞』昭和四二年一〇月二七日付朝刊。
76 なお、葬儀次第は全国戦没者追悼式や池田勇人自民党葬などを参考に作成されており、その影響も随所に見られる(前掲注9『吉田記録』三〇頁)。
77 前掲注9『吉田記録』七一頁、前掲注44『佐藤記録』一五二頁、前掲注65『大平記録』一四五頁。
78 前掲注9『吉田記録』九〇頁。
79 前掲注9『吉田記録』九一頁。
80 日教組はこれに対し、「〝一〇・二六スト〟の早朝一時間授業カットには、子どもの教育に支障があるという理由で処分を厳命している。その政府が吉田氏の死去にあたっては平然と半日休暇を指導するのはスジが通らない」とした趣旨の抗議声明を出した(『朝日新聞』昭和四二年一〇月二六日付朝刊)。
81 前掲注9『吉田記録』八九頁。
82 前掲注9『吉田記録』九〇〜九二頁。
83 前掲注9『吉田記録』八九頁。
84 前掲注44『佐藤記録』八・一七八〜一八六頁。
85 テレビの世帯普及率は、昭和四二年に九六・二%(白黒)、一・六%(カラー)となっており、以降昭和五〇年が四八・七%(白黒)、九〇・三%(カラー)、昭和五五年が二二・八%(白黒)、九八・二%(カラー)であった(内閣府経済社会総合研究所「主要耐久消費財等の普及率」https://www.esri.cao.go.jp/jp/stat/shouhi/0403fukyuritsu.xls、二〇二四年一〇月七日最終閲覧)。ラジオも併せると、ほぼすべての国民がいずれかの形で公葬に触れることができる状態だといえる。

86 前掲注9『吉田記録』二二一～二二六頁。
87 前掲注9『吉田記録』二七頁。
88『朝日新聞』昭和四二年一〇月二五日付朝刊。

89『朝日新聞』昭和四二年一〇月二九日付朝刊、『読売新聞』昭和四二年一〇月三〇日付夕刊。

90『朝日新聞』昭和四二年一〇月二九日付朝刊。
91 前掲注44『佐藤記録』三三〇頁、前掲注65『大平記録』三九八頁。
92『朝日新聞』昭和四二年一〇月二七日付夕刊。

93『朝日新聞』昭和四二年一〇月三一日付夕刊、同昭和五〇年六月一六日付夕刊、『読売新聞』昭和五五年七月一〇日付朝刊。なお吉田国葬時、国葬儀委員会は葬儀前日に「午後二時十分サイレンの吹鳴等で、それぞれの場所で一分間の黙とうをされることを期待」する旨の「国民各位へのお願い」を発表していた(前掲注9『吉田記録』九二頁)。

94『読売新聞』昭和五五年七月一〇日付夕刊。
95 ビデオ・リサーチ編『テレビ視聴率15年』(ビデオ・リサーチ、一九七六年)一三頁。
96「[テレビ]国葬とテレビ」(『月刊社会教育』一一―一二、一九六七年)五一頁。

97『読売新聞』昭和五五年七月二六日付朝刊。
98 前掲注5笹川『天皇の葬儀』一四九頁。
99「参議院議院運営委員会(第二百九回国会閉会後)会議録第一号」令和四年九月八日。
100 例えば、令和元年(二〇一九)一二月一七日に中曽根康弘元首相の内閣・自民党合同葬実施が発表(のち延期)されると、中曽根の「功績」にちなみ「税金を入れるつもりか。故人の意思に従い、葬儀くらいは民営化すべきだろう」といった意見も挙がっている(https://twitter.com/nabeteru1Q78/status/1206785219610591233、二〇二四年一〇月七日最終閲覧)。
101『朝日新聞』平成一二年七月五日付朝刊。

終章　近現代日本と国葬

以上、本研究では近現代日本に存在してきた国葬について、葬儀事例と法制化の両面から分析を行った。そこで本研究を結ぶにあたり、まずはこれまで各章で論じた点を確認する。

神武創業・祭政一致が国是とされた維新期において、皇室喪儀は基本的に神式により営まれることとなる。そのなかで廃朝や歌舞音曲停止といった、前近代から連なる服喪形態のほか、弔砲や儀仗兵の下賜、さらには会葬者喪服の西洋化といった、近代的な儀礼が導入され、徐々に定式化していく。これは偉勲ある臣下の葬儀についても同様であり、それらの一つの結節点が大久保利通の葬儀であった。この事例は、形式上は国家が主催するものではなかった。だがその執行にあたって、伊藤博文をはじめとする政府側が、国葬の格式を備えた葬儀とすることを目指したことで、ここに日本における国葬の原型が構成される。

結果、岩倉具視の葬儀においては、大久保の先例や「国喪内規」などに基づき、初の国葬が営まれた。国家が葬儀を主催し、かつ費用を国費より支出するという国葬の条件が、この時満たされたのである。さらにここからは、岩倉が皇族に比肩する格式をもって遇されていることが看取される。つまりこれは、国家偉勲者に対する最大級の栄典が、日本でも創成されたことを意味する。そのため、明治政府と対立することも多々あった、議会開設目前の状況下における島津久光の死に際しては、葬儀を国葬とし、なおかつ家例を式に採用するなど、島津家に対する最大限の厚遇を示すとともに、鹿児島関係者への配慮も企図したのである。その後の三条実美の葬儀では、議会設置の影響を受け、これを国葬とする旨が正式に公告される。名実ともに国葬が成立した瞬間であった。

しかし一方で、「国喪内規」は成立には至らず、以後、皇室喪礼を法制化する動きが繰り返されることとなる。駐墺全権公使上野景範の調査意見書を随所に反映させた「喪紀令案」では、臣下を対象とする国喪規定が削除され、皇室喪礼のみが規定された。同時に、儀式に関する条項も削除されたことで、明治三〇年代に服喪と喪儀を分けて規定する方向性がこの時定まっている。また明治二〇年代終盤に作成された「国喪令草案」「喪紀令草案」では、「国喪」が特異なものと位置づけられており、これが英照皇太后の大喪儀に実際に生かされている。

この動きがさらに活発化する契機となるのが、帝室制度調査局の設置である。土方久元が総裁心得を務めた中期には、まず皇室服喪令が上奏に至る。続いて皇室喪儀令についても、上奏に向けた審議が進んでいた。だが伊藤博文・伊東巳代治の調査局復帰と調査局の方針転換により、調査は一時停滞する。とはいえ、法令案の基本骨子に大きな変更は加えられず、皇室服喪令は再度上奏の後、公布された。中期の骨子を継承した点は皇室喪儀令についても同様であり、さらに国葬令が新たに起案された後、両案ともに上奏されている。これらの公布は明治の終焉に間に合わなかったが、以後の二度の大喪は、これらに拠ったものとなる。なお、皇室における服喪と喪儀は基本的に宮務として位置づけられたことが、両法令案の副書規定から明らかとなる。

他方、国葬については、政党の勢力が拡大していく明治後期から大正期にかけて事例を重ねるなかで、奏請過程では元老から、また運営主体は宮内省から、いずれも内閣が主導するようになっていく。同時に、国葬が国家の体面とも深く関わる栄典であるがゆえに、その実施には世論の支持が必要視されるようになる。その結果、内閣を主とする当局は、議会での満場一致による民衆に支持された国葬を演出しようとした。また、松方正義の国葬に際しては、「官尊民卑」との批判をかわすべく会葬者服制の緩和や葬列の廃止等による国葬の民衆化へと転換を図ったのである。

昭和前期の国葬は、この民衆化の流れを汲むと同時に、大正後期に成立した法制下での執行となった。そのため、以後の制度運用の円滑化を見据えた取り組みが、東郷平八郎の国葬前後でなされる。また山本五十六の国葬では、これまで消極的であった国民の動員が全国で行われたことで、全国民参画型の国葬へと変容した。だが国民の動員は次の載仁親王の国葬で再び廃され、かつ規模の大幅な縮小が図られる。とはいえ、空襲の被害を受けてもなお、国葬自体が中止されるには至らなかったことからは、国家による最高等の栄典としての国葬の存在意義が明確となる。

なお、皇室喪儀令に儀注節略を規定したことや、国葬令に附式を設けなかったことなどを踏まえると、両者は柔軟性という共通の特徴を持つことがわかる。皇室制度の整備が進められた大正期、皇室をめぐる状況はめまぐるしく変化していた。そもそも帝室制度審議会が設置されたのは、韓国併合により新たに設けられ、「皇族の礼」を受けるとされた朝鮮王公族の法的な身分を確定させる必要が出てきたからである。すなわち、王世子の李垠と梨本宮方子女王の婚姻のためには王公家軌範の制定が急務であり、そのための場が審議会であった。また、この朝鮮王公族の処遇をめぐっては、李太王や李王を国葬として遇する際にも、如何なる形式を採用するかをめぐり大きな議論となった。これらは、皇室典範が制定された当時には想定されていなかった、皇室の構成員の拡大がもたらした変化である。

一方で、ロシア革命を皮切りに欧州で君主制国家の崩壊が相次ぐなか、デモクラシーの風潮の高揚や宮中某重大事件の発生などもあり、皇室の現状への危機感も高まった。さらに大正天皇の病状の悪化は、同時に皇太子裕仁親王への期待につながる。皇太子の洋行や摂政への就任などを通して、皇室は国民との距離を縮める方向へと舵を切り、国民もそれを支持したが、虎ノ門事件により再びその距離は離れていく。

皇室喪儀令と国葬令は、如上の状況下で制定へとたどり着いた。審議会における議論からは、法制化することで実際の運営が硬直化し不都合が生じることへの危惧があったことが看取される。実際、時勢の推移に応じて喪儀に変更を加える余地を残したことにより、その柔軟性は戦時下の二つの国葬事例において機能したのである。

なお前述の通り、皇室喪儀の多くは神式で執り行われたが、その儀式を主に誰が担うのかについては変化が生じている。神官と教導職が分離された明治一五年以前は神官や宮内官吏が主に担当していたが、分離後は教派神道から、特に大社教の本居豊穎が多くの事例で斎主を務めている。「神社非宗教論」の広がりにともない、一部には皇室喪儀から宗教を外そうとする動きもあったが、儀式中には神葬祭は大社教が「最モ大切ナル祭事」とする「帰幽奏上式」が採用されるなど、明治二〇年代にかけて脱宗教の影響は及ばず、むしろ皇室喪儀は教派神道の神職が行うものと認識されていた。

しかし、この風向きは明治三〇年代に大きく変わる。同じ神式であっても教派神道ではなく「古式」に則り皇室喪儀は執り行われるべきという声が宮中において高まり、斎主の人選が脱宗教化して縁故者が務めるようになるとともに、儀式から「帰幽奏上式」が排除されたのである。神宮教時代には斎主を降ろされた藤岡好古が、神宮奉賛会時代には斎主を務めたように、斎主の人選で最も重視された点は「誰がするか」ではなく「宗教者か否か」であった。以上を踏まえると、英照皇太后と山階宮晃親王の事例は、皇室喪儀と仏教の関係だけでなく教派神道との関係性を規定した画期といえる。

ただし、これは功臣の国葬に対しても即座に影響を及ぼしたわけではなく、教派神道が関与しなくなるのは昭和の東郷平八郎の事例からである。またこの時、神社・神官がどこまで葬儀に関与できるかが議論となり、その後、英霊公葬問題へと展開していく。そもそもそれまで、葬儀を執行できるか否かが宗教と非宗教の境目の一つと考えられてきた。そのなかで、この議論は国葬と宗教、ひいては国家と宗教の関係を考えるきっかけを与えるものでもあったが、元をたどれば国葬令の制定過程において、神社や宗教との関わりをあえて規定しなかったことが遠因といえよう。

しかし、アジア・太平洋戦争における敗戦は、これら関連法令の廃止と「神社非宗教論」の終焉をもたらす。皇室喪儀と宗教との関係について確認すると、伏見宮博恭王の喪儀では、司祭長に(a)現役の宮司かつ(b)元宮内官吏が就任しており、(a)は明治二〇年代以前への回帰、(b)は先例の継続を表している。また貞明皇后の大喪儀では、祭官長に(a)現役の宮司かつ(c)元公爵が就任しており、(a)は博恭王の喪儀からの継続、(c)は大喪儀の先例の継続が見て取れる。いずれの事例でも(a)が認められた背景には、葬儀は宗教的行事であるため、故人の信仰に従い、神式の葬儀を執行することは何ら差し支えないという、GHQの一貫した姿勢が影響したと考えられるのである。ところが秩父宮雍仁親王の喪儀では、司祭長に(b)元宮内官吏かつ(d)縁故者が選ばれた。ここで(a)が排除されたのは、無宗教式を望む雍仁親王の遺言に対して秩父宮雍仁親王妃勢津子が、神職ではない縁故者の手によるのならば神式であっても問題ないと捉えていたことにも起因する。

その後、政教分離への強いまなざしが向けられるようになり、公金が支出される皇室喪儀もその対象となるなか、高松宮宣仁親王の喪儀では、(d)縁故者により「宮家葬」として神式で行われた。神式に対する先述の秩父宮雍仁親王妃勢津子の認識は、この頃もまだ通用していたと考えられる。さらに、華族制度が敗戦後に廃止されたことで、昭和末期には元公家華族という経歴の人物も自然に減少していくなか、昭和天皇の大喪儀では(b)元宮内官吏かつ(d)縁故者が祭官長を務めることとなる。

宮家皇族の喪儀(国葬を除く)は、宮家を主、宮内省／庁を従とする形で執り行われてきた。そのなかで山階宮晃親王の喪儀以降、皇族への信仰の自由を否定することで神式の喪儀が行われてきたが、これとは逆に占領期には、宮家や故人の信仰を楯に神式で喪儀を行うことを可能とした。一方で、独立回復後に神官は関与しなくなる。以上より、「皇室伝統の神式」喪儀の特徴は、明治三〇年以降に皇族に「私」なしという立場から形成され、占領期に政教分離の観点から皇族の「私」を発見することで一度途絶えたのち、独立回復後(特に昭和後期)に復活したものといえる。

再法制化については、まず貞明皇后の大喪儀に際して具体的な動きが見られる。吉田茂首相は当初より国葬令の失効を理由として、この大喪儀を国葬として扱うことに否定的だった。そのため参議院では国民民主党や自由党が大喪儀を国葬とすべく、国葬令を新憲法に合わせて焼き直した「国葬法案」を議会に提出しようとする試みがなされていた。だがこれは、政府側や緑風会を説得できずに立ち消えとなる。

それから一〇年後に設置された公式制度連絡調査会議において、当初は国葬の再法制化（特に皇室関係）に対し宮内庁は積極的な姿勢を見せており、立法化の準備を進めることも決まっている。しかし次第に宮内庁の積極性は後退し、議論の俎上に載せることすら避けるようになった。一方の偉勲者の国葬に対しては、栄典として組み込むためには国葬の観念を固める必要があるとの内閣法制局の意見もあり、法令のないまま実施する方向性が探られるようになり、閣議決定による吉田茂の国葬が先例となることで、やはり議論されることはなくなった。その背景には、閣議決定による生存者叙勲の再開と、栄典法体系の「復活」があった。

吉田茂の国葬は、法制化の議論だけでなく、儀式形態にも大きな影響を与えた。政教分離への注目が集まるなかで国葬への批判を避けるべく、無宗教式が採用されたのである。これにより、神式で行われてきた先例とは異なるものとなり、儀式の連続性が途絶えた。さらに、決定過程に議会が参画していないことから、主権在民の新憲法下で行われる国葬として適当でないとの批判も湧き上がる。そのため、吉田と同等の功績があると評価された佐藤栄作に対しては、国民葬という新たな形が適用される。さらに大平正芳が内閣・自由民主党合同葬儀とされたことで、国葬という選択は後傾することとなった。これは世論の批判を懸念して国葬とされなかった桂太郎の事例とも重なるものであり、憲法改正により栄典の位置づけが変化した戦後期においても、栄典としての機能を第一義とする国葬の本質に変化はなかったといえる。またこれらの公葬に対するマスメディアの関心も回を追うごとに低下し、政府が国民を積極的に弔意表明させるようなこともなかった。天皇の大喪儀とは異なり、偉勲者の公葬に国民統合への期待は薄く、実際にその役割を果たしたとも言い難いのである。

以上より、本研究の成果として、次の三点を挙げておきたい。

（一）近現代を通じて、国葬は国家の最高等の、かつ民衆が関わる特殊な栄典であり続けた。だがその大部分の事例において、政府は国民統合機能を重視していなかった。

（二）国葬の法制化をめぐっては、常に皇室喪儀の法制化の作業に従属する形で行われていた。それらの骨子は、主に帝室制度調査局の中期にて構築され、大正後期になり時世の変化に対応できるよう柔軟性に富む形で成立に至る。だが一度法制化がなされたことにより、戦後も国葬を実施するには再法制化が必要との認識が広がる一方、閣議決定による実施が再法制化の必要性を失わせた。

（三）アジア・太平洋戦争に敗れるまでの国葬はすべて神式で行われ、偉勳者の場合は、明治から大正期にかけて主に教派神道に拠った。一方、皇族の場合は、英照皇太后の大喪儀以降、教派神道から離れ「非宗教」化しており、偉勳者の場合も昭和前期にはこれに倣うようになった。そして戦後には国葬・皇室喪儀ともに、宗教との関わり方が行事の公私を規定した。

最後に、右のような国葬の変遷を踏まえたうえで、近現代日本における国葬とは何であるかという問いに答えることで、本研究のまとめとしたい。

国家に対する功績を国家が顕彰することは、すなわち自らの歩みを肯定することにほかならない。特に国葬ともなれば、国家による一儀礼の枠を超え、葬儀の前後にわたって社会全体が偉勳者を悼み、一過性ではあるものの共通の感情を有し得る一大行事となる。さらに、これが国費によって賄われる性質を持つ以上、「民意」が反映される場ともなる議会の協賛が求められた。ゆえに対象者の基準は、他の栄典に比して厳格にならざるを得ない。まさに「偉勳」が必要となるのである。そのため、大正期までの国葬の対象者は、軍人皇族を除けば、主に維新の元勲と呼ばれる人物であった。また彼らの多くは、立身出世を成し遂げた人物でもある。彼らを顕彰することは、民衆に国家として、一つの理想の人物像を提示する機会を与えることにもつながる。

しかし、功績に対する評価は、その時代の世相や価値観により変化するものである。それゆえ、国葬の執行に際しては、その当時の政治的・社会的状況が色濃く反映された結果、国家と民衆の評価が乖離する事態が生じることもあった。山県有朋を国葬とすることへの世論の反発は、それまでの偉勲を塗り潰すほどの失態を晩年に犯したと、世間に評価されたために起きた事例であるともいえる。

それでは、現在の国葬はどのように位置づけられるのか。栄誉の源泉が天皇にあることは、戦後も変わらない。一方で、戦後も天皇が関与している叙勲とは異なり、戦後の国葬に天皇は関与していない。そのため、栄典の授与が天皇の国事行為の一つと日本国憲法で規定されている以上、国葬は栄典ではなくなったと解することもできよう。しかし、国民栄誉賞が内閣総理大臣により授与されるように、天皇のほかにも、栄典の授与は可能である。さらに、戦後も国葬が栄典の機能を喪失したわけではないことは、これまで確認してきたとおりである。以上を踏まえると、戦後の国葬は、天皇により下賜される栄典から、内閣により与えられる栄典へと変容したといえる。そして、公式制度連絡調査会議において、国葬を「「栄典」プロパーとみること」への疑問を内閣法制局が示したこともあわせて考えると、国葬は栄典として、その機能を保持しつつも、内閣による行政措置としての側面を強めていったということになろう。

一方、栄典である以上、その評価は相対的なものとならざるを得ない。そして偉勲というものは、維新や戦争といった、社会構造に非常に大きな変革をもたらす出来事により、換言すれば激動の時代だからこそ生じるといっても過言ではない。それゆえに、敗戦後の混乱から国家を建て直したとの評価を受けた吉田茂の国葬以降、半世紀もの間、最高等の栄典に値する国家偉勲者の不在と、それにともない国葬が日本から姿を消すという事態を招いていたのである。

しかし時代は令和を迎え、現役の政治家であった安倍晋三元首相の暗殺をきっかけに、国葬は復活する。当初は安倍元首相の衝撃的な死と国葬への認識不足から、国葬実施に対しても同情的な視線を向けられていたが、次第に国葬への賛否をめぐり大きな注目を集めることとなった。それは保守層の広範な支持基盤を得て、最終的に憲政史上最長の首相在任を成し遂げる一方、反安倍政治を唱える勢力の団結をももたらした、故人の政治姿勢とも重なる部分がある。首相退任後も派閥の長として精力的に活動していたがゆえの、生前の生々しい記憶は、国家が政治家を「偉勲者」として扱い、国民がこれを批判なく受容してともに顕彰することを、より困難にしたのである。

繰り返しになるが、国葬はその第一義が国家偉勲者に対する栄典にある一方で、同時に重要な国家儀礼であり、かつ民衆を巻き込むことのできる国家行事でもある。このように多面的な姿を提示する国葬とは、国家偉勲者に対する国家や民衆の評価にとどまらず、その時代を、ひいては近現代日本を鮮やかに映し出す鏡であったといえよう。

あとがき

本書は、令和四年(二〇二二)一月に九州大学大学院人文科学府に提出した博士論文「近現代日本と国葬」を元に改稿したものである。既発表論文との対応は次の通りとなるが、いずれも改稿に際して加筆修正を施している。

第三章「明治後期の皇室喪礼法制化と帝室制度調査局」(『日本史研究』六五九、二〇一七年)
第四章「大正期における国葬の変容―民衆化を視座として―」(『風俗史学』六一、二〇一五年)
第五章「法制下の国葬―昭和前期における展開を軸に―」(『日本歴史』八四二、二〇一八年)
第六章「戦後の国葬論議と栄典」(『歴史評論』八八八、二〇二四年)
第七章「戦後日本の公葬―国葬の変容を中心として―」(『史学雑誌』一三〇―七、二〇二一年)

博士論文の審査にあたってくださった国分航士、岩﨑義則、小野容照、山口輝臣の各先生方に、心から御礼を申し上げたい。公聴会でいただいた種々のご指摘、励ましに対して、本書の内容がどこまで応えられているものになったかは甚だ心許ないが、少しでも応えることができていれば幸甚である。

なぜ、ある意味でニッチなテーマである国葬なんてものを研究しているのか、といった問いかけを幾度となく(特に令和の国葬一件に際しては)されてきた。そのため、簡単にではあるが、その経緯をここに書き記しておきたい。

学部三年次、山口輝臣先生のサバティカルにともない、福嶋寛之先生が『矢部貞治日記』をテキストとする近現代史演習を開講された。その演習で筆者は、終戦工作をテーマとして報告する準備を進めていたが、前週の報告者と視座が重なっていたことを知り、急ぎテーマを設定し直すこととなる。それが「戦時下の国葬」であった。なぜ国葬に目が留まったのか。それは、天皇が神聖な存在とされているならば、皇族も同様の扱いを受けているものと考えていた当時の筆者にとって、閑院宮載仁親王の国葬に対する矢部の関心の薄さが不可解だったからである。後に振り返ると、演習の本来の趣旨から逸れた拙い報告であったが、「国葬とは何か」という疑問がここから生じ、現在にまで至る研究テーマに繋がったことは、結果的に幸運であった。

卒業論文では、国葬の全体像を掴むことを計画したものの、力量不足のため断念し、その成立過程に絞ることとなった。そのため、全体像の把握は引き続き修士課程の課題となる。その後、拙いながらも修士論文をなんとか提出することができた筆者は、中等教育に携わりつつ、せっかくニッチなテーマに取り組んでいたのだからと、修士論文の内容を発表する作業を気ままに続けていた。加えて、とあるコラムのお誘いをいただき取り組むなかで、国葬の宗教的な要素の分析から避けては通れないことを痛感していた。そのようななかで、一連の成果を博士論文としてまとめることを山口先生から勧めていただいたこともあり、職場の理解を得て博士後期課程に進むことに決める。その成果が本書の原型となった博士論文である。その後に起こった国葬の「復活」と一連の「お祭り状態」は、筆者にとって想定外の事態であったが、様々な角度から自身の研究を見直す機会を得るとともに、社会科教員としても知見を深めることができた。

このようにして、本書は多くの方々との出会いや導き、偶然の積み重なりにより成り立っている。

山口輝臣先生は、学部から修士課程にかけて、さらには先生が東京大学に異動されてからも折に触れて懇切にご指導くださった。物事を浅く捉えがちな、そして思考を手放すことの多い筆者に対し、先生はいつも粘り強く、思索を促す問いかけをしてくださった。また、先生がこの研究を面白がってくださったことは、筆者にとって研究を進めていくうえでの何よりの心の支えとなっている。「エイヤッ」と踏み込んでみた結果の本書が、先生から頂戴した計り知れない学恩に万分の一でも報いるものになっていれば幸いである。

博士後期課程からは、国分航士先生よりご指導をたまわった。国分先生が九州大学に着任されることがなければ、中高の教員を続けながら大学院への再入院を決断することはなかったであろう。至らない点の多い筆者に対する、先生の様々な角度からのご助言や激励は、常に筆者の視野を広げてくださるとともに、研究だけでなく教育活動への活力をもいただいている。

学部二年次より所属した日本史学研究室で過ごした日々は、何にも代えがたいものであった。特に、今はなき箱崎キャンパスにおいて、坂上康俊先生、佐伯弘次先生、岩﨑義則先生、山口輝臣先生の四名の先生方を中心に創り出された空間は、温かくも刺激的であった。伊東かおり、原口大輔、クラーマースベン、都留慎司、梅本肇、古川総一、林義大、小倉徳彦、小林篤正、韓相一、角英里華、髙野恵の各氏とは、近現代ゼミをはじめとする様々な場面で共に学ぶ機会を得るとともに、常に強い刺激を受けてきた。特に原口氏には、学部二年の頃から演習や自主ゼミ、酒席などを通して、研究を志すにあたっての道標として、今も多大なる影響を受けている。学部以来の同期である林氏は、問題関心や選んだ進路などの共通点から、周囲から一括りで認識されることも多かったが、氏の存在なくしては現在の自分はなかった。また、本書の校正にあたっては、田中佑氏のご協力を得た。九州史学研究会では、有馬学先生をはじめ、森山優、永島広紀、日比野利信、藤岡健太郎、内山一幸、赤司友徳、野島義敬、山縣大樹の各氏にも大変お世話になった。改めて感謝の意を記したい。

研究を進めるにあたっては、様々な学会・研究会等で報告の機会をいただき、参加者の方々には貴重なコメントを数多く頂戴した。また、史料・文献の調査に際しては、国立公文書館や宮内庁書陵部宮内公文書館、国立国会図書館など各地の博物館・史料館・図書館にお世話になった。特にデジタルアーカイブ化が進み、自宅からでも閲覧できる史料・文献が増えたことは、研究活動を進めるうえで大きな助けとなった。史料の発掘や保存、利用のために尽力されている全ての方々に敬意を表したい。

現在の職場である上智福岡中学高等学校は、研究活動を続けることに寛容な姿勢を示してくれている。これまでも教職員の方々のご理解、ご協力なしに研究を続けることはできなかった。なかでも、世間で国葬に注目が集まった際には、取材依頼への対応等でご迷惑をおかけすることも多かった。また、これまで授業内外で関わってきた生徒の皆さんには、実に多くのことを学ばせていただいている。深く感謝したい。

本書の刊行にあたっては、「山川歴史モノグラフ」にご採用いただいた。高校生の時から、そして現在に至るまでお世話になっている山川出版社から刊行できることは、望外の喜びである。出版に関して不明なことばかりの筆者を導いていただいたことに、深く御礼申し上げたい。

最後に私事ではあるが、いつまでも気ままに生きている筆者を、心配しつつも温かい目で見守ってくれている両親、姉妹に感謝を記したい。また祖母・孝子は、幼い頃より様々な場所に連れて行ってくれ、筆者の歴史に対する好奇心を育んでくれた。国葬が世間を賑わしている最中に亡くなったため、生前のうちに本書の刊行を報告して感謝を伝えることができなかったことは心残りであるが、墓前に本書の刊行を報告することで、せめてもの感謝の印としたい。

二〇二四年七月

前田　修輔

人名索引

● か

● な

● は

● ま

● や

● ら・わ

前田　修輔　まえだ　しゅうすけ
1990年　福岡県に生まれる
2022年　九州大学大学院人文科学府博士後期課程修了，博士(文学)
現在　上智福岡中学高等学校教諭
主要論文
「戦後の国葬論議と栄典」(『歴史評論』888号，2024年)
「戦後日本の公葬―国葬の変容を中心として―」(『史学雑誌』130編７号，2021年)
「法制下の国葬―昭和前期における展開を軸に―」(『日本歴史』842号，2018年)

山川歴史モノグラフ46
近現代日本《きんげんだいにほん》と国葬《こくそう》

2024年11月１日　第１版第１刷印刷　　2024年11月10日　第１版第１刷発行

著　者　前田修輔《まえだしゅうすけ》
発行者　野澤武史
発行所　株式会社 山川出版社
〒101-0047 東京都千代田区内神田1-13-13
電話　03(3293)8131(営業)　03(3293)8135(編集)
https://www.yamakawa.co.jp/
印刷所　株式会社 太平印刷社
製本所　株式会社 ブロケード

ISBN978-4-634-52643-3

山川歴史モノグラフ　既刊

1. 江戸の民衆世界と近代化……小林信也
2. オスマン帝国の海運と海軍……小松香織
3. 中世公家社会の空間と芸能……秋山喜代子
4. パンと民衆　19世紀プロイセンにおけるモラル・エコノミー……山根徹也
5. 近世和泉の地域社会構造……町田　哲
6. 都市と緑　近代ドイツの緑化文化……穂鷹知美
7. 中世東国の「都市的な場」と武士……落合義明
8. 明治維新と近世身分制の解体……横山百合子
9. 軍事奴隷・官僚・民衆　アッバース朝解体期のイラク社会……清水和裕
10. 朝鮮女性の知の回遊　植民地文化支配と日本留学……朴　宣美
11. 言説空間としての大和政権　日本古代の伝承と権力……松木俊曉
12. 中世対馬宗氏領国と朝鮮……荒木和憲
13. 近世信州の穀物流通と地域構造……多和田雅保
14. 革命ロシアの共和国とネイション……池田嘉郎
15. 帝国とプロパガンダ　ヴィシー政権期フランスと植民地……松沼美穂
16. アラブ系譜体系の誕生と発展……高野太輔
17. 民主政アテナイの賄賂言説……佐藤　昇
18. 中世禅律仏教論……大塚紀弘
19. ソロモン朝エチオピア王国の興亡　オロモ進出後の王国史の再検討……石川博樹
20. 真夜中の立法者キャプテン・ロック　19世紀アイルランド農村の反乱と支配……勝田俊輔
21. チンギス・カンの法……チョクト（朝克図）
22. 礼拝の自由とナポレオン　公認宗教体制の成立……松嶌明男
23. 古代アジア世界の対外交渉と仏教……河上麻由子
24. 日本中世初期の文書と訴訟……佐藤雄基
25. ディオクレティアヌス時代のローマ帝国　ラテン碑文に見る帝国統治の継続と変容……大清水裕
26. 野戦郵便から読み解く「ふつうのドイツ兵」　第二次世界大戦末期におけるイデオロギーと「主体性」……小野寺拓也
27. 維新変革と儒教的理想主義……池田勇太
28. 清代中国における演劇と社会……村上正和
29. 植民地支配と開発　モザンビークと南アフリカ金鉱業……網中昭世
30. オスマン朝の食糧危機と穀物供給　16世紀後半の東地中海世界……澤井一彰
31. 胎動する国境　英領ビルマの移民問題と都市統治……長田紀之
32. コプト聖人伝にみる十四世紀エジプト社会……辻明日香
33. カトリシズムと戦後西ドイツの社会政策　1950年代におけるキリスト教民主同盟の住宅政策……芦部　彰
34. 公職選挙にみるローマ帝政の成立……丸亀裕司
35. 町村「自治」と明治国家　地方行財政の歴史的意義……中西啓太
36. 宋代の学校　祭祀空間の変容と地域意識……梅村尚樹
37. 横浜開港場と内湾社会……中尾俊介
38. 第一次マケドニア戦争とローマ・ヘレニズム諸国の外交……伊藤雅之
39. 加賀藩前田家と朝廷……千葉拓真
40. 新羅・唐関係と百済・高句麗遺民　古代東アジア国際関係の変化と再編……植田喜兵成智
41. 唐帝国の統治体制と「羈縻」　『新唐書』の再検討を手掛かりに……西田祐子
42. 近世の衣料品流通と商人　地方都市宇都宮を中心に……寺内由佳
43. 戦国期小田原の城と城下町　遺跡と景観にみる戦国大名……佐々木健策
44. 都市の明治維新　大阪府による統治の成立と同業者組織……崎島達矢
45. 元老院と民会　共和政末期ローマにおける立法……内田康太